U0043139

現代名著譯叢

# 飲食與愛情

## 東方與西方的文化史

### Food and Love
#### A Cultural History of East and West

傑克·顧迪(Jack Goody) ◎ 著

楊惠君 ◎ 譯

# 導論

　　本書是將我這兩三年來發表的文章加以修改潤飾後集結成書。全書主要圍繞著兩個主題。首先我要檢視歐洲人是如何誇言自己的獨特性，企圖以此來解釋「資本主義、工業化和現代化」背後的發展背景。這三個過程確實互有關連，卻常常被混為一談。其實歐洲人提出的這些說法，都忽略了歐亞大陸內部東方與西方的相似之處，在本書最後一篇分析裡，我認為這些共通點其實是基於青銅器時代都市革命的一項共同遺產，這項共同的傳承不但開啟了密集的農業，大量的技術專門化，更由於書寫的發明，使人類的傳播模式產生了大幅度的改變。馬克思和韋伯之類的歐洲學者，為了解釋歐洲在15世紀之後（尤其是18世紀後半葉以降）的暫時性優勢，就把原因歸諸於西方特殊的社會發展階段和東方深層或普遍性的差異，而這些原因在當代歷史事件的襯托之下，越來越格格不入。

　　其次，我不但看出歐亞主要國家在社會文化制度上的一貫性，同時還觀察到這些國家和普遍實施鋤農業的社會——就像非洲這種不以非人力能源耕作的地方——之間有哪些重大的鴻溝，這種農業的生產水準養不起一批全職的專門人員，抄寫員就是其中之一。除了在少數罕見的環境，新石器時代農業的效

率完全不足，狩獵或採集就更別提了。抄寫員的專業化在文化上具有重大的意義。不過書寫雖然可以讓人類的意識和認知有長足的進步，所產生的現象——理性形式和商業，以及社會階級化——仍然是以口述文化初期的成就為基礎。邏輯（第一章）、愛情（第五章）和懷疑論（第十一章）皆是如此，不管是哪一種明顯的差異，我在這些章節裡所要尋找的，是相當具體的理由，而不是籠統的心態。

本書有些章節所牽涉的課題，要比所謂的歐洲奇蹟和東－西問題更加明確，乍看之下可能覺得毫不相干，然而這些主題彼此卻有直接的關係。我先前之所以對花卉文化有興趣，是因為觀察到一個現象：非洲撒哈拉沙漠以南不但沒有栽種花卉，也沒有廣泛地使用。這種情形跟亞洲與歐洲對園藝美學的重視大異其趣，在歐亞兩洲，以比較實驗性的方式密集培育花卉而形成階級化的奢侈文化，把花卉廣泛用在裝飾、慶祝、送禮和祭拜等用途上。飲食文化也如出一轍；只有歐亞兩洲才有所謂高級料理（*haute cuisine*）的發展，這無疑是一種以階級為基礎的文化，也是歐亞兩洲和撒哈拉沙漠以南的非洲不一樣的地方。不管是花卉或是飲食，這種奢侈行為的發展助長了對人類世俗財物分配不均的懷疑，懷疑分配不均是這些體制的特徵，除了貧苦的人民，上層團體的人也有同感，特別是知識分子、哲學家和神職人員，對既有的社會秩序往往不以為然。

這些體制上的普遍差異，不只牽涉到生產的方式，和傳播的方法也有關係。高級料理藉由書寫來記錄和發展，植物學的各層面和花卉文化亦然。口述文化中當然存在著對飲食和大自

然的欣賞，不過這些現象在書寫的衝擊之下向外擴張，也改變
了方向。愛情亦復如是。我要再次聲明，不管是從12世紀或18
世紀開始，如果以為只有歐洲人懂得欣賞這些東西，那真是大
錯特錯；口述文化裡也有對飲食與愛情的欣賞，只不過受到了
書寫的影響，使得這種觀念和行為大幅向外擴張。

在這篇導論中，我要把自己的觀點擴大解釋，這不但牽涉
到生產的模式與方法（以及破壞的方法[Goody 1971]）的重要
性，也關係到傳播的方法和模式的影響力，尤其書寫的出現，
對社會的運作方式帶來了深沈的影響，認知的程度也是其中一
環。我用一個完全不同於馬克思與韋伯的方式，集中研究上述
的問題，特別是生產和傳播的方法，來減低所謂歐亞之間的差
異，同時也提供一個方式來了解非洲和歐亞的差異。藉由這個
方法，除了把自己的研究和19世紀作家（特別是馬克思）的觀
念，及其近年來最有意思的兩位詮釋者——佩瑞·安德森（Perry
Anderson）與勞勃·布瑞納（Robert Brenner）——做個比較（或許
不太適宜），同時也要從當代的詮釋者賈瑞德·戴蒙（Jared
Diamond）的觀點來加以省思，後者是從一個截然不同的觀點來
看待長期性的發展。但上述諸君都勇於以比較的觀點[1] 來處理文

---

1　在著手進行這廣泛的討論時，我要感謝Verso出版社的編輯（R.
Blackburn）和校對（J. Stallybrass and S. Budgen），在他們的刺激下，
我才認真處理自己往往不當一回事的問題，相關的評論散見於多年
來不同的著作當中。我特別要感激的是他們建議我討論戴蒙（1997）
的著作*Gun, Germs and Steel: a short history of everybody for the last
13,000 years.*

化史上某些比較全面性的問題。我將這些不同的研究取向視為
典範。馬克思遵循的是歐洲的後啟蒙觀點，從歐陸當代不容懷
疑的成功經驗出發；他認為在邁向「現代化」的歷史進程中，
歐洲是有著得天獨厚的地位，相形之下，充滿了亞洲例外主義
（exceptionalism）的東方則政治專橫，文化停滯不前。我是根據
經驗主義來挑戰這個觀點，特別是在第一章。安德森和布瑞納，
及西方的大多數歷史學家，大致上都遵循著這種思路。戴蒙則
把歐亞大陸視為一體，認為歐亞大陸短暫的優勢來自於糧食生
產的發展，這是因為農作物和家畜已經很容易取得，再加上處
於相同的氣候帶，農作物和家畜很容易在東西方之間互相傳
送。換句話說，他是訴諸於新石器時代的共通性，主要是以地
理因素為基礎，直到今天，這仍是世界情勢的主要結構。根據
他的觀點，在西元1500年之前，東西向的文化交流比西東向的
交流更重要；在1450年之前，中國在許多重要層面上是屬於比
較創新的社會（Diamond 1997: 253）。至於後來情勢的逆轉，他
認為歸根究底還是地理因素使然。

　　容我先談談馬克思所提出的發展概略。大家對此早就耳熟
能詳。「大致來說，亞洲、古代、封建與現代布爾喬亞階級的生
產模式，都可以被界定為社會經濟形構中的進步期。」（Marx
1958: 363）以重大變遷的觀點來看世界（例如從古代到封建時
代），確實有其限制，尤其這種進展代表的是一種純屬西方的階
段。當然，羅馬帝國的衰亡對歐洲及毗鄰的近東和北非地區都
極為重要。但從世界的觀點來看，按照馬克思的說法，不管是
就生產或傳播模式而言，邁向封建制度的轉變，可以視為一種

具有革命特質的「進步性」變遷嗎？而這個變遷又是如何產生的呢？魏克漢(Wickham)認為，羅馬帝國的衰亡並沒有直接造成封建制度，而是產生一種階級化程度很低的「農民生產模式」(peasant mode)，按照這種生產模式，「強人」的付出和獲得正好打平，便無法累積足夠的盈餘來涉足「奢侈」行業。在他口中，英國直到麥西亞王奧發(Offa, d. 796)的時候，還是這樣一個和冰島及布列塔尼相提並論的社會。他的結論是農民在「農民生產模式」下的生活比在封建體制下好過，因為他們既無須交租金給地主，也不必納稅給國家。換句話說，國家和地方的統治形式等於消失，只剩下底層的農民。

地方性及更廣泛之統治形式的重建進行得很慢，當時教會已經建立成為一個「龐大的組織」，對這些統治形式一直不斷進行某種監督。不過我們很難把這個過程籠統地看成一種進步，因為它主要是以一種不同的形式來重新建立過去已經存在的中央集權及(最重要的)地方統治的結構。而事實上正好相反，從許多方面看來，這代表的是城市生活、農業開發的形式、貿易和知識系統及讀寫能力使用上的倒退。李約瑟(Joseph Needham)比較亞里斯多德時代以後的東西方科學，就做出了類似的結論。當然後來到了中世紀，歐洲也「進步」了，不過這有不少是在之前的後羅馬衰亡的襯托下而顯出的一種進步。隨著羅馬帝國、羅馬帝國殖民地和羅馬大軍的衰亡，生產的社會關係自然也產生變化，不過封建制度對生產方式的改變微乎其微；然而至少就世俗的角度而言，傳播這個領域是受到了嚴重的損害。

現在很少人把封建制度當成一種獨特的生產模式或社會形

構，而是遍布歐洲和亞洲的政治體制在地方分權之後的西方版本，一般認為是一種「藩屬」(tributary state)(Amin 1980; Wolf 1982)。這種觀念去除了同樣可能被我們認為是早期歐洲例外主義的想法，亦即馬克思史綱中根深柢固的元素。根據科爾布恩(Coulbourn 1956)等人的看法，討論在歐洲以外到底有沒有封建制度的存在，根本是多餘的，因為封建制度被視為由都市革命所造成的一種國家形構的變異：東方的封建制度變得比較中央集權，西方的情形則沒有這麼嚴重。這有一部分肇因於「蠻族」入侵，一部分是因為基督教會這個「龐大組織」的支配，他們有自己另外一種財富和權力焦點，還有一部分則歸咎於比較全面性的經濟崩潰(Goody 1971: 第一章)。

歐洲在18和19世紀的進步是無庸置疑的，大多數西方評論家基本的問題是，在專心探討歐洲當時的進步時，禁不住要問亞洲為什麼沒有相同的進展。這個問題問得很好，不過卻忽略了一點，歐洲在中世紀的時候，無論在社會、文化和經濟的層面上全都瞠乎其後。換言之，與其去追尋歐洲進步的深層因素，我們應該做的反而是探討短期的原因，尤其是直到不久之前，亞洲仍然展現出最高度的經濟和相關的社會成長。

歐洲在文藝復興時期開始迎頭趕上，並逐步擴張。甚至在文藝復興之前，義大利就開始發展重商主義的商業文化，以及藝術、科學和技術領域上的成就。這些成就有一部分是船堅砲利，使西南歐的大西洋沿岸國家得以藉著軍事和貿易把版圖擴展到東、西印度群島以及美洲。

那歐洲在16世紀又是怎樣的光景？歐陸在某種程度上悖離

了天主教的模式，回歸到古代的典範，開始以系統化的方式追求知識，尤其是科學知識，知識的累積與印刷術的「發明」可以說互為因果，此外教育的普及和學術機構的組織，對知識的累積也大有助益，學術機構取代了僧侶和其他教會成員（包括早期大學的教師）之間的學術交流。這些都肇因於活躍的都市重商文化的發展。但這種文化在中國有相同的效果、在印度和伊斯蘭國家也發揮了影響，只是程度較低而已。在這段期間，歐亞之間所謂的差異只是程度的問題，而不在於本質，不過到了18世紀，歐洲知識系統及藝術活動的發展超越了亞洲，再加上工業革命的序曲使然，歐洲和亞洲在生產模式和比較全面性的生活方式等層面，都出現了一個真正（但卻是暫時）的分野。

如此一來，我們就可以談談從西元前3000年的美索不達米亞之後就十分成功的重商資本主義（mercantile capitalism）；我認為重商資本主義的成功，必然少不了一定程度的農業資本主義。我們也可以討論18世紀末葉歐洲工業資本主義的發展。馬克思、韋伯、其他世界體系的理論家、及其他許多歐洲主義者主張，歐洲在16世紀出現了一種抽象的資本主義，不過討論這個問題有意義嗎？同時，當重商主義、商業、製造業及官僚體制的活動日漸增加時，布爾喬亞階級在社會生活上的主導性必然越來越高。不過義大利在這方面的發展先於歐洲其他國家。例如經營高利貸的梅迪奇家族，儼然主宰了佛羅倫斯，以及佛羅倫斯發展出的藝術及經濟成就。布爾喬亞階級在其他的都市文明中的成長也大同小異，只是沒有如此令人咋舌罷了。

如果馬克思當初好好審視過影響歐亞兩洲的青銅器時代，

可能就比較不會假定有一個長久的亞洲生產模式，並將之與(歐洲)古代的生產模式區隔開來。沒錯，希臘和羅馬的古典社會用了大量的奴隸，而亞洲社會(當然還有埃及)是透過灌溉來提高生產。不過這些結果不像表面上看起來這樣涇渭分明，這多少是因為東方與西方都是奠基於類似的青銅器時代的成就，包括讀寫能力和工藝的生產。都市生活，亦即布爾喬亞階級、商業、宗教及知識活動——加上階級化體系，基本上這是基於對犁耕或以其他方式密集栽培的可耕土地，有不同的取得管道——在本質上十分類似。西方雖然對奴隸制度的採用有較大的堅持，但其他國家也擁有大量的奴隸來替他們工作，無論是本身沒有土地的農民，或是都市的無產階級。

容我回到馬克思的論證。所謂「資本主義的來臨」到底是什麼意思？馬克思指的是封建模式的結束和布爾喬亞模式的開啟，這牽涉到商業(資本主義)交易(他的金錢－商品－金錢公式)及因而產生的薪資勞力的優勢。從商人出現開始，就有商品交易的存在，而在許多種不同型態的前工業生產(proto-industrial production)及所有後青銅器時代社會的農業勞工中，也存在著各種不同的薪資勞力(包括外勤)。這一類的活動本身必然包括資本的利用，只不過隨著商業逐漸成長，資本的角色也更為重要。這種商業在中國和印度已經有了高度的發展，西方在經歷了後羅馬時代時期的大倒退之後，也逐漸急起直追，地中海國家從西元12世紀開始漸漸恢復元氣，一直到16世紀歐洲大航海。馬克思認為資本主義是從這時候開始的。根據他的說法，「16世紀開啟了一種全球性的商業和全球性的市場，這便是現代資本史

的發端」(Marx 1970:146)。資本主義形成的基礎是一種把金錢轉換為商品,再把商品轉換為金錢(M-C-M)的交易。

這個公式未免有些狹隘,因為任何一筆交易所牽涉到的元素可能不只是金錢和商品,而最後得到的也可能是商品而非金錢。不過長久以來,這樣的交易一直是重商主義文化的特徵。然而馬克思的說法正式把「資本主義的現代史」認定為歐洲向外擴張所建立的「世界體系」。充斥著歐洲中心主義。完全忽視了中國和印度在太平洋和印度洋巨大的內部和外部市場,是早在歐洲入侵東方之前就存在的,同時艾伯-盧格霍德(Abu-Lughod 1989)所描述的大規模阿拉伯商業,在馬克思的說法中也被忽略了。當歐洲商業發展成為一個世界體系,和歐洲人在全世界建立的海外殖民地(有些是聚落,有些不是)結合起來,這種商業的發展方式和其他強權的貿易差不多,並非代表著一種全新的所謂「資本主義」的活動。

所以馬克思認為現代資本主義是在西元16世紀隨著世界市場的開創而啟動的。這樣的發展也為英國18世紀下半期展開的工業化鋪好了路。從這裡向前回顧,許多人因此把英國視為廣義的資本主義發源地,是某些市場條件的積極核心,而這些條件促成了新教的勝利、海外貿易和英國革命。

把資本主義的開端歸諸於16世紀的英國,就像是艾里亞斯(Elias)把「文明」的發展歸因於16世紀的英國,還有湯瑪斯(Thomas)把現代人對大自然的態度,以及歷史學家把童年的發現、女性主義的濫觴、或現代歐洲的開啟,都一一回溯到到當時的英國。縱然重大的文化變遷都發生在這段期間及後來的啟

蒙時代，把這些現象完全歸諸於某一個時空，無疑是對其他文明的情況視而不見。沒錯，歐洲當時確實正在累積資本——從南美洲帶回來的戰利品——用這項收入來進口亞洲的貨物，並資助政府和其他地方性的花費。不過這個過程是擴大了資本主義活動的規模；這不代表(現代)資本主義的起點，即使是廣義的資本主義。

馬克思對工業化的看法則比較容易令人接受；他筆下寫道，1737年「懷亞特(John Wyatt)發明了紡紗機」，從此開啟了「工業革命」(Marx 1970: 372)，雖然之前早就有了紡紗機的存在，只不過無法令人滿意而已，而義大利恐怕才是最早出現紡紗機的國家。工業革命製造出運轉機器所需要的水力或蒸汽，和機器的發明有非常密切的關係。因為機器是「工業革命的起點」(Marx 1958: 360)。英國煤和鐵的礦藏因為蒸汽的需要而有了價值，英國也因此在「現代布爾喬亞階級的發展中取得了執牛耳的地位。」相對於廣義的資本主義，馬克思在這方面的論理要明確得多了。

後來有不少人採用了馬克思的論點，但我現在要談的是佩瑞・安德森和勞勃・布瑞納所提出的見解，他們專注討論從封建制度到資本主義的轉變，因此價值非凡。就一個歷史的範疇而言，封建制度是西方啟蒙運動的產物，我們在定義這個或其他的歷史範疇時，當然可能把這個概念限定在一個國家或一個洲裡。同樣的，我們也可以因地制宜，以適當的名詞來說明其他形式的地主所有制。無論如何，不管是馬克思主義者或非馬克思主義者(例如科爾布恩，1956年)，許多人都曾經嘗試用一

種比較具有分析性的觀點來看待封建制度。不過馬克思的用法
並不是中性的。封建制度被視為歐洲走向資本主義發展的一個
階段，也是資本主義的發展唯一的出發點。從這個觀點來看，
封建制度被包含在這些後續發展當中，此外按照安德森的論點
（這是他論證的關鍵），古典文明亦然。

　　從某個立場來看，在歷史時序上已經先行存在的事物，都
必然是實存的。問題在於是不是只有先前這些現象才能產生資
本主義。現在我們所面臨的問題，是我們所定義的資本主義到
底是廣義的還是狹義的，因為我們的論證在兩者之間擺盪，廣
義的資本主義牽涉到的是薪資勞力的形式（布瑞納認為這可能
開始於歐洲的農業區），狹義的資本主義則是特指工業資本主
義。我在前面曾經提過，現代初期，薪資勞力雖然在歐洲的農
村和都市高度發展，但歐洲並非得天獨厚。而且除了隨著西方
的封建制度發展之外，在某些較早期的社會及某些東方社會當
中，重商資本主義發展的程度更高。

　　至於工業資本主義情況就截然不同了──大家一致認定，
工業資本主義是在西歐的某個特定區域產生的，其實英國就是
第一個出現工業資本主義的國家。依照馬克思的發展階段，布
爾喬亞階級文化的某種發展是必然的。不過其他地區也有同樣
的情形。西方社會當然有它的特徵，家庭就是一個例子，只不
過我認為用這種方法來探討問題，已經誇大了歐洲和其他地區
的差異。但即使我們可以包容這些錯誤的扭曲，其他方面的差
異（例如晚婚）和工業資本主義發展之間的關係，仍然是曖昧不
明的。不過我們或許有其他的研究取向。英國紡織業的工廠生

產制度當然需要企業家投入資本，也需要科學家、技術專家和製造商的發明，馬克思把促成這個生產制度的各種發明列出一份譜系圖。他把導致這個結果的因素說得非常明確，任何探討從古典時代開始之進步發展的理論，都不容許說得這麼斬釘截鐵。此外，這一類對歐洲長期性進步的討論，都沒有看出封建制度的歐洲在許多方面（包括知識系統）所陷入的低潮。從某些大方向來看，中國和歐洲一樣也是隨時準備起飛的。如果說後者在18世紀末葉和19世紀，甚至是18世紀末之前的傑出表現，和布爾喬亞階級文化在那些知識系統和其他領域的發展有關，這種說法並沒有爭議。不過要解釋這個狀況，不能說歐洲封建制度是「資本主義的門戶」（Anderson 1974: 414）。或者應該這樣說，就算歐洲封建制度真是資本主義的門戶，也是因為在工業資本主義發展的同一地理區域，封建制度剛好發生在資本主義之前，而不是因為任何本身固有的特質。那些工業資本主義所「不可或缺的」特質（既然資本主義活動本身是在其他地區發展），肇因於出現在封建體制內部及封建制度之後的布爾喬亞階級轉型，而不是封建制度本身所造成的。安德森認為是封建制度的經濟活力「釋放了全歐洲原始資本累積所需的元素」（p. 415）。不過資本的累積難道不應該是前工業的活動（羊毛業）、商業和海外擴張（因而帶來的戰利品生產）所造成的嗎？這些活動和「封建」幾乎扯不上關係。

任何人討論歐洲以外的封建制度，馬克思都表示反對，並強調封建制度的歐洲本質；按照安德森的說法，他警告「一旦讓封建制度的網絡隨便蔓延到歐洲之外的地區，是多麼危險的

事」(Anderson 1974: 407)。例如在印度就有顯著的差異:「根據印度的法律,政治權力是不能分家的;自然阻礙了歐洲封建制度的一個重要來源」(引述p. 407)。換句話說,沒有長子繼承法,每個兒子都可以繼承大位,其實是一個分散權力的機制;而在印度,權力是集中的,使得印度的政體不同於名副其實的封建制度。

安德森認為把封建制度這個觀念給普遍化,是近來許多馬克思主義分析家的特色,他們的目的無非是把歐洲和亞洲的差異給輕描淡寫地帶過去,這和18及19世紀的觀點大異其趣。他認為兩者的融合乃是源於「不分種族的唯物主義」,專注於生產方式的相似之處,對階級形構中榨取機制(extractive mechanism)的差異卻視而不見——這些差異都體現在西方封建制度的法律和政府中。如果封建制度「可以獨立於隨著封建制度而產生的種種司法與政治上層結構之外」,「我們又該如何來解釋歐洲所表現的國際封建制度獨特的原動力」(Anderson 1974: 402)。因為除了歐洲和作為歐洲之延伸的美洲以外,沒有人敢說工業資本主義曾在其他地方自然發展過。此外,雖然資本主義榨取剩餘的方法純粹是一種經濟行為,但在早期的社會形構中,剝削是透過超乎經濟之外的約束力來運作的,也就是親族、宗教、法律和政治的約束。這個分析顯現出好幾個問題。第一,工業資本主義並非直接接在封建制度之後,在工業資本主義出現之前,重商資本主義活躍了一段時期,而地主所有制在其中所扮演的角色已經不若其全盛時期那麼重要。在工業資本主義形成的背景方面,重點不在於封建制度的差異,而在於後來發展並

建立資本主義及其制度的布爾喬亞階級的成就有何差異。第二，孟德斯鳩和黑格爾是依據貝爾尼埃（Bernier）等旅行家來作判斷，但其實在國家和法律組織方面的差異，並沒有這麼像他們所誇張的這麼嚴重。在亞洲的帝國，國家的管制範圍可能比較大，不過除了盜匪之外——是霍布斯邦（Hobsbawn）所謂的原始反叛者——農民階級仍然有相當的獨立性，都市的布爾喬亞階級（甚至是貴族）亦然。最近的研究顯示了當時商業法的法律基礎和政治代議制（political representation）的程度。歐亞在這方面的對比遠不如馬克思和安德森所說的那麼嚴重。第三，安德森反對完全根據生產方式而非生產模式來把可能的「封建」體制相互比較，這種論點受到普遍的接納。不過馬克思等人常常用下面幾個說法來描述工業資本主義的開端——機器的來臨、蒸汽的管理、工廠生產的建立——因此，在同樣的層次上尋求先行存在的事物，是很合理的，特別是歐亞大陸其他地方都可以發現布爾喬亞階級和重商資本的潛在角色。

馬克思說資本主義是第一個以薪資契約的形式，透過「純粹」經濟的手段來運作其剝削的社會形構，他所指的是各種類型的受雇工作，不只是工業資本主義，也包括製造業和農業的受雇工作在內。有人認為歐洲的資本主義最早紮根於農業，而非製造業或貿易，勞勃‧布瑞納就極力堅持這個論點。在許多後青銅器時代的國家，資本很早就進入農業，這一點是毋庸置疑的。歐洲有自己獨特的農業形式，英國尤其如此，但如果我們可以說資本主義肇始於歐洲或英國的農業區，這只說明了早期的經濟在本質上是相當倒退的。如果說歐洲在16世紀或更早

之前就展現出資本主義經濟，而印度——製造商的大量產品出口到印尼和中南半島——卻沒有，未免說不過去。當時生產的方法大同小異；那生產的社會關係呢？和歐洲一樣，印度或中國的人也必須出賣勞力。不管在哪一個後青銅器時代的社會，並非人人都有直接取得生產方法的管道，自然必須為他人工作。勞力成為一種商品，人們用金錢來交換商品，然後往往在海外再把商品轉換為金錢，就像大量的布料製造業。

在真實的情況下，很難讓經濟和非經濟、生產方法和生產關係截然二分，各自獨立。我們可以把經濟看成社會行動的一個層面，以及社會的某一個次系統，兩者之間常常混淆不清。同樣的，生產關係和生產方式也是糾纏不清的，這也是我長期以來對非洲所提出的看法。造成這個困難的另外一個原因，是一下子講資本主義，一下子講工業（或甚至重商的）資本主義，老是在兩者之間不斷切換。前者是一種剩餘榨取的形式（也就是薪資勞力的雇用），後者是一個比較明確的社會經濟活動的領域。沒錯，對於工業資本主義的來源問題，安德森認為牽涉到封建制度下生產的社會關係的本質。農業中存在著薪資勞力，或許比較容易使生產的社會關係轉為工業或前工業生產中同樣的雇用制度。不過這種例子很少見。在非洲，把勞力從農場轉移到礦場或工廠，從來不是達成轉型時的一個主要問題。在迦納北部，鋤農業的工人至少在旱季會轉變為薪資勞力，剛開始有時是在徵稅和官員的壓力下而不得不然。30年間，年輕人的遷移成為許多文化公認的特徵。轉型的問題不在於勞力的招募，而在於生產的社會組織。

在亞洲，安德森認為日本在轉型的完成方面是一個例外。「日本工業化的速度勝過歐洲或北美洲的任何一個資本主義國家」(Anderson 1974: 415)，一方面是因為日本先前的封建制度和西方確實很相似。安德森在1974年寫作之時，確實可以討論日本的例外主義，但25年後，中國、台灣和香港、馬來西亞和泰國都走上同樣一條路，日本的例外主義也就不存在了。即使如此，安德森認為根本的因素基本上都是外因(p. 415)——不過歐洲各國也一樣，英國本身的某些地區亦然。英國也接受了這些外來的轉型因素；工業資本主義初現之時，並不是一個形狀完整的胚胎，不管是在比較狹隘的技術層次上(義大利或美國的機器設計)，或是比較廣泛的社會因素(知識系統、傳播方式——平面媒體)方面，都採納了某些外部的特徵。一般認為資本主義是在一時一地出現的，到了其他任何地方都算「外來的」，在各種截然不同的狀況中被採納，對於這種論點，我們只能半信半疑；資本主義不同於車輪或字母，它不是一個實體。

我們之所以要討論這個問題，主要是因為「古代和封建制度的連鎖關係」(Anderson 1974: 420)使「資本主義」被當成是一個在歐洲興起的單一實體。安德森和馬克思不同，他認為封建制度同時存在於歐亞大陸的兩端。封建秩序使得城鄉可能不斷對立，根據這種體制，他認為市鎮是生產的中心，不同於亞洲絕大多數作為行政中心的大城市。因此封建制度比其他的文明更能積極提升都市的活力，並被成為後續的社會系統的一部分。不過「歐洲比日本占便宜的地方還是歐洲的古典傳統」(p. 421)。古典社會重新出現在這個新的社會形構中。稍後我會再

回來討論這一點。

在安德森眼中，日本和歐洲封建主義的共通點是什麼呢？家臣、封地和豁免權融合而成的采邑制度，構成了基本的政治法律架構，亦即從直接生產者身上榨取剩餘勞力（Anderson 1974: 413）。重點是以政治手段結合封建關係來榨取財富。「軍事、有條件的土地所有權以及領主管轄權的連結，都在日本如實地複製出來。」（p. 413）不過日本的法條主義非常有限，階層制度又付之闕如，比較容易傾向不平等（與互惠主義截然不同）。但這種評估似乎有偏袒歐洲之嫌，因為日本還有其他功效完整的制度，可以取代狹義的「法律」規範，以及不同於階層制度的監督和制衡。縱然我們同意這種比較，這些共通點對重商、農業和工業資本主義的成長又有多大的意義？針對這方面的成長，他們如何辨別這些國家和其他假封建制度或地主所有制形式的不同？

如果我們一開始就認定歐洲（英國）工業主義的獨特性是植基於歐洲長遠的歷史、社會結構或心態，那對西方優勢的探討，幾乎可以說是註定淪為一種種族中心主義。問題在於所選擇的現象往往平凡無奇，而作為誘發因素，這些現象的角色又顯得模糊不清。如果我們另外假設工業化是肇因於文藝復興之後科學及科技知識系統的成長（藉著印刷術的發展）、來自印度和中國消費品製造商的競爭（印花棉布、絲和瓷器）、透過海外貿易、戰利品和地方性前工業化（proto-industrialization）形成的資本累積等後來的發展，那先前的政治法律體系雖然不是完全不相干，但也不是非扯進來不可。我們可能會說是這樣的環境促成

了商業法，及在需要的時候促進適當的政治調節。我們可以把這種觀點視為「不分種族的唯物主義」，從這種觀點出發，自然會認為「生產關係」基本上是不可能獨立產生的(這是特指在這個脈絡中，而不是一個普遍的規則)。無論如何，「非物質」的因素(這種二分法有多少價值？)顯然非常重要。把比較高度的資本主義生產活動——有助於終結中國和蘇聯的社會主義——當作和知識系統不相干的東西，畢竟不是可長可久的做法。

　　要說進步發展是專屬於歐洲歷史的特色，這種概念是站不住腳的。安德森雖然看出了歐洲黑暗時代在「經濟、政治和文化上的嚴重倒退」，但他肯定這是「替瓦解之後所產生之新生產模式的持續進步」掃除障礙(Anderson 1974: 418)。他這裡所謂的瓦解，指的是封建制度出現之前的古典奴隸模式和原始社區模式的瓦解。倒退是黑暗時代的特徵，後來才出現了比較進步的封建制度。但儘管從12世紀開始，就出現了許多促成進步的因素，包括大學的創立、義大利商業機構的發展、此外活躍的世俗藝術和科學傳統也已經展開，然而有許多方面的倒退是一直延續到文藝復興的全盛時期才算終止。安德森對文藝復興和知識系統的關注都很有價值。不過他認為古代是「古今中外」獨一無二的批判與理性元素的來源(因此歐洲是「本質上」就比較進步)(Anderson 1974: 420)，這種觀點怎麼說都有問題。歐洲對日本的「優勢」，在於還保有他所謂的古典模式的**殘餘**(*remanence*)，與封建制度「連結」在一起，產生了資本主義。他在這裡還提到文藝復興時代的「復古」，這是「歐洲歷史的關鍵」，日本並沒有類似的歷史。這多少是因為東方並沒有發生同

樣的倒退,自然也不那麼需要復古。除非我們硬要擴大解釋,否則一般來說,不管歐洲後來發生了什麼事情,和古典的生產模式或古典文明是沒有什麼關係的。真正有關的反而是文藝復興之前的成就所呈現的少數幾個現象,包括知識的成長、藝術的世俗化、在神聖和世俗之間比較清楚的分野——韋伯所謂世界的除魅——這不是人類有史以來的第一次,但對文化史卻有最深遠的影響,儘管這一點也還有爭議。新教改革者拒絕把當代的羅馬視為宗教典範,但歷史的羅馬在其他的領域上業已形成楷模。安德森認為,隨著重商資本主義的擴張,這兩種生產模式的結合促成了專制政治的興起(Anderson 1974: 429)。說來矛盾,私有財產權也是在那時候鞏固下來的。

像這樣在某一個社會形構中連結不同的生產模式,不能像阿圖塞(Althusser)所假定的那樣,解釋成同時代生產模式的連結。安德森不承認任何「純粹直線式的歷史時間觀念」,歷史時間是一種抗拒「演化年代學」的「殘餘」和「再活絡」(reactivation),古典的模式在封建的當下再度覺醒(Anderson 1974: 421)。就像是敘述羅馬法的重生、古典文學的再發現或藝術主題的復古,像這樣的表達多少有些神祕,或至少太過複雜。如果要比較廣泛地討論這個問題,可以從一個狹窄的觀點出發——察覺知識系統在內部壓力及阿拉伯學術刺激下的重新組合。基本上,只要書寫文字、藝術和建築賦予古典文明向下延續的潛力,古典的復興是很自然的事。安德森表示,「歐洲的**城市**(cities)——自治市、共和國、專制政治——都是歐陸獨特的綜合性發展的產物。」(p. 424)而且是以羅馬經驗為基礎。義大

利北部的自治市(commune)從當地延伸到了阿爾卑斯山以北的歐洲，上述論點很像韋伯等人對於這種自治市的某些優勢所提出的看法。羅馬經驗顯然是絕無僅有的，但城市並非如此。近來對印度的亞美達巴德和中國杭州等市鎮的研究，已經在相當程度上減少了一般所謂歐亞之間的差異（見Goody 1976）。

在法律方面，羅馬對歐洲規範的貢獻，也沒有他們想的那麼獨一無二，尤其是在貿易和土地的領域上。根據安德森的看法，「中國法律是一心要處罰和鎮壓：幾乎從不關心公民關係，也沒有為經濟活動提供穩定的基礎。」(Anderson 1974: 425)若是如此，中國又如何在國內外為它的製造商發展出如此廣大的市場體系？馬可波羅描述的那種商業活動，必須要有效的社會約束力才能存在；如果有其他權利義務的約束力存在，而事實顯然也是如此，那這些社會約束力是否被納入全國性的成文法，也就無關緊要了。伊斯蘭法律或許和猶太法律一樣，都是「絕對宗教化的」，基督教法律在某種程度上也是如此，不過這並沒有阻礙印度洋和中國海大規模貿易系統的發展，艾伯－盧格霍德(1939)在這方面有所著墨，戈伊泰因(Goitein 1967)對開羅的描寫尤其詳細。這種誤解的產生，是因為太過執著於世俗的成文法規，忽略了其他制定法律和解決爭端的習俗。

馬克思非常強調歐洲封建制度下土地所有權的私有性及個人性和其他制度的對比，特別是官方的國家獨占土地，這一點也獲得了後來作家的迴響。根據他這番說法，歐洲是在羅馬法的影響之下，發展出了絕對的土地私有財產制度。不過羅馬法和其他早期的成文法制度事實上並沒有多大的差異。無論如

何，按照羅馬法學家梅因(Maine)的解釋，後來的歐洲也有土地
財產權的階層制度，存在於所謂的國有制之下；分析實際情境，
不能證明個人與集體權利之間存在著涇渭分明的對比。我在劍
橋一棟郊區房屋的自由保有權，受到許多義務(他人的權利)的
限制，這些義務削弱了我個人的所有權。所謂土地權利的重大
轉變，可以說是從有條件的私有財產轉變為絕對的私有財產，
被認為是資本主義不可或缺的第一步。但是不管怎麼描述，不
斷變遷的環境所造成的壓力，迫使這個改變在全世界許多地方
都發生了，例如在奈及利亞東部，伊布人(Ibo)的人口－土地比
例不斷上升(Jones 1949)，或是迦納北部引進了機械化農耕和土
地灌溉(Goody 1980)。歐洲的情況並不像一般人所認為的那樣
獨特。

　　此時先容我完全回到另外一個角度，從賈瑞德‧戴蒙所採
用的觀點來看待長期性的歷史。在本質上，這是一位演化生物
學家企圖用自己的方法(比較和自然實驗)研究人類長期以來的
歷史沿革。戴蒙就像馬克思及恩格斯，他主要的目的是想把歷
史提升為一種科學，完全就像是他本身所從事的歷史科學，亦
即生態學和演化生物學。既然不能採用實驗的方法，他提倡的
是「已經在其他領域證明有效的比較方法和所謂的自然實驗」
(Diamond 1997: 424)。他從直接因素和終極因素的角度來看待
人類的歷史，後者屬於環境因素，在食物生產的潛力方面，各
洲和各個地區都不一樣。

　　戴蒙首先舉了一個有趣的例子，是玻里尼西亞社會多樣性
的發展，並聲稱「玻里尼西亞內部差異的類別，和世界每個地

方出現的類別基本上是一模一樣的。」(p. 65)經濟專門化、社會複雜性、政治組織和物質產物上的差異，都和人口數量和多樣性的差異有關，而這兩者又牽涉到環境的變數。玻里尼西亞並沒有發展出完整的多樣性，鐵的使用就是其中一個例子，這是因為「除了紐西蘭以外，玻里尼西亞的任何一個島都沒有大量的金屬礦藏。」(p. 66)時間也是一個因素。「再過個幾千年，東加和夏威夷可能就會到達完善帝國的層次，為了太平洋的控制權而相互爭戰，也發展出本身的書寫……」

在任何一個發展過程中，顯然都必須考慮到時間的問題，但我們這裡的概念是，一旦關係到文化知識系統的建立，時間本身就是一個解釋因素，這項工程從來不是光靠耐性、長命或自動演化就可以完成的。

戴蒙把這個地區和西亞早期農業發展的中心區域加以比較，他認為肥沃月彎在糧食生產方面的優勢並不包括任何所謂民族本身的優勢，而是「氣候、環境、野生植物及動物」等許多獨特的現象，「共同提供了令人信服的解釋」(p. 143)。新幾內亞和美國東部在糧食生產發展上的限制和民族性毫無關係，完全是取決於當地的「生物區和環境」。當地的居民把所有的動植物都馴化了。

這個結論未免太過淺薄。完全排除了人們沒有馴化任何動物的那段漫長的時間，也忽略了文化在資訊的取得和發展上所扮演的角色。人們對環境很少有充分了解，也不會充分利用一個環境的所有潛能。他們犯了很多錯誤，也做出了不少的限制。為什麼近東國家的人不吃豬肉，印度人也不吃牛肉呢？

對於大多數的問題，戴蒙都有一個地理上的解釋，例如歐洲為什麼領先了肥沃月彎。他表示，我們可以用歐洲興起背後的直接因素來回答：商人階級的發展、資本主義以及發明的專利保障；無法發展出獨裁君主和苛稅；以及批判經驗研究的希臘－猶太－基督教傳統(Diamond 1997: 410)。不過技術上的優越，「根本上是源於歐洲人口密集、經濟專業化、政治中央集權、依賴地方保護、相互影響與競爭的社會更大規模的歷史。」(p. 358)然而拿這些現象來充數，還有許多地方尚待解釋(在我看來，這些因素和西方大多數的概念一樣有問題)，不過戴蒙認為追根究底，原因還在別的地方。肥沃月彎之所以搶得先機，是因為境內有許許多多可馴養的野生植物和動物，不過一旦馴化之後，這裡就不再具有「任何地理上的優勢了」(p. 418)。權力隨著征服希臘而西移，接著轉移至羅馬，最後到了西歐和北歐。由於降雨量低，森林遭到破壞，這番遷移是土壤受侵蝕所造成的；地中海東岸屬於「生態脆弱的環境」(p. 411)。西岸因為降雨量較高，生態環境也比較健全。由於海岸線犬牙交錯，高山又多，歐洲有很多國家，「各自為政」(p. 413)的觀念根深柢固。哥倫布可以為了大探險而向不同的政府尋求支持，中國卻長期受到(專制)大一統之苦。

正反兩種意見的選擇似乎是相當武斷的。不過各自為政可能還是具有某些優勢，雖然有比例相當高的歐洲人已經不再這麼想。事實上，羅馬帝國確實構成了一個統一的因素，神聖羅馬帝國和基督教國家的統一亦然。大規模的統一有許多優點，只不過這時候戴蒙避而不談罷了。在中國，大規模的統一代表

著減少對外作戰和無謂的競爭，以及更廣大、健全的消費品市場（這是美國和其他國家極力推行的）、更多的知識累積。其實在其他地方，戴蒙都認為「社會」的大小是社會發展的關鍵因素。但這裡則不然。中國的「專制君主」當然可以「關掉水龍頭」，不過他們也可以打開，就像鼓勵絲和其他輸出品的生產，或是中國南方新品種稻米的推廣（Bray 1986; Diamond 1997: 416）。

至於非洲的問題，戴蒙的結論是「歐洲的殖民事實上不像大白人主義者所認為的那樣，其實這和歐洲與非洲民族的差異無關。而應該說是地理和生物地理的偶然造成的，特別是歐洲大陸和非洲大陸各有不同的面積、軸線、及不同系列的野生植物和動物種類。」（Diamond 1997: 401）

當然，人類剛開始是從非洲到歐洲「殖民」，由於具備有利的氣候和生物條件，非洲是人類最早出現的地方。戴蒙把人類成就的差異完全歸諸於生物（造成了種族主義，不只是大白人主義而已）或地理因素。不過他忽略了一個事實，在差異浮現之後，人類已經有了文化，由於這些文化的元素（例如自然語言）被內化，可能會產生「民族本身」的差異。問題不只是先天差異和環境之間的角力而已——至少在後者被解釋成純物質環境的時候不是如此（Diamond 1997: 405）。雖然戴蒙把槍砲和鋼鐵等當作直接因素，認為非洲的殖民完全是地理的偶然造成的，但光憑地理的偶然其實不能解釋非洲的殖民；這些因素如果只矮化成地理的偶然，其實是站不住腳的。事實上他在討論「地理決定論」的時候，已經看出了「人類的創造力」所扮演的角

色，只是還無法把這些因素當成最重要的概念，然而如果我們要繼續他的目標，把歷史建立成和演化生物學並駕齊驅的一門科學，就必須做到這一點(p. 408)[2]。

　　還有人拿這些地理因素來解釋歐洲對美洲的優勢。「歐亞和美洲原住民社會的差異多不勝數(缺乏可馴化的哺乳動物)——多半要歸咎於南北美洲原有的大型野生哺乳動物都在更新世末期死光(絕種)了。」(Diamond 1997: 355)否則阿茲特克人可能會席捲歐洲。

　　占領美洲絕大多數地方的不是糧食生產者，而是獵人和採集者，這完全是因為當地欠缺可馴化的野生動植物使然，再加上地理和生態上的障礙，使美洲其他地方的農作物和少數的畜養動物沒辦法傳進來。這些是「唯一欠缺的成分」。不過加州和奧勒岡州原本的居民繼續以狩獵和採集維生，難道「完全是因為他們缺少適當的家畜」(Diamond 1997: 367)？從某個觀點來看，這番論證把結論當前提，看來理所當然，然而當我們看到整個撒哈拉和塔克拉馬干沙漠的情況時，就會發現氣候的險惡並不是根本的原因。

　　戴蒙似乎把文化當成完全無法獨立存在的變數。但我們也看到有許多「落後」民族即使已經有了新的選擇，仍然刻意維持原有的生活方式。我在西非羅達迦族的朋友波尼里(Bonyiri)就不肯接受犁農業，因為犁是靠牛來種田，而不是人來種田。

---

2　我相信戴蒙在討論非洲在鐵器生產方面的成就時，根本是弄錯了。不同於阿拉伯、印度、和日本，非洲的火爐沒辦法產生高溫，一直無法製造槍枝的槍管，所以是複製歐洲的槍枝，展開自己的軍火業。

衣索比亞也有人因此拒用水車。不久之前的中國和蘇聯，以及現在的許多伊斯蘭國家之所以是這種情況，就是因為刻意拒絕所謂美式的生活方式。當人們認為「外國」農作物或家畜的輸入威脅到他們原有的生活方式，事實上也確實如此，他們希望維持既有的生活方式，背後可能也有比較正面的原因。

戴蒙承認文化的因素和個人的影響都是相關的，只不過這兩者在歷史上所扮演的角色非常有限（Diamond 1997: 417）。有些文化的變遷是環境造成的，不過次要的文化因素則是在歷史的玩弄中，不可預知。而戴蒙永遠是「把主要環境因素的影響都考慮進去之後」（p. 419），才會想到文化的因素。這種文化觀使他對國家形構的說法既欠缺老練，也無法言之成理。他的說法是根據幾位美國人類學家所採用的分類，把社群分成隊群（bands）、部落（tribes）、酋邦（chiefdom）和國家（states）。就國家形構而言，他主張小單位無法自動融合成大單位；除非是征服或外力強迫使然（p. 283）。這種看法似乎是忽略了如東非阿盧爾人（Alur）等的經驗，他們是邀請酋長來當家主事（Southall 1956）。在水力學方面的討論也一樣無法令人信服；沒有人認為所有的國家都是以灌溉為基礎，不過有些國家確是如此，而灌溉到底是國家形成的原因或結果，相關的證據至今懸而未決。

他對於國家形構的看法是：「社會複雜性最強而有力的預測者，就是地區人口的多寡」，以西非來看，這種說法很難斷定真偽，就論證來說，則是把結論當作前提（Goody 1980; Diamond 1997: 284）。基本上，戴蒙最慣常運用的，就是這種以數字表述的計算分析。「以中國、肥沃月彎、安地斯山脈和中美洲的上千

萬人口發展出的技術、書寫和政治體系，只有100萬人的新幾內亞必然望塵莫及。」(p. 306)人口有限的原因是農作物提供不了多少蛋白質，豬和雞的產量又低(為什麼呢？)；新幾內亞高地的面積狹小，只有在4000英尺到9000英尺的中山地帶可以從事密集耕種。以當地稀少的人口，自然無法有複雜的政治發展。

戴蒙在地理上的偏見往往太過受制於陸地的局限。他極力強調跨越氣候帶的南北向聯繫有許多困難，而這些氣候帶內部的東西向聯繫就簡單得多了。雖然他沒有談到印度，但他承認中國克服了這個問題，這多少是拜南北流向的河流及人工運河所賜。不過就這些例子而言，由於不同氣候帶的產品可以藉由海上運輸來交換，所以南北向的聯繫還是可能的。這種交換形式本來可以在美洲產生，因為狹窄的巴拿馬地峽會是一個優勢，而後來西班牙人善加運用了巴拿馬地峽；太平洋西北也有船隻，馬雅人在加勒比海岸建立了海岸貿易站，還有人宣稱要從南美洲一路航行到太平洋群島(更別提亞洲和墨西哥之間更多投機性的契約)。為什麼這些因素不是放諸四海皆準的？地理學本身幾乎無法提供任何答案。

在從狩獵、採集到農業的變遷過程中，地理因素當然扮演了很重要的角色，不過這些因素早在先前舊石器時代的幾十萬年間就已經存在。光憑冰河時代(以及相對應的多雨時代)的結束，並不足以解釋為什麼只要在植物和氣候皆宜的環境，戴蒙所指出的那些有利地區就會出現糧食的生產。我在前面提過，環境有一部分存在於「文化」，亦即人類不斷流傳下去的行為模式當中；這些傳統剛開始發展得非常緩慢，後來改變發生的次

數慢慢增加。在舊石器時代後期來臨之前，無論物質環境為何，全球人類的文化在物質層面上非常接近。文化隨著糧食生產的到來而變得多樣化，隨著青銅器時代都市革命的來臨，及工藝製造（包括抄寫員的生產）的急速發展，全球人類更加形形色色。變遷的腳步和文化「發明」的累積越快，地理的重要性就越來越低，因為文化是一種經由學習而產生的行為，正是為了協助人類修正或克服地理的外在限制。不過戴蒙還是堅持，「日本和韓國所保留的中國文字，是中國將近一萬年前馴化植物和動物所留下來的文化遺產，在20世紀展現出來。」全靠東亞最早的一批農夫造就，中國才有了中國的文化。所謂終極因素的概念似乎太過極端，忽略了其中介入的許多因素，而失去了可信度。

我們必須從一個文化及地理的觀點來看待長期的歷史，尤其是後青銅器時代。非洲和歐亞大陸為什麼像前面所說的那樣分道揚鑣了？非洲撒哈拉沙漠以南必須遷就糧食的生產，後來還從地中海國家那裡學會了鐵的技術。不過卻從來不曾引進用動物牽引犁田、輪子，甚至只用少數幾種方法來控制耕種用水。即使伊斯蘭教在一千年前傳入非洲，讀寫能力的使用仍然極為低落。大家可能想當然耳地認為是撒哈拉沙漠這個天然屏障使然，但我們卻在沙漠區發現了運用旋轉原理的水井，在一望無際的沙漠，到處都有車輪交通工具在岩石上留下的刻痕。森林環境中的采采蠅確實不利於大型動物的畜養，犁在這種環境下不但派不上什麼用場，也沒辦法用來種植蕃薯這種塊莖植物。不過西非的撒該爾地區和東非有廣袤的熱帶大草原，就不會碰

到這樣的問題。不管怎麼說，想要對密集農業或都市社會做出
任何改變，必然牽涉到相當可觀的投資、極大的貧富差距、一
套全新而複雜的生產社會組織，這些都是非洲沒有能力應付
的。要採用新的體制，不管有任何可能的、無法預測和隱形的
長期收益，往往無法抗衡剛開始出現的許多缺失。不管怎麼看，
這兩個大陸所採取的不同路線，確實影響了概念體系、財產、
親屬關係和婚姻、宗教、政治及大多數人類活動的領域。

　　青銅器文化的發展，當然出現在特別適合密集耕耘和水源
控制的地方。溫帶的河谷顯然很適合進行這些生產及更普遍的
文化上的提升。無論如何，文化之所以能夠演進，依賴的當然
是人類以各種方式所展現出來的發明才能。車輪是歐洲大陸發
明出來的，而車輪的使用也是以這個單一的中心向外流傳，因
此帶給了歐洲極大的優勢。車輪從歐洲流傳到其他工藝技術相
當精良的社會，當然可能被運用在運輸和汲水上。如此一來，
文化不斷自我壯大，並且還能預示下一步的發展，而文化之所
以能不斷成長，全都有賴於人類的主動性。

　　非洲和亞洲的社會文化制度有相當大的差異，使非洲在經
濟和政治上很難起飛。全世界的宗教和後來的教育很快成功地
輸入非洲；然而經濟和政治則完全是另一回事。但亞洲卻比較
容易建立穩定的政體，發展貿易和工業。歐洲和亞洲的家庭制
度當然也有差異，特別是在基督教出現之後（我在第二章和第三
章分別加以討論），但這些差異不會阻礙其發展；此外個人和集
體的永久保有權的說法，把歐洲和亞洲在財產關係上的差異做
了錯誤的兩極化，但這些差異也沒有阻礙政治和經濟的發展。

　　我的論點集中在兩次重大的「革命」，青銅器時代的都市革命和18世紀末的工業革命，不過這當然不表示人類歷史上沒有其他的重大變遷。不過這些改變對全球具有深遠的意義，是過度性的轉變所沒有的。這兩次變遷所仰賴的物質因素，比馬克思的史綱裡所指出的還要多，包括生產、破壞和傳播方式的基本改變，這些改變有時候會同時引發社會關係的根本變化，不過通常是在這些改變出現之後才產生的。都市革命帶來了複雜的階層（「階級」），這個依據對生產方式（尤其是土地）取得管道的不同而形成的階層體系，在社會生活、人們對差異的感受、以及對體制的懷疑（第十章）方面，都具有廣泛的影響。工業革命則使得家庭關係、工作條件、以及物質財產和非物質財產的取得方式，都發生了戲劇性的轉變。此外，兩者在技術上所牽涉到的改變，往往透過教育而影響了認知，亦即人們對世界的理解。都市革命牽涉到的是書寫本身，工業革命則像18世紀末的工廠一樣，透過印刷機和最後對蒸汽的應用，造就了文字生產的機械化（開始得比較早）。

　　青銅器時代的亞洲和地中海國家是「統一」的，這種觀念當然是來自高登・查爾德（Gordon Childe）的論著，他認為在史前時代後半期，東方的力量和知識改變了歐洲，「就像歐洲的力量和知識改變了資本主義所主宰的世界。」（Gilman 1981: 1）[3] 我們大可不必堅持藍佛路（Renfrew）等人的說法，認為這種「統一」

---

3　　吉爾曼討論說要把查爾德的理論更新，承認歐洲本身革新者的角色，（我認為）這種修正應該是相互的。

要不是主動採用，就一定是平行改革的結果；這兩種過程無疑
都發揮了作用。關於資本密集農業到底是在菁英結構之前或之
後產生的，我們也不必在所謂的演化論和功能論之間做出決
定；目前我們只需要注意一件事，農業生產確實密集化了，就
像科爾斯(Coles)和哈丁(Harding)所觀察到的，對青銅器時代最
明顯的影響是「特權階級的崛起」。吉爾曼(Gilman)認為社會階
級化牽涉到一種「資本密集的生存技術」，這種觀點已經獲得了
廣泛的支持。我自己在迦納北部的觀察也做出相同的結論，當
地由於取得了牽引機，可能會取得更多的「公有」土地，也生
產出更多的剩餘。沒錯，不管是個人累積的資金或是靠政府「借
貸」，我們必須考慮到最初在牽引機上的投資，不過有了牽引機
之後，馬上可以確保更出色的成就和更高的地位(還不是更高的
階級)。

　　同時我們也不必去決定青銅器時代是否構成了一個或更多
的世界體系。儘管如此，所有對於「統一」的討論，都集中在
研究西方獨特性這個籠統的論點。因為世界體系的概念在1450
年興起於歐洲，而對青銅器時代之後的亞洲貿易規模有所了解
的人，一定會對這個概念提出質疑(例如Schneider 1977; Frank
1993，還有Eden和Kohl的評論)。不管早期的「世界體系」和後
來的世界體系(在中心－邊陲關係、連鎖的經濟循環、以及高價
值奢侈品的貿易方面)有沒有相似之處，都不會影響我的論證；
除非我們——依照法蘭克與嘉爾伯(Frank和Gelb)的說法——說
「我們現在這個單一的世界體系在歷史上已經延續了至少五千
年」，這個說法必然會修正任何有關東－西差異的看法。蘇聯史

前學家狄亞科諾夫(Diakonoff)對「古代美索不達米亞平原專制國家之興起」的解釋，認定亞洲專制主義早在西元前三千年就誕生了，他談到亞洲很早就出現了不同的生產模式，對於他那種說法，我們當然無法苟同(Diakonoff 1969)。而這種說法同時也忽略了博蘭尼(Polanyi)對比較早期的「前資本主義」經濟學的概念，以及芬利(Finley)對古代經濟的混合性觀點。

要反對任何對於歐洲例外主義所提出的駁斥，一定得面對別人(例如Gellner)這樣的反問，為什麼是英國？為什麼是歐洲？雖然我沒有能力提出解答，不過這個問題問得很好，但這牽涉到的是競爭優勢。馬克思(及許多經濟史學家)對工業化的看法基本上是正確的。16世紀的英國就像西歐的許多國家(在16世紀之前是南歐)，擁有很成功的重商主義經濟，重商主義經濟崛起於相當停滯的中世紀，最後終於趕上了亞洲的國家。歐洲的成功有一部分在於他們用船堅礮利、地圖和地理大冒險、知識和發明所提升的能力，來滲透阿拉伯、印度和亞洲商業的半世界體系，同時靠從美洲搶來及跟西非交換來的金條，輸入大批的亞洲貨品，主要包括印度的棉布、中國的瓷器和印尼的香料。由於品質好、色澤佳，所生產的棉布和瓷器在歐洲市場大受歡迎，女性更是趨之若鶩，使當地原有的產品受到嚴厲的挑戰。到17世紀末，西歐的布料生產者企圖抵制印度的棉布。這逼得他們不得不自行生產在品質和色澤上足以並駕齊驅的產品。於是他們進口生棉花，用更便宜的成本，靠機器複製手工製造的進口商品，使歐洲對東方取得了商業的優勢。不管彩色棉布或彩色瓷器都是如此。不過要完成這樣的目標，需要馬克思

針對紡織業所列出的許許多多發明。由於宗教對人類好奇心的限制逐漸減少，而且大型的社會正在形成，有利於提升知識，加上促進資訊之轉移及成長的傳播模式（主要是印刷機）有了改變，西方出現了科學的發展，而這些發明都是從科學發展衍生出來的。是人類心智的發明才能，企圖將所面對的問題一一解決。

總而言之，馬克思忽略了青銅器時代的都市革命及其對主要歐亞主要國家的重大貢獻，這些國家勞力的分配非常複雜，階級化的程度非常嚴重。馬克思從19世紀歐洲的觀點回頭看，他想做的是勾勒出歐洲一連串獨特的「進步」發展，好用來解釋西方工業化資本主義的成就。他在這方面有許多的追隨者，包括安德森、布瑞納等人，他們把歐洲和亞洲從「文明」開始以來的成就一分為二，太過重視政治－法律的差異，完全忽略了生產方式和傳播方式這個層次上的共通點。安德森敏銳的論述，不但對文藝復興有更多的著墨，確實也看出了歐洲和日本的相似之處，其實後者只是缺乏古典的背景而已，不過他對中國和印度的發展，卻沒有給予應有的重視。

戴蒙則另闢蹊徑，從動物王國出發，認為最大的改變就是從收集食物（狩獵和採集）到生產食物，換句話說就是更早的新石器時代的革命。他認為歐陸可馴化的植物和動物的分布，堅定而持續地架構了未來歷史的結構。他甚至宣稱肥沃月彎和中國這兩個最早的糧食生產文化，仍然透過其衍生物（例如歐洲和美國）主宰著現代世界（Diamond 1977: 417）。這似乎又是一個「極端」的因果關係，一個非常不確定的連結，卻似乎削弱了後續文化發展的重要性，特別是都市革命，以對土地的淺耕粗作和深耕細作，戲

劇性地區隔了非洲和歐亞大陸的糧食生產社會。

　　雖然觀點不同，馬克思和戴蒙都刻意降低了青銅器時代都市革命的重性，前者贊同他所謂以歐洲史為基礎的主要發展順序，後者支持的是取決於地理因素的新石器時代革命，在新石器革命之後的社會－文化影響，幾乎完全沒有受到應有的重視。

# 目次

# 第一部分

# 家　庭

　　本書的第一部分首先是簡述早期對於西方可能的獨特性和
「現代化」、「資本主義」、和「工業化」之關係的相關研究。第
二章繼續表示歐洲家庭有許多「獨特的」特徵，在在牽涉到基
督教的出現，以及基督教如何經由捐贈和遺產而取得原先的「家
庭」財產，藉此在一個「龐大的組織」中建立起來。筆者在第
三章比較明確地質疑有關西方和世界其他地區之差異的人口統
計學紀錄，以及這些差異和社會經濟發展的關係。第四章以華
利・席考伯(Wally Seccombe)研究為重點，回顧歐洲家庭史，主
要是英國的家庭史。他以馬克思主義的角度對家庭做了饒富趣
味的說明，不過他又是太過強調「西方的獨特性」，尤其是「英
國的特點」。就我的觀點來看，作者和其他許多人一樣，沒有完
全認清女性在歐洲主要國家的地位，例如和非洲文化相比，歐
洲的女性是嫁妝和遺產等婚姻基金的接受者。這個事實不但深
深地影響了女性的處境，特別是她們的階級地位，也嚴重影響
了婚姻和繼承權的重要策略。

　　對愛情的討論也延續了這個主題，其用意是把愛情和(在許

多社會學和史學的辯論中)現代化及歐洲之間的連結給打破，認為情人情話的擴展，關係到的是傳播模式的改變，特別是讀寫能力的出現，以及印刷術和小說的發展。

# 第一章

# 西方中的東方

　　從18世紀開始，西方的社會思想就不斷在尋找，為什麼「現代化」應該發生在歐洲而非東方。繼韋伯之後，馬克思也企圖解答這個疑問。對馬克思而言，亞洲的例外主義使亞洲被排除在邁向現代社會的發展之外。對韋伯來說，一整套根本的特徵——階級、氏族、經濟倫理——都使東方成為不利於資本主義發展的溫床。這些概念主宰著許多史學和社會學思想，例如家庭的論述，就認定歐洲(或西北歐，或甚至有時候是英國)擁有一種促進現代化的家庭制度(「核心家庭」)，但在世界的其他地方，不同的家庭結構阻礙了現代化的發展。

　　有人認為我所抨擊的概念已經逐漸走入社會科學的歷史，不過有些人(包括Sen 1996)深深不以為然。沒錯，在處理西方獨特性這個一般性的問題時，有一個現象一看就知道是更為普遍的，有幾位作者想出了另外一個歐洲中心主義的看法。討論變得困難重重。不過我以前所處理的那幾個現象，似乎仍被廣泛地用來解釋歐洲社會經濟的發展，我們從華勒斯坦(Wallerstein)最近的一篇極具創見的文章裡看得出來，不管怎麼說，這個一

般性的問題還是存在的。他在《新左評論》(*New Left Review*)的一篇文章裡，檢視他所謂對歐洲中心主義的攻擊，他主張我們固然應該留意歐洲社會科學的基礎(暫時擱置伊本・卡爾東[Ibn Khaldoun]的貢獻和亞洲各自不同的傳統)，但應該看得出過去兩百年來，歐洲人一直位在「世界的頂端」，控制著「最富有、軍事力量也最強大的國家」(Wallerstein 1997: 94)。既然如此，我們不應該貿然拋開原有的假設。不過無論如何，如果可以證明這些假設的根據是錯誤的，我認為這種說法就不成立了：不管有沒有其他可行的選擇，我們都不該猶豫。

在這篇文章裡，為了避免自己被指責為歐洲中心主義，華勒斯坦宣稱他甚至相信中國、印度和阿拉伯世界沒有「走向資本主義」(p. 105)，是一頁「輝煌的歷史」。他認為這些地區一直不乏某種程度的商品化和商業化，一些企業家、商人或「資本主義者」。但他認為這種情況和「被資本主義精神和行為主宰」的情形不同。「在現代世界體系出現之前……一旦資本主義階級變得太富有、太成功或對既有的體制太具有侵略性，其他——文化的、宗教的、政治的——團體就會攻擊他們，利用他們穩固的力量和價值體系，堅持必須對利益導向的階級做出限制和局限。」(p. 105)。

華勒斯坦所談的似乎是幾個不同的過程，包括如何形成世界統治(照Cipolla的說法，利用船堅礮利)，科學和大量工廠生產的出現(工業資本主義)，以及布爾喬亞階級的優勢。這些現象顯然是相互關連的，但這些就是「資本主義」來臨的特徵嗎？華勒斯坦依舊堅持「從16世紀到18世紀，歐洲確實有一些改變

世界的特殊成就」。他著重在價值的層面，把資本主義的發展看成毒蛇猛獸，但儘管如此，他還是反對剝奪歐洲的特殊性，因為這種特殊性就像是包著糖衣的毒藥，沒必要替歐洲洗刷這個虛名。在道德上，他可能相信這是一種倒退；我發現我很難理解他看到的是一個「實際的」做法。無論如何，我想對這種說法的某些層面提出質疑。

我們要先強調一點，現在確實有一個問題尚待解釋：首先，西方為什麼從文藝復興時代以降，在藝術和知識系統上的發展（例如實驗科學的發展）會如此成功？其次，西方怎麼會發展起工業資本主義？這兩個層面並非各自獨立——前者有賴於重商資本主義的發展——不過卻發生在不同的時間點，不構成一個單一的事件。

在最近一本英文書《西方中的東方》（The East in the West, 1996a）當中，我一直在思索這個問題。其目的非常簡單。歐洲的社會學、政治學、史學和許多人類學的理論、以及大多數的日常思維，都把西方當成是一個邁向工業資本主義及更廣泛的現代化的社會發展過程的典範。我們先不要質疑「日常思維」的概念，因為它不管在哪一種文化裡，都必然是個種族中心主義的概念，在進步的社會中必然也是如此。在人類學的討論方面，一直不斷有人提出這種說法，認為印度和中國的社會是走一條和西方不一樣的路線，由於長期不變的文化特徵使然，中國和印度不會也不可能步入現代化、資本主義和工業化。社會學家涂爾幹（Durkheim）和莫斯（Mauss）在一篇談「原始分類」（'Primitive Classification'）的文章裡，也提到了中國；他們分類

世界的方式和我們截然不同。人類學家李維史陀(Lévi-Strauss)
比較中國人和澳洲原住民的親族制度;兩者的家庭結構基本上
跟我們不一樣。東方學者李約瑟也認為中國人的時間觀念是循
環式的,和先進社會直線式的時間觀念比起來還很原始。人類
學家杜蒙特(Dumont)同樣也比較過印度南部和澳洲凱耶拉人
(Kariera)的婚姻制度。東方和西方當然有所差異,但是否就是
這些差異使得現代的體制無法發展,甚至讓我們把亞洲人歸類
為所謂的「原始人」?或至少把他們當作和我們完全不同的人
呢?因為杜蒙特同時認為印度次大陸和信仰基督教的西方最
大的差異,在於印度的階級制度和西方的個人主義背道而馳,
這種制度賦予出世的婆羅門最崇高的地位,自然無法發展現代
經濟。

　　史學家一直有意再進一步抬高西方的地位;事實上確實有
許多史學家想提高自己國家的重要性,特別是英國的史學家,
因為是英國把工業化引進歐洲的。他們想找出深層的文化因
素,來解釋這個發展的來龍去脈,例如把英國的(有時候是盎格
魯撒克遜的)個人主義當作現代世界發展的關鍵因素。雖然我想
指出有關這個歷史記錄的某些根本上的異議,但我稍後再回到
這個主題。人類史學家艾倫‧麥克法蘭(Alan Macfarlane)認為個
人主義是英國人特有的性格,有助於該國成為第一工業國家。
這種觀點受到許多學者的挑戰,例如史學家克里斯‧魏克漢
(Chris Wickham)在描述中世紀初期的義大利時,就提出了質疑。

　　社會學家也是這些討論的主要參與者,其中包括馬克思和
韋伯。馬克思是根據西歐史來擬定他的發展階段,從日耳曼(「或

原始的」)、到古代、到封建、到資本主義的社會形式，一路發展下來。韋伯也認為大致如此，不過他在東方尋找某些可能阻礙了發展過程的原因(而且往往是階級和親屬團體等非經濟因素)，以及促進北歐發展的因素。雖然這些觀點受到了某些批評，但大體上仍然主宰著西方絕大多數的社會科學家。

只要看看宗教倫理，並強調新教的宗教倫理在現代化的過程中對經濟事物切入的角度，自然會支持西方優勢的觀點。研究人口統計的史學家認定家庭構成了一個非常重要的差異，一邊是西方的核心家庭或家戶，另外一邊是大家庭，被當成一個個壓抑個人主義、阻礙資本主義的集體。別忘了在這兩方面，不只歐洲和亞洲有所差異，信仰新教的西北歐也和信仰天主教的南歐不同，根據拉斯列(Laslett)和成功的劍橋人口統計史學小組的分析，南歐的家戶比較大，女性比較早婚，外姓的僕人比較少(這三個因素可能是連在一起的)。這幾位作者此時所關注的是工業資本主義的發展、工廠制度，而非分布比較廣泛的重商資本主義的發展，他們用這種非常特殊的方式來詮釋現代化。所以像義大利那些促成文藝復興之類的所有成就都被忽略掉了——德・路佛(de Roover)之類的商業史學家認為在商業的層次上，義大利的成就在於創造了許多資本主義的基本體制(金融業、匯票)。現代歐洲的重商資本主義主要是在義大利發展起來的，它所依賴的並不是西北歐特殊的人口統計學或社會特徵；在文藝復興時代，義大利比後來發展工業資本主義的地區更進步。這使我們不禁懷疑起上述這些名詞的本質。

容我說清楚一點。我無意否認從1780年或更早的時間開

始，西北歐的經濟和知識系統在某些重要層面都超越了世界其他地方。只是對解釋這個現象的那些說法的本質感到困擾。在追溯這些發展的原因時，社會學家等人一直想找出永久、深層的文化變數，忘了他們需要解釋的只是短期的情況。之前不但南歐曾經超越了北歐，我還認為在文藝復興之前，中國在某些方面比西方更進步。這些社會學家為「現代化」所找出的長期文化因素，似乎是把東方給永久地原始化，彷彿東方在本質上就比較傾向專制政治，或是東方的親屬團體、時間計算、社會關係和一般概念規則，在形式上都很基本（「原始」）。以這幾種方式進行的研究已經走錯了方向，在我看來，這不僅影響到我們對東方的了解，更影響了我們對自己的理解。

其中一個錯誤在「理性」方面，也就是論理的模式。韋伯主張資本主義需要一種特殊的西方理性，一種主宰世界的理性，這是其他人所沒有的。我要先檢視作為論理之形式程序的邏輯形式，雖然（Evans-Pritchard堅信）每個社會都有自己的邏輯系統（哲學家Lévy-Bruhl所謂沒有一種社會是前邏輯的），亞里斯多德和希臘人發展出來的形式程序為未來千百年界定了什麼叫做邏輯，自然有些不同。我認為形式邏輯的發展，特別是以亞里斯多德用來證明事物的三段論法所呈現的形式邏輯，作為一個序列論理的程序，是藉由書寫才成為可能的，書寫讓人類得以把口述文化中隱含的程序加以說明或形式化。

無論如何，我們發現三段論法不只存在於希臘，也存在於其他的文字文化當中，（依照Bottéro的說法）美索不達米亞平原和遠在近東之外的印度，以及中國和日本的佛教邏輯，都可以

看到三段論法的雛形，這些地方有各種不同的三段論式推論，有些聽起來很像小孩玩的遊戲。

我的結論是，邏輯和序列論理的形式對東方文化來說並不陌生，沒有必要假設有一種西方理性的特殊形式允許**我們**現代化，而不是**他們**。說實話，看看今天的世界（不同於馬克思和韋伯的時代），顯而易見的，任何用一個深層的文化特徵來解釋短期狀態的討論，都出現了重大的缺失。如果把這些發展歸因於新教徒的倫理，我們看不到佛教或儒學裡面有和新教倫理相當的東西，那又該如何解釋日本和中國近年來的發展？所謂的西方理性也一樣。

就我的論證而言，耐人尋味的是西方並沒有連續而不中斷的亞里斯多德傳統。亞里斯多德的作品其實有一部分是東方傳遞過來的，至少是來自近東。雖然基督徒很早就在西班牙北部重新建立政權，但伊比利半島南部的安達魯西亞在1492年之前都屬於阿拉伯人統治。成為從阿拉伯和近東的事物傳入「西方」的管道，特別是透過穆斯林－猶太人。穆斯林－猶太(Muslim-Jewish)的學者伊本·魯德(Ibn Rughd, 1126-1198)（在西方叫做艾法歐伊斯）的研究具有特殊的意義，他寫下了中世紀最重要的學術研究，對經院哲學的興起也有所貢獻(Libéra 1991: 13)。當時西方對亞里斯多德的作品非常陌生，而他對亞氏所有的著作都做出了評述。他的《評論》(*Commentaries*)在13世紀初被翻成拉丁文，在歐洲各大學聲名大噪；從1230年到1600年的四個世紀之間，是他「在信仰基督教的西方體現了哲學理性」。從這個觀點來看，西方哲學理性的發源，是靠來自摩爾人統治

的西班牙的一位穆斯林－猶太學者。他帶領西方回歸到著於
1500年前，如今再度復活重生的亞里斯多德著作。這件事再清
楚不過地說明了後羅馬信仰基督教的西方，在知識上遭受嚴重
的損失，需要伊斯蘭世界的幫助才能恢復。我認為重點是我們
不能人云亦云，以目的論的方式，認為西方從古代到現代（「資
本主義」）世界，一直都是領先的典範。西方的進步曾經受到阻
礙；中世紀在知識上曾有重大的損失。此外，我們不應該把東
方當作進步失敗的例子（亞洲的停滯），在東方社會到處尋找文
化中阻礙進步的因素，又企圖在西方找出有利的因素。多年以
來，李約瑟對中國科學所做的重要研究，已經證明東方在許多
領域上是遙遙領先西方的。

我從理性轉而談到簿記，一部分是因為義大利文的
*ragioneria*、法文的*livres de raison*所玩弄的文字遊戲，一部分是
由於兩者都牽涉到讀寫能力，同時也因為韋伯和其他德國學者
都認為西方理性最重要的範例，就是14世紀在義大利首度出現
的複式簿記。韋伯等人都以為這是一種理性、科學的記帳方式，
對資本主義和現代世界的發展是不可或缺的。

有些複式記帳當然也有其優點，但我們不能說這就是「科
學化」、「理性的」簿記形式和其他形式之間的差別。這樣太偏
祖歐洲得天獨厚的優勢。因此我們必須改變我們的看法。首先，
歐洲許多商業或甚至工業的公司，直到19世紀還一直沿用單式
記帳法。所以複式記帳法並不具有不可或缺的重要性。

其次，簿記是從記載書本開始的，換句話說就是書寫。這
在商業上當然是一項很重要的革新，只要看過口述文化中的商

人如何努力應付大批的信用交易，一定會欣賞簿記的功能。讀寫能力可以擴展交易者和交易的數量，而不必負擔把這些資料全部記在腦子裡的這種幾乎不可能的任務。美索不達米亞平原很早就用書寫來達成商業的目的。事實上法國學者施曼特－巴塞瑞特（Schmandt-Besserat）曾說過，近東地區在新石器時代的市場所使用的那種小型黏土錢形物，正是書寫的先驅。商人把這些錢形物放進黏土封套裡，當作一種提貨單，和貨物一起送給遠處的買家，好確認送達貨物的數量和種類正確無誤。後來還把錢形物印在還沒乾的黏土上，標示封套裡的內容；最後是錢形物本身被省略掉了，只用書寫的形式再現出來。

　　眾人參與集資和分擔風險的商業行為，也會做詳細的帳目。可以把利潤和損失計算出來，由參與聯合投資的人共同分擔。同時，這種制度也是地中海康曼達組織（*commenda*）的先驅，商人靠這個組織來合夥參與一項事業，這種制度產生了股份公司，在歐洲被認為是早期資本主義發展的關鍵，不過事實上，這是所有複雜的文字貿易制度的特徵，有時候用家人，有時候是靠沒有親戚關係的商人。

　　這樣的記錄方式傳播到整個近東地區。戈伊泰因（1967）曾經描寫11和13世紀開羅猶太區零星的帳目，應該是銀行業者記的帳，斯高吉（Scorgie）在討論戈伊泰因的描述時表示，他們有一種很精密的格式，就像現代的T型帳戶法，我們知道義大利也用這種格式，但日期沒有戈伊泰因發現的帳目這麼早（Scorgie 1994a: 140）。義大利用的段落格式（paragraph form）是把收益寫在支出上方，這種做法一直延續到公元14世紀以後，廣泛採用

雙邊格式為止(de Roover 1956)。埃及的帳目所使用的某些慣例，在印度的Bahi-Khata制度(零的記號表示登錄了一個帳目)和佛羅倫斯的簿記(用一條斜線劃掉，表示結清)都看得到(Scorgie 1994b)。191到192年埃及北部法林浦的紙莎草卷是一個特例，除此之外，羅馬似乎沒有用過雙邊格式記帳。這個發現支持了我前面針對記帳制度所提出的說法；只要進步到某個程度，接下來就會在各式各樣的情境中，看到記帳制度在複雜性和效率上的進步。

也曾經有人提出比較極端的說法。高登早在1765年的一本教科書裡就看出了近東(「特別是阿拉伯」)在「安排和整頓帳目」上的領先，他認為這種技術後來「傳播到了地中海的所有城市」(Gorden 1765: 13-14; Scorgie 1994b:31引述)。後來有一位作家科特(Colt)表示，義大利人極有可能是在君士坦丁堡、亞歷山卓城或另外某一個東岸的城市學到了他們有關複式記帳法的所有知識(Colt 1844: 230, Scorgie 1994b: 31引述)。雖然沒有證據，但不久前有位作家說過，伊斯蘭帝國及其猶太商人，「因為較早發展出會計的前身」，而對義大利的會計學產生了影響(Parker 1989: 112,引述Scorgie 1994b: 31)。還有人主張複式記帳法起源於印度的Bahi-Khata制度；根據古開羅舊書庫斷簡殘篇的記錄，早期應當有許多猶太人和穆斯林在印度和埃及之間往來經商(Goitein 1973; Lall Nigam 1986; Ghosh 1992)。

當時的交流顯然非常頻繁。希臘人取代了羅馬人，後來又被阿拉伯人取代。開羅和印度與威尼斯之間的交流很穩定。這些地區的會計制度很可能在14世紀之前就傳到義大利。這些可

能傳到義大利的技術似乎不包括複式記帳法在內，不過作為複式記帳法前身的雙邊格式則確實是其中之一。

　　早期這些帳目都是採用單式記帳法，不過發展出了相當複雜的格式。為了研究單式記帳法有多大用處，我在印度西部亞美達巴德一家管理許多紡織廠的事務所傳統的會計室（pedhi）待了一陣子。這些都是西方的企業，出口到歐洲，以完全工業化的基礎採用現代機器。然而因為用了許多分類帳（就像早年在義大利的記錄中所看到的），他們就能夠記下所有的帳目，做出資產負債表。

　　這種方法在某些方面不若複式記帳法（話說回來，這種方法也比較難管理）有效率，不過還是可以記帳，也沒有阻礙重商資本主義及工業資本主義的發展。這種簿記格式沒有什麼不理性或非理性的地方。

　　第三，雖然複式記帳法和一位義大利僧侶帕奇歐里（Pacioli）的名字連在一起，但歐洲不是唯一發明出這種制度的地方。中國南方顯然也自行發展出類似的記帳法，作為商業目的之用。我們不知道確切的日期，不過在一個和文藝復興時期的義大利相當類似的環境中，我們發現了記帳的格式一直在不斷改進。

　　這些都是一種進步。我們也不該看成是以高人一等的理性為後盾的西方才能達到的重大突破，這些不過是文字社會在類似的商業活動背景下所產生的進步。

　　因為在那段時期，歐洲的義大利在文化上固然有長足的進展，全球執牛耳的商業強權其實是中國，印度在某種程度上也不遑多讓。葡萄牙人抵達印度的時候，船隻沒有印度大，葡萄

牙商人的影響力也差得遠；當時印度的市鎮相當繁榮，同時手搖紡織機的紡織工業提供大量貨物出口到歐洲，展現出的生產力令葡萄牙人瞠目結舌。中國也是一樣。南宋首都的規模和精緻令馬可波羅大為驚艷，他稱之為「世上最偉大的城市」，羅馬無疑相形失色。

中國和印度一樣，也發展出了可觀的前工業活動，特別是在絲織品以及最重要的陶瓷器方面。法國用 "indiennes" 來代表印度進口的彩色棉織品，同樣的，英國人稱呼中國的 "China" 這個字，也是源於中國的瓷器(china)，顯示東方在這兩種非常重要的商品上所占有霸主的地位，西方剛開始只能用黃金和金條來交換(就像道德主義者大聲抱怨的，在羅馬時代用黃金來換取香料、絲織品和香水)。海上航線打開之後，除了大批手染的棉布之外，更有大批的瓷器輸入歐洲，改變了國內環境和居民的品味。還有一點很重要，曼徹斯特模仿印度的紡織品，荷蘭的戴夫特和英國的陶瓷之都模仿中國的瓷器，帶動了歐洲消費品的工廠生產。

在擁有精良武力裝備的葡萄牙人崛起之前，中國和印度的商人主宰著南海和印度洋，形成了自己的東方世界體系。我們在非洲東岸發現中國的陶器，同時在前葡萄牙時期，印度的布料不但賣到了印尼和印度支那，也賣到了非洲東岸。當時這些東方人是偉大的航海家、貿易商和探險家，來往全球的主要地區，對他們來說，中世紀的歐洲(尤其是西歐)是落後的附屬品。我們一向把地中海諸國視為商業和知識界的中心。不過在中世紀和中世紀之前並非盡皆如此。羅馬帝國滅亡之後，歐洲的貿

易、貨品的生產、尤其是知識的生產，都發生了嚴重的衰退。
如果把歐洲視為企業家、拓荒者、個人主義者、思想家唯一的
中心，這種想法需要大幅度修正，其實歐洲成為世界的中心，
是很久以後的事。

　　容我先談談個人和個人主義的問題，以社會學的角度討論
資本主義的興起與西方的全球性擴張時，這個問題是不容小覷
的。在英國，「個人主義」這個名詞進入歐洲語言（約1830年）的
辭彙時，其實是一個輕蔑語，右派用這個字眼來描述當代社會
的原子化，左派則把它當成社會主義的對立面。托克維爾在處
理美國的民主制度時，給了這個名詞比較正面的口吻：「個人主
義……讓社群中的每個成員想要把自己和大批的夥伴隔絕，與
家人和朋友分離。」（de Tocqueville 1945第二卷，第二章）這正
是資本主義、現代化、和企業家所需要的。

　　這個所謂的個人主義系譜受到很嚴重的爭論。英國人類學
家麥克法蘭認為這本質上是一種英國（或者應該說是盎格魯撒
克遜）特質，是德國森林的產物。法國人類學家杜蒙特主張這是
一種基督教的精神。印度人受到家庭、階級和宗教的限制，只
能算是世界裡的個人（individuals-in-the-world），唯有以所有信徒
一律平等為基礎的基督教社會，才是把個人主義真正地體制
化，「相對於上帝的個人」（individuals -in-relation-to-God）。新教
的教義只是把這個宗教觀念應用在世俗生活上，應用在資本主
義式的個人主義世界上（Dumont 1983。相關的批評請見Morris
1987）。杜蒙特認為這種特質就是歐洲和印度、中國的差異，也
是和伊斯蘭國家的不同之處，更為資本主義的發展鋪了路。像

莫里斯(Morris, 1972)這一類的中世紀史學家認為歐洲早在11和
12世紀就已經建立了個人主義結構的概念。藝術史學家布克哈
特(Burckhardt)也在他的《義大利文藝復興時期的文明》(*The
Civilization of the Renaissance in Italy*, 1860)闡明了這個觀念,他
認為個人特質來自於文藝復興時期義大利「自由人格」的全盛
時期,特別是佛羅倫斯,而在更早期的社會當中,人類只有藉
著某種籠統的範疇,來意識到自我的存在(Watt 1996: 120)。對
文學批評家伊恩・瓦特(Ian Watt)來說,個人主義並不特別具有
英國或義大利的色彩;唐吉訶德和唐璜就是西班牙人,浮士德
是德國人;這三個人都以自我對抗世界(ego contra mundum)的
姿態出現。這些全都是歐洲人,不管是來自南歐和北歐。

在西北歐,其他人則有其他不同的看法。神學家特洛爾奇
(Troelsch)宣稱「個人主義真正永久性的實現,歸因於宗教運
動,而非世俗運動,肇因於宗教改革,而非文藝復興。」(Watt 1996:
163,引述Troelsch 1931: 119)清教獨特的教義著重的是個人的責
任,而非社會義務。

如此缺乏共識的主要原因是,個人主義的定義非常廣泛,
必須要以脈絡的角度來詮釋。個人主義是什麼意思?經歷其他
的文化之後,我們不會感覺印度人或中國人像杜蒙特和他之前
的韋伯所想的一樣,被階級或親屬團體壓得死死的,以致於無
法成為企業家。事實上,看看現在歐洲城市的街道,就知道這
樣的觀念是胡說八道。沒錯,在早期現代西方那種拓荒或重商
主義的經濟當中,比較容易逃避我們所謂文明社會的體制;也
能享有比較多的個人自由。不過其他地方也有類似的機會,並

產生了個人(individuals)，特別是在其他社會的「邊緣」，包括東方的社會在內。印度的西北疆域，中國的水滸傳世界便是如此，那裡全是天生具有強烈個人主義的強盜。

瓦特在不久前的一篇報告中強調，我們有充分的理由相信，文字社會，特別是他們的文學作品，例如西方社會的主要神話，具有某種特別的個人主義(書寫比說話更具有個人主義精神)。這種印象的產生，一部分是因為文藝復興之後文學創作的本質使然，小說和戲劇的發展，需要的往往是「雖千萬人吾往矣」的英雄角色。

不管怎麼說，對世界史而言，關鍵的問題在於，是不是只要遇到了新的挑戰(例如重商或工業的資本主義活動)，社會就會出現這種特徵。我們現在也看到個人主義出現在許多地方，包括香港和亞美達巴德，或是塞內加爾和豪薩。

總之，只要研究過另外一種文化，就會知道，不是只有西方才有個人的觀念。伊凡斯－普瑞特查德(Evans-Pritchard)曾談到蘇丹努耳人(Nuer)的個人主義精神，任何認真的田野調查者都會從經驗中看到這一點。除非死守高度種族主義中心的觀點，連中國人和中國人彼此之間差異都分不出來，才會認為個人主義是西方才有的精神。中國人看起來一模一樣，隸屬於一個有固定風俗習慣的集體民族，相形之下，我們西方人各自不同，每個人都是一個個人，一切行為都具有理性。這種種族主義中心的觀念披上了學術的外衣，隱藏在許多發展綱略的背後，認為世界是從集體體制漸漸轉為個人體制，土地永久保有權和家庭就是其中的兩個例子。這種籠統的預設置脈絡於不

顧。沒錯，有些集體的土地權確實隨著先進的農業制度而消失
了，但在許多方面，我們製造業生產方式的集體性，遠勝於那
些比較單純的社會，而包括社會福利和養老金等社會環境的其
他層面，我們的集體性也是很強的。

　　從集體到個人的發展順序，是馬克思某些思想發展背後的
基礎，也主導了許多關於家庭的史學研究，現代社會認為具有
個人主義色彩的核心家庭，逐漸取代了農業社會的大家庭。劍
橋人口與社會結構研究小組（Cambridge Group）的人口統計史學
家開始檢視英國的教區記錄時，發現不管回溯到什麼時代（16世
紀），都找不到任何大家戶（extended household）的證據（他們處
理的是家戶的大小，而非家庭的大小）。有些人因此辯稱說英國
特別適合發展工業革命，社會學家帕森斯（Parsons）認為小家庭
是工業革命（在意識形態和實際上）不可或缺的要件。後來的歷
史人口統計學家認為，作為資本主義搖籃的西北歐也和英國有
相同的條件，全然不同於被認為沒有發展出資本主義的南歐和
東歐（即使南歐過去顯然也發展過資本主義）。

　　這個論證有幾個架構上的瑕疵。在前基督教時代，單系繼
嗣群（unilineal descent groups，氏族和宗族）是許多地中海國家的
特色，不過到了中世紀，歐洲規模比較大的單系繼嗣群幾乎都
已經消失了。但其實未必盡然。克拉畢許（Klapisch）曾提過佛羅
倫斯的宗族，其他人談過熱那亞的葛里爾馬迪家族（the
Grimaldi），庫魯克理（Couroucli）也在科孚島發現了若干宗族。
不久前在蘇格蘭或巴爾幹半島的某些山區還有氏族的存在。不
過日耳曼人似乎沒有這種氏族，而是以雙邊親系來組成親屬關

係，從父母雙方來追溯親戚關係。自從國家接替了家族的某些功能(例如復仇)，以及教會組織了其獨特的精神性親屬關係之後，日耳曼人這種雙邊親系也漸漸式微了。

　　雖然親屬關係的範圍萎縮，卻從來不曾局限於核心家庭。不管怎麼說，雖然西方的社會學判斷和民俗常識都認為，和個人最相近的小家庭有利於企業家，是資本主義發展的關鍵因素，不過從當代日本——尤其是中國和印度——所得到的證據顯示，資本主義(現在是工業資本主義，當時是重商資本主義)也可以在家庭結構類型比較大的社會中生根發芽。事實上，有些觀察家表示，這些社會展現的是一種「集體資本主義」(不同於西方的「個人資本主義」)，這正是因為親戚在商業的領域具有舉足輕重的地位。不過按照韋伯、帕森斯和其他許多人的看法，主導商業活動的應該是官僚體制的標準，非家庭人員的補充，重用家人會被當成是用人唯親，換言之是邪惡又沒有效率的。無論如何，不管是比較大的家庭或是涵蓋範圍更廣的企業型宗族和階級，這些團體就算嚴重介入商業的經營，並不會像韋伯等人所說的那樣，就此阻礙了發展的進行。福萊(Faure, 1989)把中國南方的宗族當作企業法人團體來分析，就充分證明了這一點。他們從家族成員身上累積金錢，投資在各種活動上，包括商業交易在內，希望為家族成員賺取利益，其實和其他的慈善法人團體差不多。

　　魯德納(Rudner 1992)所研究的銀行家階級——印度南方的契提亞斯(the Chettiars)家族——也具有這種精神。這些放款業者不管在印度國內或東南亞都經營得非常成功。在中國，宗族

是一種累積投資資本的手段；至於印度，一方面是因為階級成員彼此之間相互信任，同時自然也是因為階級議會握有控制權，契提亞斯家族可以用比較好的利率跟同階級的成員借到錢；再用比較高的利息借給其他階級的人。換句話說，在籌資和取得優惠利率方面，集體群確實是有些好處的。成員彼此之間的信任，也是一個商業因素。

無論如何，所謂集體資本主義和歐洲個人資本主義之間的強烈對比，其實可以說是一種誤導。後者屬於西方神話的一部分，最鮮明的代表莫過於狄孚(Daniel Defoe)的魯賓遜(Ribinson Crusoe)，他漂流到荒島上，一個人親力親為，做著粗重的工作，努力活下去，最後逃離荒島。其實不管哪一個國家，早期的重商資本主義就算不是仰賴集體群，至少也是憑藉著大家庭成員彼此之間的關係，其原因則和前面所提到的亞洲大同小異。在都鐸王朝時期，英國的繁榮多半仰賴羊毛和布料的輸出，當時統籌不少產品輸出的義大利銀行家，就是托斯卡尼和倫巴底那些銀行家的堂兄弟；如今倫敦市還有一條大街叫做倫巴德街(Lambard Street)。銀行家不是各自作戰，而是以家族集團的方式經營事業，就像羅塞普爾德家族(the Rothschilds)、佛格斯家族(the Fuggers)或巴克萊家族(the Barclays)，所來往的不但是他們可以信任的人(按照官僚體制的方式招募外人，風險反而更大)，也是他們可以籌資的對象。他們未必是以個人主義或甚至核心家庭的基礎來經營，雖然這種例子屢見不鮮。所謂的家族企業，代表他們做的是長期的規劃，相較於股東的短期利益，更重要的是年度的盈虧。

　　銀行業尤其是如此，不過貿易和製造業也不遑多讓。即使是個人所創立的公司，也可能運用繼承來的資本（或妻子的嫁妝），一旦有了兒女加入，很快就會成為家族事業；一方面事業就像農場一樣維持家庭的生計，另一方面家庭也維繫著企業的營運。事實上，英國最成功的商業企業，也就是每條大街上最醒目的瑪莎百貨（Marks and Spencer）和梳士巴利超市（Sainsbury's），其董事會和經營團隊必然少不了家族成員的參與。即使他們在證券交易所公開發行股票籌資，許多股份仍然操縱在維持一定控制權的家族手裡。除了商業之外，工業也是如此。即使是大家庭，家庭關係彼此之間不但不會有任何矛盾，大多數的公司還具有強烈的家族色彩。台灣的製造業非常成功，根據估計，其中90%的公司都是以家庭為基礎所創立的。更令人驚訝的是，即使在西方最重要的資本主義強權，美國，也差不多是這個數字，其中包含的不只是小公司，還有福特、斯格蘭（Seagrams）、IBM這樣的大企業在內，這些大公司原本就有濃厚的家族氣息，各個層級都少不了家庭成員的參與。參與當然不免會造成衝突和長期的仇恨。家族參與事業的經營，本來就是一把兩面刃，全世界的肥皂劇、美國的《朱門恩怨》（Dallas）、英國小說家高爾斯華綏（Galsworthy）的《有產者》（Man of Property 1922）都是以此為基本情節架構，除了法國，我在印度也看到不少這樣的例子。

　　我在這裡所提出的論證是，一旦把歐亞兩洲硬是分成集體的東方和個人化的西方，兩者涇渭分明，南轅北轍，那麼，不管是過去還是現在，我們將不但無法了解東方社會的運作方

式，也看不見我們自己的社會是如何運行的。過去我們常常忽略了親屬關係在重商主義和工業的生產及交易中可以扮演什麼樣的角色，以及發揮了怎樣的功能。雖然托克維爾把家庭涵蓋在他個人主義的概念中，其他人則不然，他們反而企圖建構一種絕對的魯賓遜式的個人主義，把去人格化的官僚體系當成現代化的模型。現在我們已經轉向強調個人和國家之直接關係的福利制度，傾向於社會生活的自動化。每個人都有權得到福利。由於老人和單親父母對福利的需求日漸增加，在成本不斷攀升的情況之下，連國家在這方面的功能也漸漸減弱。高課稅是一種社會分享，問題是當許多人反對高課稅而使得國家的支持不足的時候，供養老人——常常還要供養下一代(或任何身陷危機的人，例如失業者)——的責任不可避免地落在家庭身上，以英國為例，他們就鼓勵家庭來彌補這個缺口，這些角色原來是家庭的標準功能，只是後來一度被貶抑了。這完全違背了對絕對個人主義的堅持。面對這些變遷，當初被認為在比較大規模的家庭連結牽絆下沒有能力因應工業革命的南歐社會，反而最可能把這個問題處理得最好。雖然美國觀察家班菲爾德(Banfield)很不以為然，但義大利所謂無關倫理的家庭主義(amoral familism)，到頭來很可能是一項資產，而非缺陷。顯而易見的，家庭一向是社會組織的重要元素，在早期資本主義時代亦然，到了今天也沒有改變，只是形式還有變化。

我們可以用兩個角度來談歐洲大陸和亞洲大陸的歷史。強調兩個大陸在本質上截然不同的發展軌跡——西方和東方。西方的發展可以追溯到希臘羅馬等地中海社會的古典傳統，隨著

文藝復興、宗教改革、啟蒙運動和西歐的工業革命而達到顛峰。東方的發展則出自於「不同的」淵源，有著相當「不同的」特色。換個角度來看，我們可以強調歐亞自青銅器時代都市革命以來共同的遺產，包括引進新的傳播方式(書寫文字)，新的生產方式(先進農業和工藝的生產方式，包括冶金、犁田、車輪等)，還有新的知識。許多西方的社會學理論所呈現的是第一種說法；史學和人文科學也強調這種說法，歐亞大陸因此被分隔為西方和東方。在不想否定文化傳統之特殊性(包括歐洲的獨特性)的情況下，我們很容易就會把這些特徵誇大為永久性的差異，特別是談到我們自己的社會(在上述的近幾個世紀一直非常成功)時。我認為這種情況已經發生在許多西方的思維和學術研究中。我們不惜抹煞雙方的共通點，誇大了兩者的歧異，這種做法不但扭曲了我們對東方的瞭解，也曲解了對西方的認識。

# 第二章

# 歐洲家庭的獨特性？

我們在前一章曾經討論到，由於可能牽涉到工業化、資本主義和現代化的成長，歐洲家庭的獨特性，早已是一個在史學和社會學上非常重要的的研究課題。就「歐洲奇蹟」而言，這個問題已經和「西方獨特性」的概念連在一起。也就是說，社會學家和史學家常常認為，西方家庭不只是與眾不同而已，這些差異往往或導致或承襲了工業資本主義的發展。無論因果關係為何，其中都牽涉到韋伯所謂的選擇性的親近（elective affinity）。

我想處理三組「家庭」變數，這些變數一直被認為是歐洲的特色。首先，某些帶有心理學色彩的變數，和史東（Stone）、艾里斯（Ariès）、梭特（Shorter）等探討心態的史學家所做的研究脫不了關係，在後來針對現代化的討論中，這些研究扮演了相當的角色，特別是社會學家紀登斯（Giddens）的討論。其次，有些數值變數是出自拉斯列這樣的史學家和人口統計學者、劍橋人口與社會結構研究小組和統計學家海伊內爾（Hajnal）的分析。第三，我本身也提出了一些我所謂的「教會變數」

(ecclesiastical variable)，牽涉到的是天主教會這個主要社會體制的建立。

假設自己的洲或甚至國家與眾不同，這種討論顯然有一個危險。一般人認為**我們的**體制和**他們的**差異，關係到我們在現代化及全球性事件方面的優越性。英國身為第一工業國，因此相當多(英國史學家的)討論都是以英國家庭為主題。在歐洲資本主義發展的全盛時期，馬克思和韋伯等作家大致討論過英國的這種優先性。這也使得許多英國的史學家對家庭變數不但十分關注，有些人還極力鼓吹。由於社會學和史學主要是以非比較性的角度切入，至少在跨文化的層次上是如此，社會學家和史學家可能沒有經過仔細的檢視，就直接認定歐洲和非歐洲(或現代與傳統)的社會有所不同。

在我所從事的人類學(有時人類學的定義就是研究其他文化)領域上，同樣也有許多這樣的研究論述。有兩位著名的法國人類學家把東方和西方像這樣一分為二。李維史陀(1949)就把中國和澳洲的原住民一起歸類為親屬的基本結構(structures élémentaires de la parenté)，因為中國有所謂的姑表聯姻或舅表聯姻，而杜蒙特則把歐洲的個人主義和印度的階層平行對照；歐洲一夫一妻制和東方的集體體制形成強烈的對比，也觸及家庭和親屬、小家庭、有限親屬(restricted kin)、描述制親屬稱謂(descriptive kin terms)的問題。如同史學和社會學的思路都把歐洲家庭和資本主義的發展扯在一起(至少是重商主義時期的資本主義)，李維史陀和杜蒙特到頭來也還是把兩者連結起來。

我的問題多少也和前面所提到的歐洲獨特性的現象有關，

但這些現象有的很難證實，有的則根本不能成立，另一方面，
我的問題也牽涉到這些現象和資本主義的興起是否有直接關
係。在我討論這些家庭變數之前，我想談談這方面的論證為什
麼不是以歐洲的家庭為主，反而用極大的篇幅來探討英國的家
庭。不久前才出版的一本紀念勞倫斯·史東（我將這位偉大史學
家的研究奉為典範）的書，命名為《第一個現代社會》（*The First
Modern Society* Beir *et al.* 1989）。一開始就引述了史東的一段
話，這本書的書名也是從這裡來的：

> 西歐在16、17和18世紀改頭換面，為我們今天理性主
> 義、民主、個人主義、科技工業化的社會，奠定了社會、
> 經濟、科學、政治、意識形態和倫理的基礎，這是怎麼
> 辦到的？原因又是什麼？英國是第一個走上這條路的國
> 家……（Stone 1987: x）

其實史東也只是點到為止，在接下來洋洋灑灑650頁的內容
中，都不曾再觸及這個議題。這只是編輯群和史東本人的預設
而已。唯一的例外是勞勃·布瑞納談「布爾喬亞階級革命及邁
向資本主義的變遷」的那一章，作者發覺英國

> 有一種極為獨特的政治發展過程：藉著除去庶子的封
> 建領主地位，加上政府獨占武力的合法使用權，而形成
> 了統一的民族國家；迴避一切促使專制政治、稅收國家
> 成長的趨勢；建立議會統治（parliamentary rule）；終於在

18世紀之前，創造出一個特別強大的中央集權國家，課
稅的水準和官僚行政體系的進步，恐怕是歐洲其他任何
地方都比不上的。(Brenner 1989: 303)

這種情況所構成的政治獨特性，他認為是拜「同時出現了
同樣獨特的貴族階級」所賜。我們無法懷疑所有的貴族政治——
就像所有的貴族(其實也像所有的平民)一樣——都是獨特的。
但他們對現代化的過程是否具有獨特的影響力？

和英國其他許多史學家一樣(根據史東對本身的教育所做
的描述，這些人極少涉獵其他地方的歷史)，史東認為他的祖國
是現代社會的濫觴。而義大利人自然不能苟同，他們會認為現
代社會的源頭是城邦的成就，而義大利人對貿易、商業和企業
的貢獻，才對資本主義的成長具有直接而關鍵性的影響。荷蘭
人會有自己的一套說法，強調他們當初如何為了建國而奮鬥，
他們在金融和商業方面的專業長才，以及海外的貿易發展，更
別提在藝術、科學和民主方面的斐然成績了。法國人或許會堅
稱法國才是現代理性主義的發源地，事實上法國大革命正是當
代民主制度的搖籃。不過英國之所以享有舉足輕重的地位，不
只是出於毫不避諱的民族中心主義，更是因為英國在工業生產
的發展上具有領先的地位。

光憑這一點，證據力畢竟有限，曾經有哪些歷史的證據，
證明英國一直在理性主義之路的快車道上獨領風騷呢？「議會
之母」這個觀念深入人心，使大家相信英國在民主政治發展之
路上的領先地位。不過議會同樣存在於歐洲的其他許多地方(例

如波爾多和土魯斯)和歐洲以外的地區。再者,除了王位中斷時期以外,英國在通過大改革方案(Great Reform Act)之前,現代化的腳步是非常遲緩的,即使在大改革方案通過之後,也還有各種的限制,在性別的議題上尤其如此。

既然個人主義被認為是企業資本主義發展的基礎,有關該國(或應該是說歐洲)個人主義的發展,一直是討論的核心。但由於個人主義是一個脈絡的問題,因此任何的評估都有其複雜性;我們很難說工廠生產比經營小自耕農場更具有個人主義風格。

專注於討論西方(歐洲,尤其是英國)的獨特性對現代化的貢獻,這種做法與德國偉大學者韋伯等社會學家的研究論述完全一致。既然如此,看到史東寫道(雖然是「遲來的發現」)韋伯的作品「對我的影響恐怕是其他任何一位學者都比不上的」(p. 587),也就不足為奇了,只不過事實上,他早在和唐尼(R. H. Tawney)密切接觸的時候,就已經受到這種思維的影響,他從唐尼那裡學到,在現代初期,

西方歷史上所有最重大的變遷幾乎全都發生在英國:封建制度轉變為資本主義,單一的天主教轉變為基督教的多元主義,然後再轉化為世俗主義;清教主義的興起和沒落;全能民族國家的發展嘎然夭折;西方歷史上的第一次激進革命;首度大規模建立一個相對自由派的政治組織,分享權力,具有信仰自由,制定人權法案;創造出一個由擁有土地的菁英分子所統治的社會,其企業家精神、家父長主義、以及政治權力的幾近壟斷,在歐

洲獨樹一格。（Stone 1989:579-80）

一口氣舉出這麼多項第一，是刻意用來徹底壓倒任何可能的疑慮。不論是支持進步或堅持保守的人士，都對英國非常讚揚。一致為英國搖旗吶喊。儘管如此，其中有些說法其實大有問題。佛羅倫斯和其他的義大利商人在諸多商業活動中，也為英國羊毛的輸出提供了資金，既然如此，為什麼鎖定封建制度是在英國轉化為資本主義的呢？難道德・路佛等商業史學家對早期義大利的研究就不算什麼嗎？早在馬丁・路德出現之前的大憲章、胡斯派信徒和其他的異教徒，難道不算是打破單一天主教統治的功臣嗎？冒然把世俗主義的濫觴歸功於英國，無異是對法國和其他的傳統視而不見。在英國出現清教之前，清教主義早在歐洲（例如法國）經歷過一番興衰。除了對某些英國「第一」的疑慮之外，在歐洲的其他地方，難道沒有出現其他現象，對歐洲的現代化同樣具有重大影響力？例如德國發明印刷術（是科學進步的關鍵），德國和瑞士出現新教和清教，義大利包括文藝復興在內的一切發展，及其在藝術、人文和科學方面的成就。史東／唐尼的說法是完全一面倒的英國中心主義。

事實上，韋伯強調的是西方（畢竟馬丁・路德是德國人，斯文利[Zwingli]是瑞士人），而史東是在沒有提出非常明確的論證來支持的情況下，將韋伯的論述窄化為英國中心論，這表示他的說法不但是一種學術研究（在意識的領域中，被當成史學家的舞台），在潛意識的層次上也是一種根深柢固的種族主義心態（他刻意不提佛洛依德，是想排除這個聯想）。英國只是問題的

一部分。他偏好的解釋模型——「相互強化之趨勢的回饋模型」
(Stone 1989: 592)——是 把 英 國 當 作 系 統 界 限 (system
boundary)，而非歐洲或西歐。這種模型不可避免地會使他認定
是英國提供了現代化在「社會、經濟、科學、政治、意識形態
和倫理領域上的基礎」。這個國家在現代化的的道路上當然有某
些進展，不過我們只能用比較性的方式來評估英國的成就，首
先要和歐洲相比，其次再跟較廣泛的全球各個社會比較。即使
如此，至少在社會、意識形態和倫理方面，我們也很難找到證
據來支持這樣的判斷；至於包括科學在內的其他領域，我們必
須把思考的範圍大幅放寬，不只是英國或甚至歐洲而已。

## 心理變數

容我探討家庭本身。史東對家庭的研究是在病床上進行
的，大量閱讀「英國從16、17到18世紀所有的家書、自傳、勸
世書、札記等等。」也就是說，他的分析「幾乎完全是根據非
量化的書面文學資料，以菁英階級為主要來源。」(Stone 1989:
590)這種做法馬上面臨兩個問題，其一是來源的問題，其次是
我們應該如何評估這種「心理」類型的資料，並將其與人口統
計史學家所收集的量化資料進行整合。如果兩者連不起來，對
「史學」這個學術領域和這兩種取向的研究者，都不會有什麼
幫助。

他的著作《英國1500-1800年的家庭、性和婚姻》(*Family, Sex
and Marriage in England, 1500-1800,* 1977)是以他對這些英國資

料的解讀為基礎，研究的完全是菁英分子。因此，儘管他對階級差異心知肚明，這種整體論的回饋模型卻反而促使他（至少暗示他這樣做）上自菁英下至鄉土全部一以概之，完全不理會以數字為主的人口統計學資料，免得讓我們看到另外一種證據。他偶爾會提到其他這些社會階層和量化的資料，不過大致來說，不管是這些內部的差異或外部的雷同，他的論點在本質上都把這些思考排除在外。

作者開宗明義說道：

> 本書的目的是將英國從西元1500到1800年這三百年間在世界觀和價值觀上產生的某些重大改變，加以詳實記錄、分析說明。這些廣泛卻難以界定的文化變遷，其具體表現就是家庭成員彼此之間的關係在法律安排、結構、習俗、權力、情感和性方面的改變。（Stone 1977: 3）

這些都是英國所發生的變遷，其中最重要的就是從「距離、服從和父權制度……轉變成為『感情的個人主義』」，他認為這是現代初期在心態上最重要的變化，事實上可能也是西方歷史近千年來最重要的改變。這些議題是「西方文明演化的核心」。

這個從心態入手的研究取向（史東很早就對年鑑學派十分仰慕），基本上不只是把英國視為一個有自己獨特「世界觀」和「價值觀」的特殊體系，同時也認定「西方文明的演進」所產生的結果，不只具有內部的整體性，在年代先後方面也是層次分明。一連串（心靈的？）「存在狀態」以指定的步伐一個接著

一個往前走。1450到1630年的開放宗族家庭（Open Lineage Family）變成1550到1700年的有節制的父權核心家庭（Restricted Patriarchal Nuclear Family），再轉為1620到1800年封閉固定的核心家庭（Closed Domesticated Nuclear Family），然後出現了19世紀的逆轉（Reversal）。如果我們批評史東對這些變遷所做的分析，不是因為我們覺得家庭是永恆不變的，這一點正是史東指責麥克法蘭的地方（Stone 1986）。這些變遷是有連續性的；拉斯列和劍橋人口與社會結構研究小組明白指出，核心家庭或基本家庭（elementary family），以及小家戶（small household）在歷史上從來沒有消失過；事實上這是相當多人類社會的共同特徵。但改變還是發生了。不管怎麼說，把這些變遷解釋成巨大的變動，解釋成「家庭類型」常常在「革命」，不但是小看了家庭變數的複雜性，也沒有說明家庭是如何隨著時間變遷，這種變遷是漸漸形成的，並非一蹴可及，也不能輕易用「心態」、「價值觀」或「世界觀」這種總括性的概念來解釋。這就是在處理心態所牽涉到的「心理」變數時所面對的一個主要問題，我們幾乎無法從歷史的資料來評估心理變數。

史東的論點還有些地方是有爭議的，首先是所謂變遷發生的地點，其次是時間。容我先從地點的問題著手。我們可以理解，法國和其他歐洲的史學家對於這些心態和家庭結構上的變化發生於何處，應當會有不同的看法。艾里斯認為這個感知性的重大轉變發生的時間，比史東提出的更早，而且是發生在整個西歐，不是單獨只有英國而已。法蘭德林（Flanddrin）在他研究家庭史的權威著作中，也抱持相同的看法，大多數的歐陸史學

家亦然。事實上，即使像劍橋研究小組這種非常支持英國論的
學者，也在西北歐（有時是西歐）的家庭結構中發現類似之處。
在時間方面，梭特和艾里斯背道而馳，他反而認為這些變遷是
在史東提出的時間之後才發生的。按照劍橋研究小組對人口統
計資料所做的分析，有許多家庭變數早在社會經濟變遷出現之
前就已經行之有年，更加凸顯出諸位史家眾說紛紜，缺乏共識，
讓我們不得不質疑這些標準的適切性。

## 人口統計學的變數

　　劍橋人口與社會結構研究小組的資料所根據的，是人口統
計學而非文學的資料。他們先隔離出一些他們認為屬於英國的
特徵（廣泛來說，也是西北歐的特色）。兩性都有晚婚的現象，
婚後建立獨立的小家戶，雇用未婚的人作為居家的終身性的傭
人（life-cycle servant）。這些現象彼此互為因果，許多年輕人離開
原生家庭在外工作，晚婚（有時根本不結婚），婚後建立獨立的
家戶，在海伊內爾眼中，這一套是他所謂歐洲婚姻形態的特色，
但事實上這是西歐的特徵。後來（1982），他已經把關注的焦點
從家戶的大小轉移到家戶形成（household formation）的差異。
　　我們不明白的是，晚婚和「大家庭」的欠缺，是否是歐洲
只此一家、別無分號的現象。漢利（Hanley）和伍爾夫（Wolf）辯稱
日本和中國的不同，就跟西歐和東歐之間的差異完全一樣，而
且認為這一點和近來亞洲資本主義的發展有關。日本之所以領
先中國，是因為它的家戶（或家庭）比較小，加上長子繼承制度

和可分割遺產繼承使然。不過他們的說法是在中國經濟近年急
速發展之前提出的，看來中國的家庭結構對經濟發展並沒有構
成多少障礙。事實上也有人提出，不管在過去或現在，親屬範
圍比較大（家戶的大小和歐亞其他地區並無顯著的不同），在財
政和經濟事務上[1]能提供某些優勢。這些人口統計學上的差異雖
然不像一般認為的那樣巨大，但相較於史東、艾里斯、梭特等
人所提出的心理差異，確實比較有根據。不過這些特徵非但不
是絕無僅有的（例如西藏似乎就展現出許多西方的特色），對資
本主義發展的貢獻也並非顯而易見。或者說得籠統一點，過去
認為資本主義和先前任何一種家庭形式有著密不可分的關係，
但有鑑於亞洲和其他地區晚近的發展，這種觀念已漸漸煙消雲
散了。

## 教會變數

　　現代早期的發展是韋伯、史東、拉斯列等人的心理學和人
口統計學論證中根深柢固的一部分，我現在想轉移討論的焦
點，談談歐洲家庭在現代之前，也就是後浪漫主義時代的特
徵。這些特徵本身未必是獨一無二的，但整體加起來，卻和歐
洲的社會制度有密切的關係。過去都是從兩個角度來看待這些
特徵，這也是長期以來我們看待許多歐洲體制的研究取向。這

---

1　有關Faure等人對早期中國的研究，以及Rudner對殖民印度的研究，
　　我的討論見*The East in the West*（Goody 1996a）。

些特徵的優點到底是部落文化「固有的」長處，還是基督教的
特色，來自於一種由外向內輸入的意識形態？或者我們換個
「種族」的說法，這些是日耳曼人還是羅馬人的優點？近年
來，麥克法蘭認為有些是源於日耳曼人的民族特色；不過我現
在想談的這些部分乃是源於基督教，所以可以說是歐洲獨一無
二的特徵。

　　我在其他著作中（Goody 1983）曾經討論過基督教會（我強
調教會而非基督教，原因稍後就清楚了）所帶來的改變。在這
裡，我想先提出一個不一樣的例子來強化這個論點。聖徒奧賓
或艾賓（Saint Aubin or Albin）在西元469年誕生於瓦恩地區（高盧
西部的莫爾比昂），並於西元550年卒於當地。根據這位聖徒的
生平記錄，在這個時代，當地的許多貴族都娶了自己的姊妹或
女兒。雖然主教膽小怕事，對這種行為三緘其口，奧賓卻一直
大力反對。他曾說，「你會看到他們將砍我的頭，我的下場就跟
施洗約翰一樣。」他的預言並沒有實現。最後他終於成功地迫
使高盧教會譴責這些婚姻乃是亂倫，並把那些締結婚姻的人逐
出教會（Englebert 1984）。[2]

　　上面所說的可能不是同父同母的姊妹和親生的女兒，而是
分類式親屬制的姊妹（就我們所知，和親姊妹及女兒之間通婚的
行為，僅限於近東的某些地區）。不過從這份史料可以看出，基
督教會致力於強制皈依的教徒遵守某些規範，這裡的規範是禁
止近親通婚。此外著名的格利高里教皇致坎特伯里的聖奧古斯

---

2　　這份資料來自T. Schippers。

丁書信 (Letter of Pope Gregory to Augustine of Canterbury) 在中世紀的歐洲廣為流傳，其中明白指出，教會反對當地人的習俗，禁止寡婦再嫁給丈夫的近親，例如嫁給亡夫兄弟的娶寡嫂制。此外，教會也禁止收養子女 (馬賽主教賽爾維亞諾斯[Salvianus] 認為這會導致「偽兒女」[children of perjury])[3]，並鼓勵和教會結合在一起的一種新的精神親屬關係 (教父母)，讓涵蓋範圍較廣的世俗親屬關係變得比較疏遠。

　　早期的基督教神學或經典並不崇尚這些規範，這些規範和羅馬的習俗背道而馳，代表教會對家務事有相當的主宰權，直到不久之前，許多的家庭糾紛還在教會法庭的管轄之下。同時這些規範也觸及了遺產和繼承人的問題，限制了可能的財產傳承方式 (賽爾維亞諾斯對收養子女的看法即是最明顯的例子)，在基督教上帝的眼中，唯有把財產傳給自己的子女才是正當的。財產來自上帝，也應──藉著祂的教會──歸於上帝。教會 (至少是無意識地) 倡導這些規範，結果 (未必是教會明白的意圖) 累積了財產來興建大教堂，扶養孤兒寡婦，否則這些人可能只得靠親戚供養 (不過這些親戚未必是基督徒)。教會希望基督徒把一部分的財產捐給教會，如果夫妻無所出，捐贈的比例還要大得多，以確保他們得到救贖。寡婦尤其無法拒絕神職人員的苦苦哀求。

　　這樣無異於改變了影響遺產繼承的習俗，使教會迅速獲得

---

3　這些觀察並非沒有受到挑戰，Zemon Davies在替我的書做書評時，
　　就引述了中世紀法國收養的例子。不過就像O'Rourke (1997: 84) 所說
　　的，很少用這種策略來「應付實際上消失的繼承人」。

了大批的土地(在西元5世紀和8世紀之間，教會得到了高盧三分之一的可耕作土地)，用來大興土木、供養神職人員、投資禮拜儀式的設備、以及幫助貧民和窮人。

這下出現了三個很有趣的問題。其他在活動上需要並獲得支援的世界宗教又是如何取得資源的？伊斯蘭教明白鼓勵信眾把財產捐給「教會」作為宗教目的之用，例如透過伊斯蘭教信託機構*waqf*。不過伊斯蘭教不是隱修的宗教，因此並不像基督教那樣需要資金的轉移。捐贈物主要是用在地方上。「家庭信託機構」(family *warf*)讓錢可以作為宗教目的之用，不過通常是用在家庭成員身上，扶養比較貧窮的家人(而不是像中國宗族的那種共同基金)。這種做法強化了企業型態的繼嗣群(corporate descent group)。印度教也是比較傾向以地方為中心的非隱修宗教；婆羅門賴以為生的是他們所耕種的封地(或是請別人替他們耕種)。至於佛教，剛開始靠的是信徒將資金大量轉移給神職人員，來供養僧院和修建寺廟。我們不清楚這是否牽涉到親屬關係本質上的改變，不過這無疑導致了家庭生活和社會結構的變化，印度和中國的佛教被稀釋到這個地步，或許也和這一點脫不了干係，中國特別體認到佛教社群犧牲家庭所累積的財產，對國家造成威脅，使得中國人開始限制宗教的活動、鼓勵地方性的宗教和家族的團結(再次強化了宗族和對祖先的祭拜)。

其次，如同斯帕塞(Speiser)所指出的，將財產轉移給教會的做法對歐洲市鎮的影響，帶來了一個戲劇性的結果。他主張在西元4世紀初期，西歐的市鎮還非常富有而活躍，到了西元7世紀，衰亡之象已經畢現無疑，某些考古學家和史學家認為除了

少數特例之外，都市生活幾乎已經蕩然無存。這個戲劇性的發展出現在君士坦丁大帝統治時期結束之後，他在位期間大規模批准及鼓勵興建教堂及後來的修道院。教堂和修道院的興建，以及後續植物的照料和人員的供養，都需要大量的資源。早期聖徒的生平記錄稍稍記載了這個財富累積的過程，代表個人在精神和物質上的投資。[4]像這樣把重大資源轉移到教會，多少是犧牲了市鎮的利益，它們所得到的資助和商業收入因此蒙受損失。在古代末期，富有的個人把錢贈與或借給市政當局，以獲得半金錢半社會的利益。市鎮的收入乃是靠市有土地收取租金，靠捐款賺取利息，再加上議員給選區的公役（*munera*）──這項義務越來越不受歡迎。到了西元第三世紀，通貨膨脹破壞了市鎮固定收入的價值。不過對於市鎮公共建築的維護，主要的問題還是來自於君士坦丁大帝在位的最後十年，故意把這些租金和應繳款充公，並且沒收了寺院的財產和產業。他的兒子君士坦丁二世認可了這項徵收政策，考古學家表示，這對公共建築和都市生活的本質帶來了可怕的影響。大體而言，現在捐款到了教會而非市政當局的手上，使浴池、劇院及其他公共設施等所形成的市民文化變得非常貧乏。

　　第三，由於這些改變影響到民眾的繼承策略，禁止了亞洲、近東、以及前基督教歐洲的財產繼承習俗，我們必須認知到，這些改變也碰到了某種程度的抗拒。聖徒奧賓的故事（以及賽爾維亞諾斯的主張和格利高里的書信）顯示，要制定這些新規範，

---

4　例如the Life of St John the Almoner。

必須運用某種力量，至少是以逐出教會來展現的精神力量。在
《生產與再生產》(*Production and Reproduction* 1976)一書中，
我的論證傾向於認為，從某方面來說，這些前基督教的規範對
青銅器時代的社會來說是非常「自然的」，廣義來說是因應這些
社會的需要(近親通婚、收養、寡婦再婚等等)。和這個趨勢背
道而馳的新做法，除了強制實施之外，別無他法。雖然這些新
的基督教規範常常被內化，因為接受這些規範會帶來某些精神
上的利益，不過還是有些反潮流，使得杜比(Duby)筆下描述的
那些中世紀貴族繼續努力要恢復舊有的規範，好鞏固他們的地
位。這種傾向在農民之間也很明顯。在某些「異教」分離團體
的意識形態中，這些多半隱藏在地下的趨勢就會彰顯出來，例
如羅拉德教派(Lollards)和有後來的新教徒，他們對近親通婚的
容許程度，比天主教會大得多，同時廢除特許狀，放寬其他有
利於教會的規範，有時候甚至允許離婚。不過民族原本的規範
之所以能「再次伸張」，完全是因為教會對婚姻的影響力減弱，
新教的掌控權也不例外。隨著婚姻的世俗化，那些禁忌最後大
多都破除了(除了血緣非常相近的「亂倫」婚約)。離婚的制度
重新確立；羅馬、伊斯蘭國家和以色列原本都是允許離婚的，
但基督教卻明令禁止，理由是，如果你是在上帝的祝福下締結
婚姻，就絕對不能被破壞。「上帝締結的婚姻，別讓人來拆散。」

　　這項禁令的引進，如同後來這項禁令在近代消失一樣，都
對婚姻的觀念造成了震撼性的改變。自從基督教出現，把禁止
離婚的命令體制化以來，這份新的結婚和離婚自由(這是婚姻雙
方的自由，未必是子女的自由)，對歐洲家庭的結構帶來了最深

遠的變革。

這些教會的變數是歐洲所獨有的，因為這些都是基督教的特徵，違背了歐亞普遍採用的繼承方式（例如，阿拉伯的丈夫可以為了產生一個繼承人而與不孕的妻子離婚，英國的亨利八世就不能用這種手段）。我無意堅持歐洲家庭在前述的每一項變數方面都獨樹一格，不過大致上的趨勢確實與眾不同，因為親屬制度受到教會這個「龐大組織」的衝擊，背離了原本可以提升家戶群利益的繼承方式。不過我不認為這些變數對資本主義或現代化的發展有任何特殊的影響。沒錯，教會很容易局限大家庭親屬關係的效力，並且鼓吹承認雙邊的親屬關係，這兩點都不會和工業組織產生相互排斥作用。不過在雙邊關係的承認方面，日耳曼部落似乎是氏族或宗族以雙邊而非單系的方式組織而成。史東在研究離婚時曾經引證說，近兩百年來，歐洲也致力於放棄教會的規範。

至於其他兩套變數，心理變數似乎特別令人可疑，尤其是艾里斯和史東都堅決認定的一點：婚姻雙方的愛和父母子女之間的感情是歐洲的特色。這兩種感情（我將在第五章證明）都不僅限於歐洲，也不僅限於「現代」社會。無論如何，「感情個人主義」能夠讓這些特色維持下去，也能讓它們煙消雲散。

同樣的，我們也不能確定早期英國家庭的結構（人口統計史學家指出，是晚婚、夫婦組織小家庭，和雇用居家的終身性僕人）在邁向現代化的發展中提供了某些人所聲稱的優勢（參見Seccombe 1992）。比較小的家戶也不是歐洲絕無僅有的特色，雖然其他的特徵在歐洲以外的地方確實少見。即便是東方的「大

家庭」（grand family），也是不斷地分家，以夫婦家庭（conjugal family）為核心，對經濟或社會發展並沒有造成多大的阻礙。事實上，歐洲的史學家和社會學家堅持基礎家庭（elementary family）的角色，或許反而讓他們無法認清大家庭的親屬關係在西方資本主義崛起的過程中所扮演的角色，更別提東方了，我們不久前才看出東方資本主義的發展，只不過將其誤認為是「集體資本主義」。

當然，在先進的社會，工作的性質對家庭生活也有重要的聚合性影響。近年來在歐洲以外的地區所發生的改變，有些在形式上就是模仿歐洲的體制──白色的結婚禮服（日本、韓國和中國）──以及強調配偶的相互選擇。後者的發展恐怕必然是工業化和薪資個人化的結果（缺乏聯合家戶群[cooperating domestic group]的共同薪資）；前者則不然。工業化當然對家庭生活的結構有所影響，不過先前存在的差異並沒有阻礙世界其他地方產生同樣的發展。此外這些差異往往不像一般人想像的那麼誇張。隨著青銅器時代發生的許多重大社會經濟變遷，歐亞每個地方的農民家庭都有了一些重要的共通點。歐洲家庭早期的許多特徵是出於基督教的教規，教會把這些規則強加在農民家庭身上，目的是利用農民和其他的家庭為教會累積資源。這些教規誠然使得信仰基督教的地區「獨樹一格」，但一定就是現代化的過程中不可或缺的要素嗎？這一點似乎非常可疑。

第三章

# 比較歐、亞洲的家庭制度：有兩套不同的規則嗎？

　　人口統計史學家視歐洲為工業資本主義和人口出生率降低的發展先驅，探討在複雜的家庭變數中，有哪些誘發因素可能導致這種情況。我們無意直接跳到個人主義、儲蓄傾向、夫妻之愛、對子女的照顧或是核心家庭所牽涉到的問題，不過總有作者把這些因素一一孤立出來，作為歐洲、西北歐或英國的特徵[1]（地點往往依照史學家的出生地而有所不同）。如同海伊內爾著名的歐洲婚姻模式（1965），這些特徵也和世界其他從未發展到這個階段的地區大相逕庭。從這種做法開始以來，舉例來說，日本就顯然已經達到這個階段了，這樣我們就可以把韋伯的某些論點擺在一邊。不過史學家和其他的社會科學家極力指出日本和英國／歐洲家庭結構的相仿之處，並和中國做個對比。伍

---

1　　見Ariès (1960); Laslett (1965: 170)（有關政治理念的獨特性），195（教育的獨特性）; Stone (1997); Macfarlane (1978).

爾夫和漢利(1985)依照海伊內爾的假設,特別把中日和東西歐加以比較。但現在我們發現台灣(更別提亞洲四小龍的其他國家)也成為資本主義陣營的一分子,所以諸位學者正以各種不同的發展立場,對這些家庭結構做出應有的再檢視(Greenhalgh 1987; Greenhalgh and Winckler 1990)。結果發現儒家學說和新教教義同樣重要(Redding 1990)。

這些林林總總的討論,根據的是人口統計學或經濟學命題,我有意質疑其中有些是過度依賴歐洲學者的著作,特別是以史學家和人口統計學家為主。這些學者從後工業時代的觀點往前回顧,往往獨厚西方所走的發展路線,具體地說,我想討論海伊內爾探討家戶形成制度(household formation system)的一篇重要論文(1982)。

## 西方和東方的家戶形成

人口統計史學家著手研究英國教區記錄的資料時,認定前工業時代的家戶是由大家庭構成的。後來證明這個假設並不正確,發現英國和西北歐許多地方的家戶平均規模相當小的時候(Laslett and Wall 1972),才拿來和印度及中國的「聯合家庭制度」(joint family system)對比。不過就平均的家戶大小來說,聯合家庭其實也只有5個人左右(Hajnal 1982)。我們早就知道這個訊息(Goody 1972b),長久以來在討論基本或核心家庭一般在人類社會扮演的角色時,也早已成為討論內容的一部分(Malinowski 1914; Westermarck 1926 [1968])。雖然他們下結論時並非從家戶

的平均大小(MSH)著手，隱含的意義十分相似。不管在哪一個發展階段，大多數的人類社會的建立，都是以相當小的夫婦團體（「家庭」）為基礎，從生產和消費的觀點來看，這常常就構成了一個家戶。

　　現在已經沒有人在探索東方與西方在家戶大小方面的重大差異；舉例來說，按照薩普(Czap)的圖9.1，俄國的家戶平均大小就比印度大得多，在19世紀高達14人(Czap 1982a, 1982b)，相較於印度所謂聯合家庭家戶的5人，後者反而接近作為西北歐社會基礎（「小而孤立的核心家庭」）的數字。現在研究的焦點已經轉向家戶群(domestic group)的內在結構，尤其是家戶形成的相關過程。海伊內爾所分出的兩個主要形式，再次強調東西的分野：一方面是主要歐亞社會的「聯合家戶（形成）制度」(joint household [formation] system)，另一方面是相對的西北歐家庭制度。後者的基礎在於男性（超過26歲）和女性（超過23歲）都是晚婚，以及男女雙方在婚前都要離家為他人工作，通常是做居家的終身性僕人。在丹麥1645年的一份抽樣中，過了青春期的人有50%以上都在幫傭；不管什麼時候，僕人通常都占總人口的6%到15%。至於「聯合家戶制度」，男女雙方都早婚，一起住在男方父母的家裡，所以是兩對以上的夫妻住在同一個單位。事實上這不是什麼絕對的結構差異。在當代馬哈拉施特拉(Maharastra)的一份抽樣中，77%的家戶都不是聯合家戶（也就是說並沒有兩對夫妻同住）；丹麥的非聯合家戶則高達93.4%。

　　在農業社會，如果人們婚結得很早，比較可能是靠「父母之命，媒妁之言」，如果結婚結得比較晚，外出工作的男女雙方

就可以存錢幫忙建立自己的家庭。如果聘金和嫁妝是尋找結婚
伴侶的先決條件，他們可能會自己出錢。這樣一來就能夠享有
比較多的選擇權。同時，年輕人會到需要他們的地方去，而非
待在自己的出生地，因此勞力分配也比較符合經濟效益。儘管
如此，家戶大小還是大同小異，因為兩者都可能產生分裂，只
是時機可能稍有不同。海伊內爾指出，在聯合家戶當中，如果
有一個以上的兄弟姊妹結了婚，通常父親死亡之前或過世沒多
久就分家了，另一種結婚比較晚的夫妻，則是在結褵時就分家
了。每一種類型的家戶都會經歷分裂的過程，所以這兩種家戶
制度的戶長年紀都差不多：分家之後，一個聯合家戶的新戶長
大概是30歲左右（Hajnal 1982: 468），比西北歐男子的平均結婚年
齡大不了多少。

　　西北歐的一個重要特徵是夫妻通常在婚後就自立門戶，由
丈夫擔任戶長。當年輕人（或50%的外出就業人口）的幫傭期結
束，結婚之後，父母就退休，通常有一份契約詳細註明他們交
出控制權的同時會得到什麼（對退休的討論，參見Gaunt 1983）。
如此一來，大多數的人從來都不是「聯合家戶」的成員，而在
另外一種社會裡，大多人在一生的某個時期，都當過聯合家戶
的一分子。如此推衍下來，西北歐的戶長較早取得獨立，既然
年輕男女都是離開原生家庭工作，這代表在工作的過程中，他
們的從屬性是比較大的。他們未必是為陌生人工作，因為有些
人可能會替親戚做事；一旦他們的雇主不是自己的親戚，這種
從屬性可能會更加嚴重。至少非洲的經驗就是如此，我們也沒
有什麼理由認為其他地方會有所不同（E. Goody 1982）。

　　不管怎麼樣，從另外一個角度來說，他們顯然比較不會依賴親屬，因為單身時他們必須出外工作，而婚後亦須建立獨立的家戶。作為一個家計單位，家戶的分裂也和其他家戶群的分裂脫不了干係。這個新家庭可能住在另外一棟房子或居住單位（住所）裡，可能會展開自己個別的生產單位（「務農家庭」），或只是成立自己的消費或家計單位（家戶）。以上這些區分都必須加以評估。關係密切的人往往比鄰而居，即使分開住之後，也會繼續維持複雜的關係。西藏的家戶制度（domestic system）就可以說是由「核心」家戶群組成的，老人家和兄弟姊妹分住在不同的居住單位，刻意形成獨立的家戶（Levine 1987）。從另外一個立場來看，我們現在談的問題是過去住在一起、但現在比鄰而居的個人彼此之間的互動關係。真正的差異不在於分裂成各自獨立的家戶或住所，而是空間流動性的介入（指空間的隔離），搬到另一個聚落，親屬的分散。

　　海伊內爾是從造冊（listing）的觀點來討論家戶的問題，我們之所以很難把家戶（一個消費或家計的單位）定義為一個單獨的單位，是因為在農業社群中，家戶是重疊而非排外的。要把家戶組織（domestic organization）做任何一種形式分類（尤其牽涉到需要二元判斷的數字計算程序），都會出現這個問題。把戶口調查員的樣版套用在村莊，就會打破這種連貫性。同桌吃飯的一戶人家，可能包括了自己不開伙的居家傭人。不過有很多情況是有的飯會一起吃，有的則未必；而是把生食和熟食送給父母，他們可能住在鄰近的屋子、公寓，甚至是同一棟屋子裡的不同房間。父母和子媳之間的界限隨著情境的不同而有所差異，尤

其是有些地方並非（像歐洲那樣）一家人圍桌用餐，而是（像非洲那樣）一群群各自捧著碗吃飯。在非洲大陸，丈夫、妻子和年輕一輩常常分開用餐，年邁的父母如果住在附近，子女就會把煮好的食物送過去；在如今的印度，經常是把煮熟的飯菜從食物調理單位送出去。不管是哪一種，即使是按每日計算，契約家計團體（compact housekeeping group）和食物消費團體還是不一樣的。在歐洲的農業地區，有時候屋子裡不只住了一對夫婦，如果是親戚，有很多事都必須共同參與，在國定假日、家裡的慶祝活動和其他的場合，都會一起吃飯；此外不論是生食或熟食，在個人和團體之間，還有其他送食物的方法，包括退休契約，規定吃父母跟子女吃同樣的伙食。[2]

　　這裡最重要的永遠是**切割點**的問題。在許多社會，特別是印度和中國社會，家計（housekeeping）是一種「巢狀」特徵（nested feature），居住在某種程度上也是。舉一個極端的例子，這是我田野調查中碰到的大型家戶團體，當一個羅達迦族的女孩嫁人之後，就搬到先生的房子裡（大院子）。不過她馬上會被分配到自己的房間，自己的爐灶，有自己的伙食；否則她沒多久就會離開。另一方面，她要跟先生其他的妻子，或甚至是先生的母

---

2　我們幾乎不可能從一般的歷史紀錄中瞭解這方面的資料；這通常是靠觀察得來的。一個著名的例外是Sabean對Neckarhausen的豐富資料所進行的詳細分析。有關LoDagaa人的資料是引用Goody（1956, 1958, 1962）。有關印度的資料是根據筆者在Gujarat有限的田野調查。歐洲方面的資料則是來自我個人在西南歐的觀察，以及Collomp（1983），Arensberg and Kimball（1940）及其他歷史和民族誌的資料（見Goody 1983, 1990, 1996a）。

親，分擔燒飯的工作，每個人都有自己的爐灶；妻子們輪流為先生做飯。在奉行一夫一妻制的中國，兄弟分家之前，新婚妻子要和妯娌在同一個爐子上做飯；分家的徵兆往往很早就開始出現，然後慢慢形成明確的分裂(Cohen 1976; Hsieh 1985)。

　　戶長的地位也呈現出類似的巢狀特徵。非洲的父親退休的方式，和歐洲或甚至中國和印度的父親不大一樣。不過儘管如此，在農務方面的決策還是漸漸交給兒子接手(在印度方面，見Epstien 1962)。同樣的，在歐洲和亞洲，即使已經分家，也不會完全不讓上一輩參與決策。不過有一點是很不一樣的。為什麼？主要是因為非洲除了福拉尼人(Fulani)這種畜牧團體，可能會漸漸把牛群交給子女之外(Stenning 1958)，一般來說都不會移交營生系統(support system)。不過牛群是一種不同於土地的資本，本身可以直接自行繁殖。傳統非洲社會大多沒有土地資源不足的問題，除了大院子周圍的土地之外，都不會被納入正常的轉移制度當中。不管怎麼說，非洲沒辦法用賣土地的方式來取得養老金或退休金；父母想在老年時得到供養，恐怕必須仰賴比較精神性的訴求，並且盡可能在家戶群當中扮演角色(Goody 1971)。

　　這樣一來，戶長地位實際上所牽涉到的問題，應該不只是人口統計報表和正式法律文件上面寫的這麼簡單。在一個新的家計單位建立之後更是如此。薩比恩(Sabean)曾對17世紀以後符騰堡(Württemburg)的涅卡豪森(Neckarhausen)做了很詳細的研究，他寫道「在涅卡豪森，一戶常常不只有一對夫妻……在18和19世紀，每一戶平均大概有1.4個『家庭』」，這個數字差不多

是匈牙利(1784-87)[3] 自由皇家城市(Free Royal Cities)1.59個「家戶」的大小， 海伊內爾認為後者代表了聯合家庭範圍的下滑(Hajnal 1982: 469, 482)。這些德國的家戶通常是由近親組成的。而且常常共用一個廚房，即使他們未必總是一起吃飯，因為兒子雖然使用父母親所有的設備，很可能還是會請求自己的「經濟大權」。就算分家之後，父親還是需要仰仗兒子的勞力：

> 雖然婚姻是一個轉捩點，也是一個資源重分配過程的起點，但這段過度期是很長的。獨立是第一個階段，不過還是沒有鮮明的世代交替，年輕的夫婦想得到老人家的財產，還是要等待一段漫長的時間。(Sabean 1990: 267)

沒錯，父母和子女可能會為了所需要的勞力而付給對方酬勞，這是因為簿記的引進鼓勵了非常精確的交換概念，不過父母和子女同時也在工作或共同的居住區、儲存和工具方面合作。有時他們甚至還會相互借貸或償還對方的債務。界限的問題在分析上具有很重要的影響，海伊內爾說「在一個子女搬出父母家的制度當中，就不能用這種方法處理老化的後果」，指的是接替他們的工作(Hajnal 1982: 477)，這時候所激發的迴響是很嚴重的。這似乎太過強調某個時候家戶內部的成員。搬到隔壁的孩子為什麼不能幫忙或搬回家裡？

海伊內爾看出了西北歐有巢聚和橫切的問題(nesting and

---

3　匈牙利的數字指的是總人口，Neckarhausen則是關於一個村落。

crosscutting），這多少是因為各種不同的造冊對於要不要把同一個家戶當中的老者包括在內，仍然懷有疑慮。不過他認定這一點和印度及中國的聯合家戶制度南轅北轍，後者被視為完全整合的單位，對於哪些人算是家戶當中的成員，幾乎沒有懷疑的空間。相對的，在西北歐，「常常看到一群人住在同一個農場、同一棟房子或一個建築群，卻沒有形成一個完全整合的家戶」（Hajnal 1982: 482）；其中的居住者還包括僕人和房客。

除非是著眼於計算的方式，否則這種世代對比未必完全有道理，或就算有道理，也不是那麼重要。西藏的家戶在許多方面都跟西北歐很相似，而台灣家戶群界限的層次就更加複雜：某些團體的成員會一起參加共同的農業或工業活動。不管是過去或現在，像這種複雜的安排在印度是很常見的。界限的問題隨處可見，除非是掌握財產的單位，亦即印度的「聯合家庭或印度教完全家庭」（HUF），這倒和歐洲的繼承團體（「繼承人」）差不多，不管是在食物的烹調和消費，或是其他的許多活動上，這種團體根本稱不上「完全」[4]。以「上層」社會的家庭而言，「印度教完全家庭」的界限往往是由促成分家的法律文件來界定，所以就像戶口調查一樣，必須設下精確的限制。就因為假設兩者在界限上南轅北轍，加上有住家僕人和沒有住家僕人的制度彼此對立，才會讓使用家庭勞力和使用雇用勞力的制度一分為

---

4　關於西藏方面，見Carrasco（1959）及Levine（1987）；在台灣方面，見Cohen（1976）；在印度方面，見Shah（1973），Epstein（1962），Mayer（1966）；關於這個全面性的論點，見Goody（1990），特別是在HUF方面。

二。」(Hajnal 1982: 473)前者必須把兒子(和媳婦)留在家戶當中，後者則是家戶之間必須把一部分的子媳送來送去。這個極端的分野，背後的基礎在於家戶和農場、消費單位和生產單位之間界限的融合。在亞洲，「雇用」額外的勞力是極有可能的；生產單位當然不限於家庭勞力。這些勞力和傭人不同，他們通常不是半永久性的雇用，而是像產業勞工一樣以日、月或季節來聘雇。他們並不住在同一個村莊、但通常來自同一個村落，他們在那裡的角色就跟歐洲無地產(或地產不足)的勞工差不多，這樣的人是整個歐亞的階級化社會所固有的特徵。在勞力的分配形式之間製造出極端的對立，往往容易簡化這兩個地區農業經濟的概念，在這兩個地方，工匠式的農業勞動長久以來一直扮演著重要的角色，也代表著離家賺取酬勞的工作。有時候酬勞是「非金錢」的，就像是所謂札麻尼(jajmani)的收穫奉獻制度，不過「酬勞」還是有給，通常是用穀子支付，就算不是按次給付，也是按年發放；這種報酬和打零工不同，而與住家傭人有些結構性的相似，原因是，這樣的個人或團體也是得到比較永久性的雇用，而且雇主還負責提供膳宿，當作非金錢的酬勞。這種對立簡化了農業的情景。在涅卡豪森，父親有時甚至會雇用自己的兒子，反之亦然。這看起來或許是一種極端的內部計算，不過退休契約上一絲不苟的條款所體現的內部計算，或是農業經濟引進簿記所帶來或反映出的對利潤和虧損比較一般性的計算，其實也很極端[5]。

---

5　　這樣的退休契約出現在西北歐以外的地方，捷克和德國(Gaunt 1983;

　　海伊內爾認為這兩種家戶形成制度淵源於特定的兩套規則。聯合家戶制度的成立，是因為每個兒子都把新娘帶回父親家裡（規則2/B）。如果只有一個兒子住在家裡，然後把妻子帶進來住，就不能算是聯合家庭制度，而是一個主幹家戶（stem household）。「主幹家庭」制度分成兩種，一種是由兒子在婚後接管農場（如同西北歐），一種是婚後不接管農場（也就是說他是在上一代的控制之下，形成主幹家庭的一部分，海伊內爾宣稱西北歐並沒有發現這種安排）。兩者的區別在實際上很難看出來，因為我們在前面也看到了，父親和兒子比鄰而居時，可能也會有類似的關係。根據海伊內爾（1982: 486）的說法，「沒有任何一種主幹家庭制度可以被歸類為我們所謂的聯合家戶制度」，因為這種制度的規則是所有的兒子都要住在家裡。不過等移交的時機到了的時候，「所有」常常只是「一個」。因此海伊內爾所謂的「主幹家庭」指的不是這種情況，而是在好幾個兒子當中，只有一個從父親那裡接管的生產制度。即使是根據規則2/B，只有少數有限的狀況才會形成聯合家戶：也就是一對夫妻有一個以上的兒子成年，即使出現了這種情況，其他的兒子可能留在家裡，沒有娶妻，由於他們的禁慾，便造成了香火單傳（或主幹家庭）；或者他們可能離家娶親，留下了一個主幹家戶；或甚至身為繼承人的兒子可能暫時離家出外工作，等父親退休時再回來。在中國和印度許多據說奉行聯合家庭制度的「下

Goody 1990）。這種契約代表在大多數前工業社會中，子女把對父母的義務正式化。

層」階級家庭當中，由於沒有多少財產，年紀比較小的兒子必須早早離家，因而形成了主幹家戶(Freedman 1962, 1963)。[6] 換句話說，規則2/B是適用在富人而非窮人身上，這可以解釋為什麼上層團體的家戶比較大。海伊內爾看出了這一點，不過因為他的數字分析用的是總量資料，因此有關家戶制度在階級分層方面的意涵，特別是家戶制度與資源的關係，就無法完全浮現出來。另外一個主要的理論性問題，牽涉到規則方面的分析，這些規則目前似乎使得情況提早具體化，引起了布迪厄(Bourdieu 1977)在李維史陀非常重要的的親屬研究中所發現的一些問題。

談到聯合家庭的時候，我指的是親屬團體；不過家戶是消費單位，在歐洲，可能把沒有親戚關係的住家傭人也包括在內，就像今天可能把寄宿學生也算在裡面一樣。這種情況在中國和印度比較少見，這些地方的傭人很少跟家人同桌吃飯，雖然他們吃的是同樣的食物。不過這種對比可能又是言過其實。沒錯，在階級社會當中，不同的團體不會一起用餐；不過中世紀英國的大戶人家裡，當然還有後來市鎮裡的僕人，也沒有資格和主人同桌吃飯，樓上和樓下是兩個不同的世界。

在歐洲的農村，住家傭人經常是(按照拉斯列的說法)從差不多的家戶那裡雇來的「終身性僕人」，不過這種狀況在市鎮中也比較少見。亞洲也有傭人，不過就算是住家傭人(在大多數的

---

6　在聯合家戶制度之下，似乎並不是「連窮人」也能形成聯合家戶(Hajnal 1982: 455)，這或許可以說明和全部人口平均下來，兩個制度的家戶大小都差不多。

情況下都不是），也多半是來自幫傭團體（service groups）。雖然後者有自己另外開伙，但食物是來自同一個的家計單位。住在外面的傭人也一樣，這其中包括專業的工作者，雇主沒有供應他們食物，不過他們得到的酬勞比住家傭人更多。不管在歐洲或亞洲，常常用金錢來支付專業人員、農場或家務的工作人員。即使是居家的終身性傭人，也可能是為了存錢結婚（自行累積的基金）或應付其他的花費才去工作的。

　　不管是哪一種家戶幫傭，在非洲都很少見；如果你需要永久性的幫手，就結婚或生小孩，因為非洲實際上根本沒有薪資勞力可言。協助是互惠或霸權性的。因為人民是按國家制度取得奴隸（Goody 1971, 1979）。對中國和印度的窮人來說，協助也是互惠性的，在這些地方，請傭人是一種階級現象，雖然未必是一般所謂的幫傭。西非也有一種類似於住家傭人的制度，就是寄養，年紀比較小的小孩在很小的時候就送到親戚家住，有時候就是專門為了在家裡或農場幫忙，不過往往是基於比較一般性的理由——為了得到好的扶養。在環境的變遷之下，這種寄養的習俗已經傾向於更為經濟與實用的方向，融入普及的都市「女傭」制度，她們有時候在親戚家幫傭，有時候為陌生人工作。根據北迦納務農的貢加部落（Gonja）的一些抽樣，寄養子女的比例高達60%（E. Goody 1982: 39 ff.）[7]。事實證明在盎格魯撒克遜時代確實有這種習俗，歐洲居家傭人的制度會不會也和

---

7　　這個數字是來自成年人表示曾經被寄養的百分比。從四歲到十八歲的兒童基於「自願」的因素或因為危機（家裡有人過世）而寄養到別人家。

早期的寄養習俗有關？難道這使得父母想把孩子送走，最後終於送到非父母的親屬家裡？這種形式的疏遠在上層團體早已相當普遍，為了哺乳和照顧嬰兒而把孩子送走，更是司空見慣，這似乎使得產後禁慾(不育)期縮短，造成繁殖力提高，剛好是幫傭的反效果，雖然在這個年齡把小孩送去寄養，似乎也(無意間)造成了死亡率的提高。不管是用主觀或客觀的角度，這些關係到人口控制的因素都很難單獨孤立出來。[8]

我在前面已經提過，總量資料的問題之一是可能使我們忽略縱向差異(vertical differentiation；階級)，而這是中國主幹家庭和印度僕傭的分布特徵。總量還有另外一個問題，如果我們認為家戶形成制度是分別由西北歐和印度與中國這兩套不同的「規則」所產生出來的；也就是說，如果我們認為這兩套規則就是整個社會的特色，很容易做出一個太極端的二元分立，而且要是我們不發展出從一套「規則」轉換到另外一套規則的模型機制(model mechanism)，就更容易產生這種結果。然而據說19世紀期間，這種轉換就發生在法國南部和波羅的海諸國(除了芬蘭以外)(Hajnal 1982: 450)。這樣的轉變難道不可能發生在其他地區嗎(Hajnal 1982: 476)？如果可能的話，這個可能性(以及實際的頻率)對於這兩種制度及其組成規則之間的關係，可以帶給我們什麼啟發？

把西北歐的家戶形成制度視為一個獨立的實體，而不是一

---

8　在哺乳和照顧嬰兒方面，見Flandrin (1979: 203)；在嬰兒死亡方面，見Lindermann (1981)及Goody (1983)。

群變數，是把問題導向這種制度的源頭，而不是導向把這群變
數的各種成分予以極大化的種種因素。你可能因此而像海伊內
爾一樣，以為這種家戶形成制度「只在人類的歷史上出現過一
次」，即使許多社會已經獨立發展出另外一套規則。這種預設忽
略或無視於這兩個地區所存在的內部差異，而且再度流於獨厚
西北歐而貶低亞洲大陸。

　　那這個發明被認為是什麼時候出現的？海伊內爾的證據指
向西元17世紀。不過法律和其他的記錄都指出三個特徵，顯示
這種情形早就已經存在。首先，許許多多的終身性傭人早已存
在多年（雖然除了西北歐之外，南歐「大概」也有終身性傭人
(Hajnal 1982: 476)）；第二，退休契約也一樣（雖然後來退休契約
在芬蘭、中歐和法國南部出現的頻率要比英國還高）；最後是對
窮人──尤其是得不到同居親屬照顧的老人──公共供養
(public provision)的問題。雖然晚婚最關鍵的因素尚待研究，史
密斯卻發現(1979)這三個特徵早在1600年之前四個世紀就有了
跡象。何曼斯(Humans 1941)曾經針對英國13世紀的鄉村居民做
了分析，但如果我們可以接受這份分析中關於早期退休契約、
傭人（或許還有主幹家庭）的資料，那同時也應該注意到，世界
上其他地區也找得到這些制度存在的證據，古代以色列雅各娶
妻故事中的終身性僕人（其中牽涉到的有新娘使女、在從夫居的
制度中暫時從妻居、甚至還有幾個收養的例子），歐亞大陸其他
地區的退休契約[9]，在西北歐以外地區的早期基督教(Patlagean

---

9　這兩方面見Goody (1990)的討論。

1977; Stock 1983)、猶太教(Goitein 1978)、還有巴爾西教、耆那教、伊斯蘭教和佛教的教規下對窮人的公共供養。[10]以為只有西北歐會施捨失去家庭的貧窮老人，這個迷思是源於「西方的獨特性」和「基督教充滿愛心」這種先入為主的種族中心思想。終身性的幫傭和提早退休，被認為是提倡獨立、個人特質和流動性，如果認為這兩種做法是西北歐獨特的現象(雖然終身性的幫傭在該地區十分普遍)，這種觀念也是一種迷思；這兩種做法的各種變化所流傳的範圍遠遠不只如此。

　　我想詳細說明貧民供養的問題，因為一份立論基礎不夠廣泛的研究，可能會對比較(其實也就是歐洲的)研究帶來錯誤的影響。在(西北)歐洲，對老人提供家庭之外的照顧，被認為可能是對繁殖力的抑制，因為這會讓人們對老年比較不擔心，如此便會減低養兒防老的傾向。也有人認為對老人的供養早在伊莉莎白濟貧法(Elizabethan Poor Law)之前就已存在，而使得歐洲的家庭得以安然面對未來的情況。一般認為在歐洲以外的社會，財富必然是向上流動的，成年人最後都得倚靠子女的生產度日，慈善捐款被解釋成財產流向逆轉的跡象。如果子女沒有成為家戶當中的一分子，那(按照這個論證)他們幫助父母的可能性也比較低，老人就必須由私人救濟或國家照養。

　　這種論證有三個問題。第一，這些制度的目的主要是照顧貧民，為沒有其他維生方式的人提供安全網。這不是一個通

---

10　伊斯蘭教往往是透過信託機構(waqf)和救濟品(saddaq)來進行永久性的供養；巴爾西教和耆那教的基金會除了印度以外，也遍布海外。

例，因為教會會救助或照養一些有錢人的寡婦和女兒（她們有嫁妝），就像有錢人也要反過來用捐款來維持教會的經營。不過通常只有比較窮苦的人才能感受到慈善救濟在人口統計學上的影響。

　　第二，這種制度絕非西北歐所獨有，也不是歐洲的特點；至少從中世紀以降，佛教社會都有這種制度，此外伊斯蘭信託機構 *waqf* 也有這種慈善捐贈，中國也有其他類型的基金合作團體（funded cooperation）（見Rowe 1984）。我們或許可以進一步表示，至少大多數的人類社會都會對比較不幸的人給予這樣的供養。對歐亞大陸來說，自然沒有理由認為對老年人（因為若是要抑制繁殖，自然要處理老年人的供養問題）給予家庭以外的供養，是西方獨一無二的特色；依照帕森斯式的說法，慈善救濟是「以農立國的社會」在結構功能上的先決條件，也是一個道德的沈澱，這種道德超越了「親屬關係」，也是這些社會本身所固有的「倫理性」世界宗教的特徵。即使只是因為高度階級化的社會免不了會有相對剝奪的現象（「貧窮」與富有兼而有之），這使社會的某些成員或隱或顯地感受到貧富之間的差異，然後轉化為對現狀的內在質疑或公開抗議；這違反了「自然正義」。我在討論食物的烹調與分配（這個問題不但非常重要，而且是當務之急），以及園藝美學和藝術活動等奢侈文化的彰顯時（Goody 1982, 1993a，稍後即將談到），已經討論過這一點（1982）。當這樣的問題用書寫的傳統表達出來時，不管是政治宣傳手冊，世俗倫理或宗教教義，慈善救濟就被擴大應用，甚至可能被當成是對上帝的義務。人們不再用祭品祭祀上帝，而是把祭品獻給

祂的教會，再透過教會轉交給上帝的子民。每一個所謂的「倫理性」宗教都有這樣的概念，從而使得社會中比較不幸的人得到公共供養。

第三，如果安全網制度是西北歐只此一家，別無分號的做法，成效恐怕也不盡如人意，胡夫頓（Hufton）曾經描寫法國在革命爆發之前貧窮的情況。恩格斯（Engels 1887）也把英國都市在1840年代的情況敘述得歷歷如繪。不久前有人針對17世紀以後德國涅卡豪森詳細的財經記錄做了一份研究，貧民的組成分子包括老人和獨身者（Sabean 1990: 456）。年輕人取得財產的轉移過程是非常緩慢的，並非在結婚或甚至父親過世之後，馬上就能繼承遺產，因為財產的移交不能說做就做。個人在30歲之前，絕大多數都沒辦法直接控制財產，然後慢慢累積到45或50歲，開始移交給自己的後代（Sabean 1990: 257）。連寡婦自己都拿不到什麼財產，如果想晚年得到奉養，要不就再嫁，要不就把手上的財產轉移給下一代。換句話說，雖然有的理論暗示，19世紀末期人口的繁殖力降低，多少是因為子女較早獨立，而且他們的勞力貢獻所帶來的財富不再向上流動，不過實際的過程卻不是如此。年輕夫妻的地位不會隨著父親的過世而突然改變，他們累積財富的時間比較緩慢，而且長期受到掌握財產的父親或寡母控制（Sabean 1990: chapter 10）。所以自立門戶並不會打破對上一代的依賴關係，長輩往往會把比較多的財富保留比較長的一段時間，而不會在兒女結婚時移交下去。他們一方面會減少嫁妝，另一方面會保留財產。這不代表父母不會養育或訓練子女，但過去100年來，父母親抓在手裡的財產越來越多，使得

現今西方國家的已婚子女可能比長輩貧窮。

　　對社會科學家來說，這種習俗的地理分布之所以重要，在於有人認為既然西北歐「即使在前工業時代，就把貧窮老人的福利當成公共機構而非家庭的職責」（McNicoll and Cain 1990: 19，之前還有Smith 1979），因為這些供養解除了對經濟支援的擔憂，使人們不必多生小孩來養兒防老，應該有可能對繁殖力加以抑制。就像雇用住家的終身性幫傭的制度一樣，這再一次暗示西歐握有其他地區所欠缺的人口控制的訣竅，而且正是這個訣竅促成了工業的發展。我們在前面已經談到，這種制度的普及範圍遠超過西歐。但發生的頻率仍然很重要，而且我過去也說過（1983），這是把家庭在社會而非數字上的意義減到一定的大小，而在這個過程中，因為繼承人範圍的限制而直接受益的基督教會，多少也負責供養比較窮苦的家庭養不起的寡婦。不過在這兩種制度之下——也就是凱恩和麥克尼柯爾（Cain and McNicoll 1988）遵循海伊內爾的說法（1982）所定義的核心家庭和聯合家庭——大多數的個人在年老，或至少生病或衰弱的時候，是必須依靠兒女的。他們需要兒女給他們的不只是經濟上的供養，還有一般性的照顧和情緒上的支持。儘管如此，經濟上的幫助往往是最重要的。這就是「膳宿」（*pension*）這個概念的意義所在，當代的芬蘭（Abrahams 1986）、法國（抵押權）、共產主義統治之前的捷克、以及奧地利，都存在著這樣的契約（Goody 1972c）。只有在膳宿變成了養老年金（pension）的時候——是指從一筆由其他人（不是家人）來安排和運用的基金所取得的利息——在老年時靠兒女給予經濟支援的需求才能降

低。這個過程到頭來會弄得社會上的許多主要工業活動都被養老基金和制度的大幅成長壓得喘不過氣來。不過即使到了這個時候,這種需要仍然不會消失,因為在這種相互依賴的關係中,物質的支援絕對不是唯一的要件;直到今天,老年人仍然希望住在子女家附近,這多半是為了得到一般性的支持,而不是經濟上的原因(Young and Wilmott 1957)。

雖然有這樣的安全網(德國社會福利的標準還很高),過去的老年人往往非常貧困。即使歐洲有這種防止繁殖力高漲的方式,以社會福利的角度來說,人口的成長雖然降低,貧窮的情況並沒有得到改善。我們前面曾經提過,18世紀後半期的法國社會是很窮困的,胡夫頓在描寫當時的貧民時,表示在1770年代之前,家庭經濟已經養不起很大一部分的居住者。既然人口穩定成長,他們只得拼湊出一個「權宜經濟」(economy of makeshift)(Hufton 1974: 69)。

那些想找出西方獨特條件的歐洲史學家和人口統計學者,他們的許多論證背後都隱含著一個問題,這也是馬克思和韋伯所面臨的潛在性問題。工業社會為何會在歐洲大陸發展起來?為什麼只有歐洲人發明了資本主義,又學會控制成長?既然人口成長和發展的模式在歐洲經驗中如此根深柢固,任何針對這兩方面的概論性分析,都必須把上述的問題端上台面。先不要管資本主義的發明需要哪些條件(雖然這是個關鍵的問題),也不要管資本主義的發明是否直接或間接導致晚近繁殖力的衰退(Seccombe 1993: Szreter 1995)。我們或許會質疑,最好的研究取向是否就是提出另外一個獨特的「發明」,也就是西北歐和其

他地區大相逕庭的「家戶形成制度」；即使是從人口和發展的觀點來看，對家戶關係制度(domestic systems of relationships)的定義還是摻雜了很多變數。即使我們承認家計單位是最重要的分析變數，似乎也還用不著制定出這麼籠統的一個二分歸類體系；與其這樣，何不把這些規則當作眾多變數的一部分，其中有的也出現在亞洲社會，有的則沒有？

　　海伊內爾所處理的基本上是三個相互關連的因素，晚婚、未婚者離家(而非留在家裡)就業、還有婚後分家。這些現象被定為西北歐的特徵，和亞洲(其實非洲也是)的聯合家戶制度形成對照。一般認為這些特徵和繁殖力的控制尤其脫不了關係，因為住家幫傭的性質長期下來很可能改變結婚的年齡，以及未婚者的比例(Hajnal 1982: 478)。另一方面，在「聯合家戶制度」當中，人口的增加會導致已婚成年人無法充分就業，而不會造成暫時或永久性的晚婚現象。

　　西北歐的家戶形成制度對長期的發展到底有什麼貢獻？海伊內爾小心避免做出任何宏觀性的泛論。儘管如此，他主要的目的是把這些家庭結構的面向和西方的獨特性扯上關係，史學家、人口統計學者、經濟學家等等，也是這樣詮釋他的分析(見Wolf and Hanley 1985; Cain and McNicoll 1988; Seccombe 1992 and 1993)。劍橋人口與社會結構研究小組的某些成員對這種論點特別贊同，海伊內爾本人也承認劍橋研究小組是他論述的根據。要分析他的討論，就必須同時論及許多社會學家和人口統計史學家(包括比較早期的劍橋研究小組)的論述背後的中心主旨，他們所遵循的論證路線——核心家庭或核心家戶和工業資

本主義的崛起不但彼此相容，甚至還有因果關係。這些預設很容易被擴大到其他類型的「發展」當中，還有一點是不能忽略的，凱恩和麥克尼柯爾企圖應用海伊內爾所提出的思考路線，遵循他的邏輯要旨，因而把他的西北歐家戶變成了核心家庭（和聯合家庭相反），並把其他家戶組織的形式都當成阻礙發展的絆腳石。

海伊內爾本身則討論比較具體的因素。在比較早期的一篇文章裡（1965），他提到晚婚和財富累積之間的關係，他認為這兩個因素促成了（資本主義）儲蓄的增加。他認為年輕的已婚者移居到外地去幫傭（尤其是到南美）是全世界獨一無二的現象。但還有許多其他的團體也以類似的條件加入了這種人口半自願的遷移，甚至是「聯合家庭制度的」成員也不例外：中國人移居到亞洲的許多地方，印度人前往太平洋和加勒比海諸國，俄羅斯人前進中亞，非洲人現在能去哪兒就去哪兒。我們很難說哪一種籠統的家戶組織比另外一種更具優勢。

既然女人跟男人一樣常常幫傭，感覺上她們在經濟和決策方面都「比較獨立」。話是這麼說，但即使在地方上，她們的身分是僕役，做的也是苦役。和那些留在家人身邊的人比起來，我們很難認為這些幫傭的女性擁有完全的自由。

幫傭的一個重要特徵是它可以影響繁殖力的控制。要是經濟環境很艱難，人們幫傭的時間或許會比較長，婚事自然也會延後。在一段非常審慎的論述當中，海伊內爾（1982: 461）證實了幫傭發生的頻率和結婚與繁殖力成反比。如此一來，他表示這兩種家戶形成制度必然是以「截然不同的方式」因應不利的

經濟環境。這篇文章的中心主旨之一是說明結婚年齡的變化、
幫傭的發生率、繁殖力、以及家戶的組成等四個因素彼此之間
的關係(pp. 478-81)。作者還對以下三個情境做了初步的檢視：
18世紀初的冰島、17和18世紀的英國和18世紀末的丹麥鄉下。
他察覺三者之間某種重要的相互關係。這個說法饒富趣味，但
我的評論並沒有談到這一點，只提到這種全面性對比的本質為
何。幫傭的制度「基本上是一種讓人口成長得到局部控制的機
制中不可或缺的一環」。採用聯合家戶制度的人口欠缺這種機制
(p. 481)。沒錯，不過如果說要歐洲能夠控制人口，而其他地區
沒辦法的話，這種推論未免太過空洞。海伊內爾宣稱西北歐的
獨特性，是因為幫傭制度使然，應該可以「在比其他前工業社
會更低的出生率和死亡率之間取得一個平衡，」(p. 478)。在非
洲，人口在傳統上似乎平衡得多，不過這恐怕是因為疾病、戰
爭和鋤農業等外在因素使然(Goody稍後有進一步討論)。至於亞
洲，人們控制人口的手段包括殺害女嬰，採用繁殖力比較低的
早婚模式，以及還精(coitus reservatus)，不管年輕人是住在家
裡，還是搬出去(見Wolf 1995)，晚婚在理論上也是可能的。我
們絕對不要忘記，中國和印度人口的大幅增加當時，兩國的經
濟都具有高度的生產價值。

　　晚婚代表這是兩個「成熟成年人」的結合，結婚之前通常
會有一段追求的過程，然而在聯合家戶制度中，婚姻通常由父
母決定。結婚之後才能獨立自主。結婚的時間當然會使人際關
係產生很大的差異，不過這種差異可能被誇大了。以前光是為
了財產的考量，許多歐洲的父母都可以決定子女的婚姻。珍·

奧斯汀(Jane Austin)筆下的女性就算不工作也可以相當獨立。除此之外，在父母監督之下的早婚，對母親、子女和父親可能都有好處。從薩比恩所研究的德國城鎮涅卡豪森看來，即使是在商業事務上，支援和獨立都不能偏廢，更別提許多商業和工業活動的產生了(Goody 1996a)。其實不管當中有什麼差異，我們還是很難看出這些差異對經濟或社會的發展，有許多人暗示的那種單線性的貢獻。用這種觀點來看待總體經濟和家庭變數之間的關係，未免太過武斷，也無法看出這兩種制度各自擁有多少的結構自主性。

再者，一般認為終身性的幫傭不但造成了繁殖力的下降，讓年輕人獨立自主(也就是其他人所謂的個體性)，也促成了勞力的流動，從而為工業體制的來臨鋪路。事實上在經濟的變遷當中，刺激勞力的遷移，很少會是什麼大問題。印度的勞工大眾幾乎可以暢行無阻地從村落或郊區到位於中央的工廠；在中世紀，南部以出口導向的製造業和北部的經濟農業的成長，都帶動了更大規模的遷移，就像現在馬利的園丁在乾旱季節從哈里亞納遷移到古查拉省(Gujarat)撒巴瑪提河(Sabarmati)的河谷，或是賈斯拉坦牧人會從庫吉的沙漠往南進行季節性遷移，到農業鄰居的殘株田上放牧。[11] 這幾種堪稱週期性的遷移，發生在全世界的許多地方，也提供了工業化所促進的勞力遷移的模型，而作為當代非洲許多都市化的特徵，(勞務或財貨的)「官

---

11　這個例子是來自我個人在印度的觀察，不過這種遷移發生在世界許多地方，特別是畜牧為生的人。

僚化」和商業化的過程也加強了這種勞力的遷移[12]。在這方面，歐洲未必比非洲更適合施行工業化（不過其他方面都已經成熟）；亞洲在這一點和其他的諸多特徵上，也具有歐洲所有的許多先決條件，包括某些家庭變數在內。

第三，分家往往被認為和財產的繼承有關。如果不動產只傳給一名子女（假設是在他或她結婚的時候），其他的子女可能離開，自然就分家了。我們通常認為歐洲和日本一樣，是採取不可分割繼承，而其他地區則是採取可分割繼承。不可分割繼承就等於主幹家戶（或是像西方制度那樣，一對夫妻繼承另外一對夫妻），這代表獨立（被認為是個人主義式的資本主義所需要的那種獨立）、儲蓄（以自立門戶），以及結婚年齡的規範，歐洲人用這種方法配合社會和經濟環境來控制人口成長。

歐洲許多地區很早就進行可分割繼承，自從拿破崙政體及拿破崙法典頒布之後，這種制度就通行整個歐洲大陸（見Yver 1966; Augustins 1989）。無論如何，不可分割繼承的問題通常是指土地的分割，而不是全部產業的分割，繼承者通常必須用動產來擺平其他兄弟姊妹。

比較廣泛地討論人口統計的變數及其與社會經濟發展的關係時，許多不同的學者都把西北歐、西歐或整個歐洲的體制，和世界其他地區（尤其是亞洲）一分為二。海伊內爾的說法承認平均家戶大小並沒有多大的差別，但他指出家戶形成方法上的

---

12　我用「官僚化」這個說法，來描述一套有關都市中心建立的過程。首先是政府本身的的成長，然後是最初往往和政府有關的活動、學校、和醫院的成長。

差異。他把東方的「聯合家戶」和西方由一對夫妻組成的家庭加以對比，認為這是不同的人口統計體制和經濟變遷的元素之一。他改變了論述的重點，固然受到肯定，但也引發了一些反對意見。首先，這種分類又是過分強調內部結構、幫傭、分家、以及針對年老貧窮的人所實施的公共（而非家庭的）安全網等相關問題實際上的差異。其次，資料無法完全支持如此斬釘截鐵的二分法。再者，雖然很難在這裡把這個問題詳細說清楚，但我們還是看不出來，這些差異不管是真實或假設出來的，又怎麼會阻礙或促進「資本主義、工業化或現代化」的發展？難不成這兩種制度的差異「對經濟發展有重大影響」(Hajnal 1982: 476)？影響多少是有的，只不過是以經濟發展而非發展本身的形式呈現出來。促成歐洲資本主義的許多根本因素產生在義大利，而義大利通行的卻是另外一套制度。不過我們也不能輕忽「印度教的完全家庭」對重商資本主義的重要貢獻，即使所謂的「完全」指的只是財產而已。從當代的發展來看，實施「聯合家戶」制度的地區目前在當代的東方似乎占有執牛耳的地位 13 。

---

13　充分的討論請見Goody (1996a)。

# 第四章

# 女性、階級與家庭

　　歐洲主義者對家庭的研究，存在著雙重的問題。首先，他們所用的辭彙，如「家庭」（family）之類，常常模糊不清，很難達到分析性的目的（雖然可能作為籠統的標語）（Seccombe 1992: 343; 1993: 286）。其次，當中幾乎沒有比較性的觀點。然而我們需要這種觀點，不只是為了把專業辭彙加以定義，更重要的是，因為有關「核心家庭」與資本主義和現代化的關係、以及童年的發明，每一種說法都是在做一種宣告，這種宣告不只是關係到歐洲，也是關係到世界其他地區。

　　書寫歐洲家庭史的人常常一心認為歐洲有獨一無二的成就，特別是「資本主義」和「現代化」。這個結非解開不可，並不是為了弱化席考伯在兩部鉅著中極力強調的生產與再生產的關係[1]，而是藉著重新評估歐洲對歐亞大陸其他地區在各層面上

---

1　W. Seccombe（1992）*A Millennium of Family Change: feudalism to capitalism in Northwestern Europe* and （1993）*Weathering the Storm: working class families from the Industrial Revolution to the fertility decline.*

的相對獨特性，至少能把前工業狀況做出合理的解釋。如此一來，某些「家庭」變數和歐洲重商資本主義(以及現代知識系統)發展之間密不可分的關連，就變得非常淡薄了[2]。後來大量工業生產的快速和革新的本質，確實讓大眾的家庭生活產生了戲劇性改變，只不過無論是過去還是現在，世界上其他都市生活驟然成長的地區，也都出現類似的變化，所產生的結果不外是居所擁擠、兒女成群、擴大親屬群的角色減弱 (extended kin groups) (雖然伸展家庭內的連結[extended domestic ties]的角色未必減弱)、相對匿名性、社群控制比較寬鬆。無論如何，現在的問題照例還是在於兩者之間的關聯為何。是否不論階級、不分性別都完全一樣？難道在生產與再生產的不同社會領域方面，沒有任何的連貫性和不連貫性，使其擁有一定程度的自主性？政治和經濟的霸權(兩者都要求要有自己的空間)永遠都主宰著家庭嗎？

席考伯(Wally Seccombe)寫了兩大冊的西北歐家庭史，內容是從中世紀開始到現今的家庭萬象，他企圖把再生產制度和生產制度連結起來，並對這個領域過去的許多研究提出了一個批判性的觀點。對於這個關鍵地區的情況做了迄今最有價值的概述。席考伯對於家庭所扮演的角色有幾個基本預設，是他整體西方模型的一部分，不過在另外一個層次上，他對其他人的研究所做的再評估，是一項顯著的成就。他從馬克思主義的觀點

---

2　這一點已經詳細闡述於 *The East in the West* (1996a) 及先前的 *The Oriental, the Ancient and the Primitive* (1990)。

出發，專注探討封建主義如何轉變為重商資本主義、前工業化、以及後來的工業資本主義，企圖在這個過程中完成過去馬克思主義者顯然常常規避的工作，也就是讓人口統計史和社會史取得一致性。這個實質上的分裂很容易給我們兩種不同的家庭史：比較剛性的家庭史專注於「家庭」（亦即家戶）大小的數字說明，比較柔性的家庭史則旨在陳述心態（mentalite）的改變。不管是隱藏在教區記錄當中的數字資料（劍橋研究小組充分運用），或是史東和艾里斯等人的研究所依據的日記和法律文件，都是家庭史的研究重心。長久以來，一直沒有人認真地把這兩種思維結合起來，以很嚴謹的態度置入西方所經歷之重大社會變遷的比較廣泛的脈絡。席考伯面對面正視這些任務，還宣稱會把女性的歷史納入研究，雖然這句話有多少份量，一直是很撲朔迷離的。

　　席考伯以大量的研究資料和許多不凡的見解來進行這項浩大的工程。他對西北歐家庭史（以英國為主）所做的勘查，有個很大的優點：他認為前工業社會是家戶群在一起工作，工業社會的再生產主要是透過薪資收入來和生產過程產生連結，不管在前工業社會還是工業社會的時代，他一以貫之地把家戶群視為一個生產單位，而不只是一個（勞工及親屬團體的）再生產單位。在未來的許多年，他的研究將一直是參考及辯論的來源。其他的史學家都想把結婚年齡之類的因素和玉米的價格扯在一起，或是把家庭的「現代化」與市場的條件套上關係，他則企圖用一個更加全面性的方法，說明經濟和家庭之間的關係。為此他採用了一個廣義的馬克思主義生產模式的觀念，想找出親

屬及婚姻關係與生產關係之間的關連性，不過不是用一種絕對決定論的方式。

這樣的工作當然是必須做的。席考伯的做法總結了大量的研究，也揭露了家庭的變遷過程。如果我認為這樣還不算完全成功，有一部分是因為研究這樣一個充滿爭議的主題確實不易成功，同時也由於在這個領域中，即使是為了瞭解歐洲本身的狀況，我們也不能忽略歐洲之外的地區。席考伯的說法未必能立刻獲得普遍的贊同，不過這個領域四處潛伏著隱藏的議題和種族中心主義的偏見，席考伯多少也是對這個充滿爭議之領域的本質提出一個看法。一般認為是家庭促成或承襲了(有些人認為)只發生在英國、西歐、或是比較大的歐洲地區的經濟和社會變遷。也就是說，家庭結構的問題(在人口統計學、發展、情緒上)被認為是西方獨特性和歐洲奇蹟的一部分。席考伯沒有對其中的某些主張做出應有的批判，而是(就像他所處理的資料)斷然從歐洲的觀點來了解這個問題。

席考伯的取向在研究後半期的歷史時(下冊)，要比前半期更創新。他在書中暢談18世紀(在農業和前工業生產方面發生變遷)和19世紀(轉移到工業活動)無產階級化無可取代的重要性。由於不斷強調變遷，使他和劍橋研究小組的人口統計史學家產生直接衝突，他認為這些史學家一味鑽研家戶的形式結構，貶低了變遷的重要性。他對研究精神趨勢的家庭史學家也間接做了同樣的批判，因為他本身一般的立場傾向於人口統計學的角度，而不管是本於連貫主義(例如麥克法蘭的研究)或非連貫主義(例如史東的研究)，「心理學」或文化的取向多半都被

忽略了。他要的是更加剛性的人口統計和經濟學的資料。

　　像這樣的視而不見未免誇張，雖然心理學或文化取向的研究成果令人失望（至少就比較的觀點來說是如此），在親屬關係當中無疑還是有社會心理學的成分，是必須和普遍的社會經濟的變遷連結在一起。例如（後面會討論）在早期的工業環境中，已婚子女仍然感覺對父母有「義務」，便擴大家戶，把「貧困」的父母一併包含在內，席考伯在企圖說明這種「義務」的時候，有時候容易輕忽這個因素，使得他的某些說明太過「經濟學傾向」，這不是因為其中包含了什麼內容，而是因為把不該忽略的給忽略掉了。

　　席考伯在探討封建制度下的家庭時，強調領主制度在支配農民勞力和鼓吹長子繼承制等方面所扮演的重要角色。領主制度在這兩方面一向很有影響力，在領地制度的露地耕作制之下尤其如此，這種制度是有系統地把一塊塊的田地分給一個人或一家人去耕作。不過長子繼承制向來不是絕對的；總是要顧及家人之間的公平性，是子女之間的一種分配倫理，必須把財產分配給其他手足。此外，在其他地方也會看到長子繼承制，特別是土地資源貧瘠的地方。事實上，單一主要繼承人的概念，很可能是由下面發起的，就像現在的法國鄉下，雖然法律規定要公平分配，但實際的做法不是這麼回事。長子繼承不是領主統治唯一的繼承制度。葉維（Yver）在研究16世紀法國的繼承制度時，發現了各式各樣的制度，從比較決定論的觀點來看，未免覺得不可思議，英國的無遺囑死者土地均分制、長子繼承制（Borough French）和幼子土地繼承制（Borough English）也一樣。

　　席考伯論述的重點在於早期的務農家庭和工業時代的勞工階級。領主家庭、以及企業家、商人以及布爾喬亞階級的家庭，一律被排除在外。雖然採取這個重點是完全可以理解的，但很容易忽略了社會不同層級之間的垂直互動，至少是在經濟領域之外的互動。我所舉的例子來自工業革命以後的時代，不過原則是一樣的，也就是早期的節約立法所秉持的精神。後來我們也發現階級競爭所可能造成的影響（例如19世紀下半葉反對已婚職業婦女，整個「賢妻良母」的觀念，以及一次世界大戰後開始實施避孕），以及某些勞工階級的做法後來是如何被其他薪資團體所採用（放棄嫁妝，不成文法的公會，以母親為中心的家庭）。同時，專注於研究受雇勞工的家庭，使他忽略了企業階級當中的大家庭和姻親網絡所扮演的角色，這些企業階級仍舊有生產及經濟的財產傳給後代子孫。他們的家庭結構遠不及其他階級的家庭結構那麼「孤立核心」。對社會上的其他團體或具有企圖心的個人來說，這些「有產者」可能又發揮了一些宣示效用。

　　只挑人口當中的單一元素（或是把所有元素集合在一起），產生了一個問題，就是對階級差異茫然不覺，而這些差異可能很極端。在中國，有錢人的家戶非常複雜，窮人的家戶則相當簡單（主幹家戶）；歐洲許多地區也有這樣的情況。因為核心家戶占多數，就把核心家庭視為標準，這是用純粹統計的方式來解釋所謂的標準。至於哪一種占優勢，將有賴於發展週期的本質，以及分裂和（在某些情況中）結合的模式。如果上層階級（比較古老的）是大家戶，就很難把核心家戶看成一個社會階層（甚

至是階級)的理想；這是沒有看見霸權的重要性。

　　席考伯一心要把家庭和政治經濟套上關係，並說明家庭形式是如何被納入生產的模式當中，他自然不會接受劍橋研究小組所提出的觀點：家庭結構從中世紀末期以後就沒有改變。這當然是他這本書的重點所在。他首先提到這種研究是用非常狹隘的觀點來看待家庭(事實上談的是家戶大小和結婚年齡，而新教大力鼓吹的人際關係的變遷則略過不提)，然後他也提到這個論點會拒絕承認其他主要社會經濟的變遷對家庭生活的影響，這個論點也同樣荒謬，表示用錯了策略。不過針對所處理的資料，拉斯列顯然並沒有錯。其實就像我一直想說的，每個地方的家戶實際上就跟夫婦家庭(conjugal family)一樣，都是相當小的團體。再生產系統的某些親屬領域，亦即婚姻和家庭，其實不會受到生產模式的影響，生產模式並非無往不利，這些領域在相當大的程度上是擁有結構自主性的。

　　席考伯批評用家戶來作為基本分析單位會產生哪些缺陷，雖然我們必須說我們的資料也差不多是這些，不過他這話說得一點也不錯。然而他有時候也接受同樣的資料。他提到劍橋研究小組的研究顯示了「現代初期村落居民的家戶組成非常簡單(也就是核心家庭)」；有一次的調查顯示，從1150年到1749年，在1000個家戶當中，夫婦家庭之外只有11個「親戚」，不過在19世紀就多得多了，到了1851年已經有32個。不過一棟房子的界限不等於一個「家庭」的界限。像目前我所在的法國西南部，一位年老的農夫走路上山到他已經退休的兒子和媳婦家裡吃中餐(這個媳婦已經正式接管農場，所以她先生可以領養老金)。

居住團體是分開的；消費團體大部分合在一起；親戚關係很密切。不管分開住（英國的村落可能就是如此）或一起住，其實不怎麼重要；當我們如此強調這個區分和全球大事的關係，光是描述某些是核心家庭，某些是複雜家庭，其實是不夠的。

　　如果席考伯批評劍橋研究小組對英國「核心家庭／家戶」的連貫性所提出的看法，對於主張歐洲（西方）婚姻模式獨一無二的論點，他卻是張開雙臂大表歡迎的，甚至和史密斯一樣，認為英國是這種婚姻型態的發源地。他極力主張，正是晚婚和（晚婚的兒女）在其他家戶從事終身性的幫傭，直接促成了資本主義的出現，後來又帶動了工業革命（Seccombe 1992: 230-41）。他認為晚婚會延年益壽、刺激儲蓄、提高女性勞力的生產力、並提供其他的許多好處。不過到底是哪一個影響了哪一個，還有待討論。有些人認為是家戶幫傭（例如耕種和當學徒）造成了晚婚，而不是晚婚帶來了家戶幫傭（Anderson 1976; Hill 1989: 134）。同樣的，也有人提出早在18世紀，前工業化就已經帶動了平均結婚年齡的降低。這個論點也有待辯論。不只是不同地區的男女關係不一樣，而是整個平均結婚年齡的計算是有問題的，原因是在這個時代，「那些有夫妻之實的人，可能只有一小部分會在教堂舉行婚禮。」（Hill 1989: 144）在經常（或許是因為經濟因素）出現「未婚媽媽」的地方，一些以手搖紡織營生的家庭是希望能盡量把生產者留在家裡，像中國南方就常常晚婚。

　　無論如何，如果一開始就預設是歐洲發明了重商資本主義，這種說法根本站不住腳；看歐洲就知道了，重商資本主義初期是在地中海國家發展，而非西北歐，地中海可不流行晚婚。

工業革命又是另外一回事。席考伯最可信的論證，牽涉到修改
婚姻制度，以增加完成工業目的所需之可利用動力的能力。雖
然饒富趣味，但這種提議看起來稀奇古怪。我們也可以表示說
(早婚)的繁殖力比較高，可能已經對土地造成壓力，也促進了
經濟的轉型(這是博塞拉普[Boserup]的論點)，來吸收剩餘的農
村勞力。總而言之，只要考慮到其他的可能性，這些因素就顯
得微不足道。不管怎麼說，並非只有歐洲才有晚婚的制度；西
藏也呈現出類似的現象(Carrasco 1959)。

　　席考伯明白指出，因為大量倚賴人口調查資料，所以拉斯
列在家庭方面的相關討論都把重點放在家戶組成(household
composition)上，對家戶之外的親屬關係多半視而不見[3]。其實在
談論核心家庭和資本主義的關係時，他似乎同樣把這個觀念給
窄化了。正因為「家戶」和「家庭」本身所存在的一些問題，
我先前才會就重疊的家戶群和比較廣泛的親屬關係，提出了一
個分析(Fortes 1958: Goody 1958, 1972c)。

　　席考伯本身比較欣賞「家庭週期」(family cycle)的觀念，
而非家戶分析；從下面這段話可以推測出他的意思：

> 　　雖然同居者的範圍向外做出某種程度的擴大，核心家
> 庭在19世紀無產階級的家庭週期當中，還是占有壓倒性
> 的優勢，年輕的一代通常在結婚後就自立門戶，用自己
> 獲得的收入來養家，不靠父母的財產和財富。(Seccombe

---

3　後來劍橋研究小組的成員曾試圖修正這個情況(參見Smith 1979)。

1993: 65)

　　他在這裡所提到的過程，好像跟海伊內爾的「家戶形成」差不多(1982)。雖然在比較早的年代，家戶之所以擴大是因為兒女住在父母家，而現在則是父母到兒女家住。兩者的差異相當重要，這關係到一個事實，由於對生產企業不再具有共同的接觸管道，使得兩代的工作環境不同。另外同樣重要的一點是，要了解「核心」指的不是所有的家庭或家戶組成，也不是(像其他關於家庭的研究所談的)親屬網絡的重要性日漸低落，而是指在婚後自立門戶，建立一個「核心家戶」的過程。這不僅僅是一個婚後獨立的問題；對於家戶群之發展週期的討論(見Goody 1958引述的Fortes的說法)已經指出，不管居住團體(dwelling group)的組成是什麼，只要有人結婚，一定會發生某種程度的分裂。這裡的重點是，只要一對夫妻結婚，就會另外建立一個夫妻住家(conjugal residence)(可以說是新居[neolocal])；不過按照後來的家戶組成看來，他們顯然沒有切斷和原生家庭及親戚之間的關係。這樣的安排似乎不配稱為資本主義典型的「核心家庭週期」。

　　席考伯對馬克思主義的修正，包括企圖帶進女性主義的觀點。這不只是政治正確，能同時從女性和男性、兒童和成年人、下層階級和上層階級的觀點來看待歷史，總是好的。不過再怎麼有用的觀點也會有它的問題。他對我個人所做的的親屬和家庭分析恭維了幾句、然後就表示我並不了解中世紀歐洲女性的不平等地位。他表示我的「概念架構讓我們對中世紀家庭中女

性的地位產生了不正確的正面印象」，強調嫁妝權，但對於「女
性後來所受到的排斥則幾乎隻字不提」。休斯(Hughes)用剝奪繼
承權來描述這種排斥，我不同意他的說法，便被席考伯斥為無
稽之談。我先談這最後一點。如果(我認為應該)把繼承看成是
將相對專屬的(財產等)權利從一代移交給下一代的過程之一，
就不能說女性被剝奪繼承權。說女性被剝奪繼承權，就跟說男
性拿不到嫁妝一樣荒謬；下一代在這個財產移交的過程中，早
一點分到自己的一份，可能比晚一點好，財產繼承和嫁妝只是
這個過程的兩個面向而已。如果我在女兒出嫁的時候把一些財
產當成嫁妝移交給她們，讓長子等我死了以後才能接管農場，
光從土地來說，可能是對兒子的特別待遇，但這也說不上是剝
奪女兒的繼承權[4]。在歐亞大陸，20%的案例是女兒會接收土
地——可沒有把她們排除在外。即使她們也有兄弟，許多見證
過嫁妝的人都斷定這是「在之前就給了女性重要的權力」(Firedl
1986; Sarris 1995: 24)。嫁妝消失了以後，如果沒有出現新的賦
予權力的手段，女性的權力就可能被剝奪了。

　　當然，「雙邊分散移交」的概念不表示兒子和女兒所受到的
待遇是平等的，也不表示兒子都得到平等對待。這只顯示財產
(動產和／或不動產)是男性和女性都可以繼承的。我認為席考
伯所提出的另外一個「夫婦父系」(a conjugal patriline)的概念還
更有問題。這個名詞到底是指財產的繼承、職務的繼承或是親

---

4　義大利南部(Davis 1973)和斯里蘭卡(Leach 1961)一樣，女兒確實會
　　繼承土地，就像庇里牛斯山脈地區是由老大(無論是男是女)來繼承
　　土地(Augustins 1989)。

屬關係的計算？這個說法讓人越聽越迷糊，就像「父權制度」只能用來描述家戶中的男性領導。由女性領導的家戶或女性繼承人就只能被當成是離經叛道嗎？伊莉莎白一世、維多利亞女王和伊莉莎白二世就主流的意識形態而言，就只是異常現象（父系這個字眼就暗示了這個意思）？或是她們所屬的制度在某些情況下，雖然大可以將財產和權力交給關係比較遠的男性（堂兄弟），卻還是傳給了女性？席考伯認為這種「父系」制度和封建領主社會息息相關，這種社會所構成的家庭生活往往有利於夫婦家庭中的再生產。「用比較宏觀的角度來看待家庭結構，可能會認為這種傳承模式和青銅器時代以後整個歐亞大陸的階級化社會完全一樣，在這種階級化社會，必須同時維持女兒和兒子的階級地位。如果要用女性主義的角度來加以分析，絕對不能忽略階級的觀點。如果是以比較的角度來分析，例如把日本也納入研究，就會事先排除這個可能性。

「男女平等待遇」永遠只能分門別類地來處理（例如在生育方面代表什麼意義？），對這個全球性問題，分散移交的觀念其實只有邊際性的影響。沒有人會說女性所受到的待遇和男人旗鼓相當，只不過有的女性受到了比較平等的對待，在某些層面比較公平些。分散移交指的是把男性和女性的財產（通常不外是以夫婦基金的形式）移交給兒子和女兒的財產傳承制度，雖然未必平等，但都很豐厚。財產可能由丈夫管理，但因為女方的嫁妝占多數，支配的最後決定權還是在妻子手上。在這樣的社會當中，取得財產（也就是「階級」利益）的差別途徑，和女性的共同利益相牴觸。身為財產繼承人，女性甚至可以主宰家庭領

域，丈夫則在妻子的家戶中棲身（從妻居的婚姻），隨之而產生的是權力關係的重分配：女性比較強勢，男性比較弱勢。

席考伯也提到早期有丈夫住進繼承財產的妻子（女繼承人）家裡的趨勢，只不過似乎在避重就輕。他明白指出在工業革命之後，女性對住所的決定占有舉足輕重的份量，促成了以母親為家庭中心的情況，我認為這具有重要的連貫性（以及不連貫性），在他所謂的第二次工業革命之後更是如此。

席考伯所謂的第二次工業革命，是隨著蒸汽動力的大量使用（尤其是鐵路）而產生的。這一次的工業革命發生在1873年左右，當時出現了「許許多多的技術性突破和鋼鐵、化學、電力和煤氣發動機等各方面快速的產品發展。」（Seccombe 1993: 82）此時德國取代了過去英國在歐洲的角色，美國則取代了英國在全球的角色。他認為第二次工業革命帶來了一個新的生產體制，「因為每週工時減少，在嚴密的監督之下，工作的步調比較安靜而穩定，因而產生了密集消耗勞動力的模式。」（p. 82）勞工階級的夫婦為了因應這種情況，便努力形成一種密集的家庭經濟，「男人負責賺錢養家，女人專心操持家務」。此時生產力提高，而跟著提高的薪水可以被視為「家庭薪資」，如此一來女性可以依照先前許多中產階級行之有年的型態，專心照顧家庭，轉而當個賢妻良母。不過這其中也牽涉到我們很少聽聞的政治因素。社會環境的變遷多少歸功於女性極力爭取（英國的諾頓[Norton]、美國的安東尼[Anthony]）在離婚、監護權及女性家庭地位其他層面上的改變，而其他陷入所謂環境不公的中產階級改革者也付出不少努力。即使是在維多利亞時代的英國，「父

權制度」的霸權也從來沒有徹底執行過；由於牽涉到雙邊親屬
關係，以及手足和性別的二元性，內部的矛盾從來不曾間斷。

在恩格斯的筆下所描述的市鎮中，勞工階級區在早期時分
崩離析、紊亂不堪，後來這些地區的住宅改頭換面，重建了比
較穩定的勞工階級社群，而且鄰里之間的通婚越來越多，鄰居
之間最重要的是以女性為中心的家庭分享機構，這一點羅斯
(Ross 1983)描寫得非常清楚，而且也和以母親為中心的家庭所
占的優勢有關。按照托西(Tosh)的說法，在羅斯所描述的都市勞
工階級世界中，「私人父權制度」幾乎銷聲匿跡：

> 丈夫常常覺得自己像是狂牛闖進瓷器店，被排除在家
> 庭的感情浪潮之外……妻子……一直得到左鄰右舍的鼎
> 力支持，她和房東及社會福利工作者交涉、監督孩子的
> 學業……(Tosh 1994: 189)

連金錢都交給她掌管，倫敦的地方行政長官有時候還說太
太「是一家之主」(Tosh 1994: 189)。同時男人到酒館裡去找伙
伴，和他在家裡受到的打擊不無關係。

席考伯提到在19世紀的英國，66%的寡婦和女兒同住，已婚
子女有57%與妻子同住，雙邊親屬網絡逐漸轉變為母系親屬網
絡，讓他看出了從妻居的趨勢。由於結婚較早，成人的死亡率
降低，可以來往的相關親屬越來越多，拉格爾斯(Ruggles)一直
認為這種複雜的家戶反映了「主幹家庭理想」的實現。席考伯
堅持把「主幹共居」(一名子女把配偶帶回核心家戶)和核心家

戶的垂直擴大(父親或母親來跟已婚的子女同住)區隔開來,是
很正確的做法。從週期的觀點來看,兩者的區別是劍橋研究小
組一開始沒有看出來的。

　　這種型態是因為喜愛,因為夫妻力圖「實現一個大家庭的
理想」,還是出於一種義務,不能讓父母「無家可歸、貧苦無依」?
席考伯駁斥第一種說法,而接受了第二個說法。在提出駁斥的
時候,他仍然執著於「實現一個理想」的概念,不過既然個人
或親屬在發展週期的不同時刻,可以有不同的標準(目的),這
種理想就像是一個多餘、以偏概全而又簡化的觀念。住家的建
立是兩代之間希望和慾望的一個妥協。

　　至於第二個說法,席考伯同意這是出於下一代的義務,但
只限於父母貧寒的案例。不過在當時或現在,這種說法都是不
正確的。不管(新婚夫妻的)「核心家庭理想」是什麼,許多夫
妻最後還是和近親同住,或是住在他們附近。這樣的安排不一
定是因為父母無家可歸,只是一份「孝心」、以及父母對子女的
感情或依賴。

　　如果不參考其他文化的情況,我不知道還能如何對童年的
發明(無論如何,席考伯還是看出了這一點)提出任何說法。家
庭的其他層面亦然,正因為如此,西歐的家庭史終究還是不夠
充足的。席考伯和許多史學家不同,他的社會學背景使他很能
了解這一點,即使他的做法未必完全符合。這個論點隱含的意
思是,如同馬克思和韋伯對資本主義成長所提出的洞見,就算
是基於反事實的立場,我們也要看看其他地區的情況,即使他
們的做法充滿了種族中心主義。這才是對我們這些傑出的前輩

一針見血的批評。

關於家庭在19世紀工業資本主義衝擊下的變遷，恩格斯 (Frederick Engels 1887 [1884]: 3)說得非常清楚：

> 英國無產階級的歷史開始於上世紀的下半葉，隨著蒸汽機和棉花紡織機的發明而展開。眾所周知，這些發明促成了工業革命，從此改變了整個文明社會……

席考伯的研究精彩地描寫出工業化之下的薪資勞力成長，及其對家戶生活的影響，這被界定為資本主義生產模式當中的一個無產階級化的過程，不過這個過程早在18世紀前工業化出現的時候就開始了。這是西方現代經濟發展的一個主要層面。但薪資勞力及其後果影響所及，不只是勞工階級，還有許許多多的布爾喬亞階級，他們今天所經歷的正是受薪工作不穩定所帶來的某些問題。除此之外，還影響到社會主義國家的許多勞工，在這些國家，因為遺產充公法 (confiscatory laws of inheritance)的關係，加上很難為子女積存財富，讓勞工喪失了生產的一個重要動機，使家裡只有一代的夫妻比以前更加孤立了。廣義來說，這些改變和工業化及現代化的過程當然有密不可分的關係，從而影響了其他的團體，以及其他「非資本主義」的「生產模式」。

席考伯對這番變遷描寫得非常詳實，不過他的說法有時候太過仰賴「父權」這種模糊的用詞，在最近的許多分析當中，這些字眼已經被用得相當浮濫了。例如討論親屬網絡在保障求

職婦女方面所扮演的角色時，席考伯(1993: 32-3)表示「換句話
說，對她們的無產階級化，有一種父權主義的強烈反感。」不
過親屬網絡(相對於繼嗣群)本來就是雙邊的，我們也看過許多
證據證明母親在女兒的福利(包括他們的居住地點)方面所扮演
的角色。針對勞工階級的關係所做的研究，強調母親和女兒一
直聯合決定了空間近便性，讓母親的母親(東西歐皆然)在女兒
工作或甚至購物時幫忙照顧外孫兒女。這種關係在心理上是牢
不可破的，因為母女是一體的，特別是在女兒生產之後，母女
兩人將會經歷相同的經驗，而女兒往往要依賴母親的媽媽經。
母親和外婆的關係怎麼說都比和祖父母親密得多，他們對母親
來說只是姻親，而非真正的親屬，這種感覺也會轉移到女兒身
上。楊和威爾莫特(Young and Wilmott 1957)跟麥德琳・科爾
(Madeleine Kerr)分別研究倫敦的貝絲諾綠地(Bethnal Green)和
利物浦的船街(Ship Street)，都強調了這個距離上的親近，而R. T.
史密斯(R. T. Smith 1956)也表示「以母親為中心的家庭」不只在
加勒比海諸國和美國黑人之間普及，世界其他地區「社會地位
較低」的家庭也不相伯仲。有些地方還把這種親密關係反映在
親屬用語當中，就像英國南部的*nanna*和法國的*mémé*，幾乎是專
門用來稱呼母親的母親而不是父親這邊的祖母(Goody
1962b)。按照席考伯的說法，難道這不表示母系而非父系的因
素嗎？在「資本主義的社會」中，女性作為家戶的管理者以及
日漸獨立的行動者，其重要性無疑是不應該被貶低的，不過一
而再，再而三地使用「父權制度」這種模糊的辭彙，只會抹煞
了女性在資本主義社會中所扮演的角色。

　　不同於傳統的母系結構（牽涉到氏族組織、繼承等等），在以母親為中心的家庭裡，男人是被邊緣化的，然而在傳統的母系社會當中，男性作為「母親的兄弟」，通常享有舉足輕重的地位。在以母親為中心的家庭，「邊緣性」往往等同於「不負責任」。「父親不負責任」是否算是現代工業社會具有代表性的特徵呢？工作受薪（wage earning）無疑放寬了長輩對下一代的控制。婚姻也不再涉及「生產性」財產的轉移。上一代移交給下一代的財產，對一個人的生存不像過去那樣有立即的重要性，嫁妝也變成了父母在其他方面的協助（教育、買房子），因此對婚姻的主宰權也不像以前那麼大。母親全職相夫教子，當然能促進子女的學業，這表示女性和男性都一樣可以接受比較良好的教育，從而嚮往企業經營、政府官僚制度、以及教學和護理等領域所需要的新型文職工作。席考伯強調，年輕男女能夠自立門戶，獨立選擇伴侶，而這個伴侶也不再一定是終身伴侶。由於流動性提高，男人可能在讓女人懷孕後，就到外地履新職（除非是身陷危機，否則辭職比被解雇更有意義）。這種發展早在18世紀就已經展開。「在18世紀上半葉的德國村莊，父親的遺棄似乎是一個主要因素，第一胎是未婚懷孕的男女，有2/3最後終於還是會結婚；一個世紀以後，這麼做的人只超過半數而已。」（Seccombe 1993: 50-1）現今在許多勞工階級和黑人社群當中，男性都被邊緣化了，這個「父親遊手好閒」的現象難道正是延續了這個趨勢（Mitchell and Goody 1997）？無法迎娶懷孕的情人，和在維繫了一段比較長的關係之後無法養活兒女，兩者之間誠然有很大的差異，不過對單親家庭和單親家庭的孩子來說，影

響其實是差不多的。選擇結婚伴侶的自由，隱含著終止婚姻的自由。1857年，英國把離婚的管轄權從教會法庭轉移到世俗法庭，剛開始只是對中產階級的夫婦有利。勞工階級長期以來都是以遺棄來結束婚姻，不過到目前為止，除了很少數的情況之外，基督教會一直禁止離婚和再婚。不可避免地，漸漸全體人口都會有這樣的機會，帶動了再婚和同居的可能性。

早先的勞工階級婚姻就已經預告了現代家庭和婚姻的許多層面，婚外情（包括生下子女的婚外情）只是其中之一罷了。有人確實不願意進入正式的婚姻關係。我們知道一直都有所謂的同居關係（consensual union），不過到了19世紀，這種情況在勞工階級之間變得非常普遍，一方面可以省去花費，同時也避免任何永久的承諾。只有少數有財有勢的人才能解除教會所締結的婚姻，其他人幾乎是不可能的。但要終止同居關係，可以用非正式的程序、「拍賣老婆」或向後跨過在結婚時向前跨的那根掃帚柄（Seccombe 1993: 52-53）。嫁妝也沒有了（除了自己獲得的嫁妝以外），首先廢除嫁妝的是靠收入而非資本生活的無產階級。到了本世紀初，英國中產階級就完全沒有嫁妝這種東西了，雖然法國的中產階級把這種制度維持了比較長的一段時間。

雖然這些問題對當代的情況最為重要，卻不是席考伯關切的重點，從他這部書下冊的副標題可以看出來，他把最重要的研究重點放在工業革命之後繁殖力的提升和下降。事實上我們也看到了，在前工業化期間，繁殖力是上升的。席考伯認為在全面工業化的時代，經濟對女性和兒童勞力的需求，和鼓勵高繁殖力是有關係的（1993: 74）。他這裡是遵循亞當‧斯密（Adam

Smith)和恩格斯的看法：前者寫道：「對人的需求，就像對其他
商品的需求一樣，必然規範了人的生產。」(《國富論》I sect. 8,
p. 36，恩格斯引述)恩格斯又補充說道：「如果現有的勞工太少，
價格，也就是薪資，就會提高，勞工比較有錢，結婚數倍增，
有更多的兒童出生及長大成人，直到勞工的人數充足為止。」
(1887: 54)女性和兒童從事工業勞動，使死亡率增加，多少也抵
消了高繁殖力的效果。女性和兒童從事勞動並不是什麼新鮮
事，在英國鄉下，沒有人留在家裡，上學的人也屈指可數。其
差別在於家庭式、農業或甚至前工業的生產，如今轉化為工廠
所設定的固定薪資勞力，伴隨著恩格斯筆下描寫得歷歷如繪的
居住條件。這些條件顯示本世紀上半期都市的死亡率平均比鄉
下高了20%到25%。

　　女性勞力脫離了採礦等各種的工業生產部門，一部分是因
為男性發現他們的薪資受到限制而極力施壓，一部分是因為外
界改革者的努力使然。在少數幾個繼續使用女性勞力的領域，
如紡織業，已婚婦女的繁殖力也比較早下降。從1880年代起，
有越來越多的文職工作由女性擔任——在某些城市高達四分之
一——男性職員抗議這樣「傷害他們的男性尊嚴」(Tosh 1994:
194)。但從19世紀最後的10年開始，整個西北歐就面臨繁殖力
下降的問題(雖然法國早就出現這種情況)。1890到1920年間，
在半數以上的歐洲國家，繁殖力減少10%以上。此時避孕方法更
為高明，上層階級的夫妻已經採用了這些方法，勞工階級則直
到1920年代才開始避孕。儘管如此，藉著「自然」方法，生產
率早就已經降低了，即使「同居」的男女亦然。

　　雖然繁殖力的減低和女性離家就業率的成長顯然有些「選擇性親近」(和兒童死亡率降低的關係更直接,兒童死亡率的降低很可能導致過度補償),事實上早在「職業婦女」的數字大幅成長之前,繁殖力就開始降低了。現在英國的就業婦女(許多是兼差的)比男性還多,是繁殖力下降的原因,而非結果,恩格斯或許是在這個非常的逆轉之中,發覺了男性(特別是中產階級的男性)的權力慘遭剝奪。儘管如女性薪資率及「工作」性質改變之類的經濟因素也有關係,但我們也要考慮到,和這樣的發展息息相關的,還有女子受教育、女性運動的壓力、以及1919年的性別不平等撤除法案(Sex Disqualification[Removal]Act)所體現的平等思維。不過回到我先前的論點,不管資本主義對家庭有什麼需求,在主要的歐亞社會當中,不只存在著「父權制度」的趨勢,還有先前的階級制度,必須維持女兒和男子的地位,女兒的地位未必和男子平等,但必須和下層階級團體的女兒有所區隔,好讓她們嫁給階級相同或更高的人家。堅持這個因素,並非一味地表示家庭是一成不變的(席考伯駁斥得對),而是要指出這樣的結構因素可能長期繼續扮演一定的角色。我所謂的「分散移交」順應新的情況,可能在新情境當中提供一個相抗衡的趨勢,有自己的發展邏輯和一定的自主性,會因為家戶生活本質的變遷而獲益的人,便極力鼓吹這種做法。

　　家庭史中普遍的問題在於連結性。沒錯,經濟和家庭制度是相互關連的。不過是什麼樣的關連呢?許多的討論都假設西北歐資本主義的發展和家庭的本質原本就存在著密切的關係。一般來說,這個假設沒辦法用一個充分的比較性方式來進行研

究。在比較的時候(例如和東方比較),馬克思和韋伯會採取一個過度種族主義中心的觀點。其他史學家在看待他們所謂資本主義的結果時,又採取了一種狹隘的歐洲觀點,誤以為某些家庭的特徵——如童年的發明、愛、或個人特質——是肇端於歐洲,而事實上這些特質的普及範圍遠超過歐洲大陸[5]。席考伯忽略掉這些說法,是非常正確的。專注於連貫性的人口統計學家,必然很容易抹煞在家戶的層次上發生的其他變遷。席考伯也對這種研究取向提出了很正確的批判。他看出了生產與再生產之間的關係,他堅持歷史的變遷,提出了比較廣泛的因素。我認為他為德不卒的地方,是沒有充分考慮到生產和再生產之間結構自主的程度。資本主義所能接受的親屬關係形式,不像現代化理論所說的這麼狹隘;資本主義以前的時代也一樣。男性在政治或經濟領域的支配地位未必直接反映在家庭當中。西非阿桑特人(Asante)的政治職務完全由男性擔任。只有母后的角色在政治上反映出這是一個母系社會,女性(以及她們的兄弟,而不是丈夫)對男性的住所享有很重要的決定權。男性(父系?)在政治層次上的權威,很符合在家戶領域中截然不同的權力分配。

---

5　我在*The East in the West* (1996a)當中討論過這些特徵。

# 第五章

# 愛、慾和讀寫能力[1]

　　許多史學家——尤以法國的精神學派(mentalite school)為代表——以及不少社會學家,都認為有很多情感是現代歐洲的特色,愛正是其中之一,這些情感作為當代世界的特徵和號召,是其他地方的人比較難以達到的。如同其他家庭和個人關係的特徵,也有人認為這種歐洲例外主義可以回溯到18世紀的啟蒙時代,或者有時候可以追溯到宗教改革或文藝復興;還有人認為應該回溯得更遠一點,不至於(像某些為理性追本溯源者所言)回到希臘時代,不過至少也以抒情詩人和中世紀詩歌為鼻祖。不管是在民俗概念或學術層次上,這種感覺無疑是存在的,有時候以歐洲為基礎(例如de Rougement的著作就是這麼說的),有時候比較民族主義。尤其是英國的史學家,他們認為夫妻之愛、父母子女之愛以及浪漫之愛(romantic love),都是現代情感家庭獨一無二的特色,而英國這個第一工業國在這方面

---

1　本章原本是為Louisa Passerini教授在European University Institute, 1996-97的研討會而寫的,題目是西方傳統中的愛(*Love in the Western Tradition*)。感謝該機構邀請我在佛羅倫斯待了六個月。

是「現代化」這個過程的先驅[2]。雖然除了盎格魯撒克遜的觀眾以外，其他人對這種觀點未免不以為然，但有更多人堅信，不管在古代或是現代，對愛獨特的一種態度，是歐洲的特徵。

雖然這種信念的存在毋庸置疑，我倒想質疑一下這個信仰的基礎。我這麼做不是為了要否認和比較廣泛的社會經濟現象多少有所連結的當代（現代或後現代）或歐洲的男女關係，本身可能欠缺鮮明的面貌，我的目的是要表示，分析性的描述無法將比較性或長期的歷史面向納入思考，因此往往令人難以接受。順著這樣的質疑，我會批評社會學對現代化這個觀念的某些處理，因為就我看來，這些處理方式太過自我和種族中心主義了。

有些人甚至已經認定其他的文化（尤其是黑暗非洲的文化）只有肉慾或慾望，而沒有愛。其他一些種族主義色彩比較不明顯的人，則認為其他地區如果有所謂的浪漫之愛，也是屬於家庭以外的關係（換言之就是「通姦」），或是表現出一種求而不可得的渴望。雖然這些假設整體而言非常可笑，我在這裡想提出的是，我們或許可以找出一個比較容易接受的方法，來解釋這些異同之處。

我在這裡所談到的愛，是特指性關係的一種特質，以及隨之而來的親密關係。也就是說，我討論的不是這個英文字（love）

---

2　就像許多歐洲人認為浪漫之愛源起於歐洲，Ogburn 和 Nimkoff（1955）等美國社會學家認為美國的浪漫之愛比較發達，至少在配偶的選擇上是如此。有關這個現象，見 Hill（1989）。在美國的部分，見 Biegel（1951: 331）。

在語意學上完整的用法。在奧古斯丁的著作中，這個字就像拉
丁文的*amor*一樣，包含了神聖之愛(devine love)和塵世之愛
(earthly love)，性愛和父母之愛。不過我在這裡是專指與性有關
的塵世之愛。如同神學對《聖經》〈雅歌〉(*The Song of Songs*)
的詮釋，世俗之愛和神聖之愛必然會互相影響，但大致上還是
涇渭分明的。當然，即使這個英文字在世俗上的含意，也可以
套用在父母、子女身上、還有冰淇淋和棒棒糖。可以是柏拉圖
式的感情(友情)、可以是一種親密行為。不只歐洲語言中的「愛」
是如此。在迦納北部的羅達迦，*none*這個字可以翻譯成「喜歡」
或是比較籠統地翻成「愛」。把籠統和特定的意義混在一起，在
分析上只怕沒有任何幫助。我的意思並不是「愛」或「喜歡」
人、冰淇淋或甚至上帝是截然不同的兩件事，性慾可能都在其
中扮演了某種角色，不過這樣一來，這個字眼指的就是非常籠
統的一種慾力集中投入的傾向，幾乎不需要社會學或史學的評
論。在這個層次上，任何文化在情緒或態度方面可以說沒有什
麼特殊的地方。我想討論的問題是，兩性之愛在某一個比較特
殊的層次上，是否有任何在分析時可以清楚區隔的形式，是專
屬於歐洲或現代社會的特徵，而不是身處其境的人自以為他們
自己的信念或行為有什麼特別之處。

　　一般認為這種愛包含了浪漫之愛和夫妻之愛，歐洲人常認
為前者是專屬於他們所有的，後者普及的範圍則比較廣。至於
其他像人類學家鮑亞斯(Boas)和社會學家紀登斯等人，則認為
激情之愛和浪漫之愛是不同的(Giddens 1992; Freeman 1996:
188)。紀登斯遵循史東的理念，認為浪漫之愛和18世紀末期展

開的現代化脫不了關係，不過他認為他所謂的和諧之愛
（congruent love）更具有現代精神。有人則對「浪漫之愛」抱持
著比較負面的看法，認為這種愛成事不足，敗事有餘。雖然愛
的目的是締結一份無盡的關係，事實上不管是哪一種愛，都一
定會消褪、變成習慣或發生改變。

　　我想先討論對愛——尤其是浪漫之愛，我認為，這是一種
性關係的特質以及性關係所帶來的親密——的三種具有代表性
的說法，分別由社會學家紀登斯、心理分析師波爾森（Person）
和史學家史東所提出，分別以不同的方式來處理這個議題。然
後我會檢視歐洲以外的地區所呈現的證據，先是亞洲，然後是
非洲。我的結論是，真正重大的差異不在歐洲和世界其他地區，
而在於歐亞大陸和非洲大陸之間。最後我會為這個情況提出一
些非種族主義的說明。

　　紀登斯的討論和他對「現代化」的看法有密切的關係；浪
漫之愛屬於現代，現代性屬於歐洲，因此愛是屬於歐洲的。他
認定浪漫之愛和「性慾的出現」是現代社會（後18世紀）而非傳
統社會的現象[3]。他對前現代歐洲的看法，無疑使他對現代性的
概念有了偏差。「婚姻大多是由契約制定的，婚姻的基礎不是雙
方相互的性吸引力，而是經濟條件。」（Giddens 1992: 38）像這
樣把性的吸引力和經濟條件加以對立，未免太過草率；胡夫頓
有一份非常精闢的分析就提到，顧慮經濟因素，並不會把愛情

---

3　　有關性慾在婚姻脈絡中的出現，他或許可以在「平民」方面做一些
　　辯護（他們對性的探討是有限的），上層團體則沒有。

排除在外。婚姻往往是兩者的結合,不過窮人的婚姻大多是雙方同意的(紀登斯認為窮人的婚姻是「一種組織勞力的方式」),擁有相當大的選擇自由,特別是男女雙方是在離家「幫傭」時談戀愛,而且又已經是晚婚了。即使雙方沒有外出工作,杜比(Duby 1997: 48)也曾為文談到眾所周知的「這個時期(也就是12世紀)旺盛的性慾」,篤信性和愛在菁英的婚姻中所扮演的角色。

紀登斯認為這必然牽涉到階級的因素。照他的說法,只有貴族團體才能公然獲得性的自由,這是因為性自由是權力的附屬品,只有那些充分擺脫再生產之需求的女性,才能享有性自由。換句話說(這似乎非常矛盾),只有最可能憑父母之命、媒妁之言婚配的人,才能得到性自由。儘管如此,性自由確實在上層階級團體之間比較普遍,不只歐洲如此,亞洲也一樣。

紀登斯把激情之愛和浪漫之愛區分開來,前者或多或少是舉世皆然的,後者則是「具有文化的特定性」。浪漫之愛不同於激情之愛,雖然它也是依賴激情之愛的「投射性認同」(projective identification)來吸引伴侶,並結合在一起,創造出一種完整的感覺,這種完整和男女的差異不相違背。他根據歐洲特殊的「與基督教的道德理想密不可分的愛的理想」,認為是從18世紀末開始,人們才感覺到所謂浪漫之愛的存在。我們有這種愛,亞洲人沒有。對上帝的虔誠,以及隨著這種奉獻而產生的自我認識,成為「男女神祕結合」的一部分。在這裡扯上基督教,其實是忽略了基督教那些反對任何一種性的結合、婚姻、性和浪漫之愛的面向。紀登斯的說法是根據盧曼(Luhman)的理念,不過既然有這些反對元素的存在,要把浪漫之愛的緣起歸因於基督教

的傳統，恐怕更說不過去。紀登斯認為所謂的浪漫之愛，是把激情之愛暫時理想化，加上某種反射性，以及與「愛的對象有一份比較永久性的交往」(Giddens 1992L 39)。浪漫之愛把「敘事的觀念帶進個人的生活之中」，第一次把「愛」和自由及自我實現、以及主宰熾熱情慾的高貴之愛連在一起。事實上，在這個情結當中，「愛和性慾」是涇渭分明的。因為他仍然把浪漫之愛和母性(母愛)的理想化連起來；基本上是一種「女性化的愛」，和女性在家裡的附屬地位有關。

　　紀登斯認為「浪漫之愛情結」(romantic love complex)的出現，關係到女性生活中的其他幾個面向：一個家的創造、父母與子女關係的改變、「母性」的發明。這引發了更多的問題。胡夫頓就指出(就基本原理來看，也應該是很清楚的)，根本沒有這種「發明」；「創造」一個家的概念也站不住腳。如果我們想的是家或母性的調整，或許還有辯駁的餘地，例如父母和子女關係的改變，這顯然是因為在上層階級的婚姻中，父母對子女選擇伴侶的限制給予部分的放寬。無論如何，紀登斯接受了艾里斯的論點，提出了一個比較全面性的看法，並發現——依照萊恩(Ryan)的說法——人們的感情逐漸從「父親的權威轉向母親的慈愛」。參考艾里斯的觀點、引述萊恩的話、仰賴史東的論證，紀登斯顯然是屬於精神學派的傳統，用籠統的心理學泛論，來支撐「只有西方發展出現代性」的論證。因此(全球性的)激情之愛和(歐洲的)浪漫之愛是有區別的。這個發展連帶著一大堆難以計算的特質，這些特質的面目模糊，彼此之間似乎沒有清晰的分野。總而言之，像這樣把現代社會和其他社會切割得

黑白分明，未免太過簡化，也照例對過去及其他的社會造成損害。有人企圖在說明何謂現代性的時候，集合一連串浪漫之愛的相關特徵，然而其中的關連卻曖昧難明。在第二次工業革命之後的一段時間，勞工階級（先前在18世紀的布爾喬亞階級亦然）的家庭規模縮小，母親又沒有就業，這表示母親不必工作，可能會更專心照顧子女，「賢妻良母」是相當晚近的發展，後來越來越多的子女奉父母之命離開家庭，待在非家庭、非母性的機構（例如學校、甚至是寄宿學校）時，「賢妻良母」的發展也達到了最高點。

由於相關標準的問題太大，所以幾乎無法對這些觀點形成任何共識。如果把浪漫之愛的歷史特殊性和新教倫理相提並論，多少有些誇張。浪漫之愛的出現，和自由與自我實現有關，這又是採用一個非常晚近、又有文化局限性的觀點來看待這兩件事。哪個社會沒有在社會生活的某些脈絡下展現出這些特徵？我們真的敢說這些觀念有足夠的份量，讓我們可以做出這樣的斷言嗎？紀登斯宣稱，在浪漫之愛裡，高貴之愛的元素凌駕在熾熱情慾（肉慾？）之上。這些概念都是模糊而神祕的。「愛和性慾是兩回事，但又分不開」；「美德」對兩性產生了新的意義，意思是「能看出對方是『與眾不同』的人格特質」（Giddens 1992: 40）。只要能把這些說法脈絡化，莎翁戲劇或甚至印度劇作家凱利達斯（Kalidas）筆下的許多戀情，不也是一樣嗎？

浪漫之愛起源於18世紀末（史學家克里斯多夫·希爾[Christopher Hill]對這種說法嗤之以鼻），植根於基督教的信仰傳統，關係到「男人和女人的神祕結合」，由此看來，這種現象出

現的背景應該是歐洲、基督教和現代性。這種聯想似乎忽略了
太多面向。其他許多的傳統都有「男女神祕結合」的概念，不
管是在現代之前，或是歐洲之外的地區，特別是印度和中國。
紀登斯認為浪漫之愛的特色在於永恆的理想化、引進了個人敘
事、自由、自我實現、女性化、以及與性慾的分離。其他地區
還把母性算進去。這樣一張井井有條的名單帶有濃厚的種族中
心主義色彩。理想化，即使是半永久性的理想化，普及的範圍
都不像他所說的那麼狹隘，亞洲的許多情詩都看得到理想化的
意念。而敘事，甚至是小說，都很難說是專屬於浪漫之愛或歐
洲的特色；我們不能把小說(le roman)當成羅曼史(romance)，
小說是用方言寫成的(稱為傳奇[romance])，而愛情小說沿用了
這個名稱。

　　紀登斯並沒有就此打住，反而進一步定義他所謂更新穎的
愛的形式，也就是和諧之愛，這種愛所仰賴的是親密關係，而
非投射性認同；這是一種「積極的、偶然的愛，因此和浪漫之
愛情結的『永遠』、『唯一』的特質並不一致。」(Giddens 1992: 61)
這種愛被視為現今「分居與離婚」社會的成因(而非結果)，在
當前的社會中，重要的不是某一個特殊的人，而是某一份特殊
的關係，這種關係不但在感情上平等，還(破天荒第一次！)把
性愛藝術(ars erotica)帶進夫妻關係的精髓中，而這種夫妻關係
未必是一夫一妻或是異性戀的關係。浪漫之愛的基礎在於性別
不平等，和諧之愛則是以平等為基礎而建立起來的。女性在職
場地位的提升，以及家庭地位在某種程度上的改變，當然會反
映在她們所選擇的男女關係中，但如果要用愛的本質所造成的

差異來分析這種變遷，似乎並不能釐清現狀，反而會越描越黑。

　　紀登斯雖然矢口否認，但和諧之愛的出現，確實像是為了適應男女關係的逆轉，而不是浪漫之愛的某種意識形態的代替品。德·路吉曼(de Rougement)提過，浪漫之愛就像談戀愛一樣，經常被戀人視為永恆，事實上只有極少數的戀情會永恆不變；浪漫之愛是一種在特定時間產生的感情，融入了夫妻之情當中，不過現在離婚率這麼高，很可能會被新的戀情所取代。

　　難道現在真的存在著兩種不同型態的男女關係，一種是浪漫之愛，一種是和諧之愛，而後者正在取代前者？如果浪漫之愛包含了離別和理想化，那顯然是「現代」男女關係第一個階段的特徵，或多或少會隨著時間而消失。縱然有天長地久的理想，如果滿腦子只想著擁有一份浪漫之愛，當戀情褪色，恐怕每5年或不到5年就要換一個伴侶；一樁社會認可的婚姻有20年的週期，而按照西方社會的標準，子女的童年到了16歲才算結束，那麼像這樣沈溺在浪漫之愛當中，正是造成關係長期不穩定的「不二法門」，完全不符合兒女在童年時期非常需要的穩定架構。有關選擇之自由的理論，暗示著一旦第一份關係變得單調無聊的時候，還能夠再次選擇，除非是其中還有其他被認可的元素，例如夫妻之情、忠誠、習慣。這種元素和所謂戀愛的理想背道而馳，按照許多人的觀察，對某些關係是兼具毀滅性和建設性的。

　　如果婚姻是由上一代或親屬系統(就像李維史陀的基礎系統[elementary system])來安排，戀愛期大幅度壓縮時(就像早婚)，浪漫之愛的發展空間就比較小。雖然任何性探索的過程，

可能都少不了理想化的部分，但是離別和理想化的空間都縮小了。無論如何，即使在現代社會中，夫妻之情才是社會上主要的關係形式，而非浪漫之愛（或和諧之愛），因為長期來看，夫妻之情不但比較穩定，也不會消褪得那麼嚴重——或者就算褪色了，也會化為忠誠或是習慣。

紀登斯對愛的解釋充滿了種族中心主義；我們這裡談是浪漫之愛，別人要的都是激情或肉慾。不管怎麼說，紀登斯在檢視浪漫之愛和歐洲現代性的關連時，指出了一個我們認為非常重要的特徵，既非歐洲也非現代社會所有。他表示「浪漫之愛把敘事的概念帶進個人生活中——這個公式極度擴大了高貴之愛的反射性。」（Giddens 1992: 39）他這是在運用羅曼史（romance）作為小說的意義，因為「現在這個故事已經被個人化，把自我和他人都寫進一則個人敘事中。」如果說在18世紀末由浪漫之愛引進敘事以前，個人生活沒有任何敘事，那我們必須駁斥這種說法；生活史從開天闢地以來就被「個人化」，這一點是毋庸置疑的，就像莫斯的說法，全世界都有自我的概念，只不過採取的形式不同。[4]當然，說浪漫之愛和小說的出現及「新發現的敘事形式」有關，這個想法僅適用於「書寫」敘事。浪漫之愛和文學之間固然關係匪淺，但這種關係不只出現在西方，也不限於小說這個文類；他這種比較種族中心主義或歐洲中心主義的觀點，是西方人對現代化的迷思之一。按照年代學

---

4　參見Fortes在*Oedipus and Job*（1959）當中對西非的自我和個人特質的說明。

的說法，其他的社會也跟我們的一樣現代（當代）；我們必須不斷提醒自己，西方的社會學家和史學家所謂的現代，其實是西方人的現代。

紀登斯在討論反射性（reflectivity）的時候，曾經寫到愛和讀寫能力的關係，廣義地說，這份關係在本質上是這樣的：「浪漫之愛意味著某種程度的自我訊問。我覺得別人怎麼樣？其他人覺得我怎麼樣？我們的感情是否『深刻』到足以支撐一段長期的關係？」（Giddens 1992: 45）這種愛扯到「靈魂的相遇」，「一顆心捕捉到另一顆心」。這種言過其實的情話當然不是歐洲的專利。這種自我訊問似乎顯示出因為閱讀愛情故事而刺激出來的對感情的質疑，不管是在什麼地方，或是用哪一種形式呈現，不管是《玫瑰的傳奇》（*Roman de la Rose*），後來18世紀的小說，以及隨著19世紀更廉價的印刷技術的發明而充斥書報攤的廉價小說和描寫露水姻緣的故事。而且不只是小說而已。把羅曼史融入電影，尤以好萊塢電影為最，已經成為全球非常主要的視覺經驗，有人極力抵制，也有人樂此不疲。除了敘事之外，詩篇和歌曲也充滿了浪漫的色彩。因為反射性是閱讀行為的一部分，雖然缺乏對話言談所具有的立即性交互回應，卻會激發一種比較具有思考性的理解模式。按照我個人的說法，閱讀幫助我們化隱為顯，化無意識為意識。現代化所隱含的就是像這樣把智能和感情的技術更新罷了。

在讀寫能力的普及過程中，女性的角色也相當重要。她們受教育的情形更加普遍；許多需要讀寫能力的職業都把女性排除在外，使她們轉而從羅曼史和小說中取得成就感和消遣，為

這種文類提供了許多作者和大批讀者。浪漫之愛的普及，與其說是拜抽象的現代化所賜，不如說有讀寫能力的女性才是幕後功臣。

美國人藍茲(Lantz)則從一個更常見的社會學角度出發。首先，他贊同普魯塔克(Plutarch，對浪漫之愛提出了第一份書面評論)的看法，認為浪漫之愛會破壞家庭(Lantz 1981: 352, 358)。其次，他認為浪漫之愛(可能就是紀登斯所謂的激情之愛)其實早就出現了，只不過是在現代化的衝擊下大肆普及。他認為浪漫之愛原本就是離經叛道的，質疑權威結構，屬於「毀滅性個人主義」，但終究還是成為「社會常規不可或缺的一環」。他所定義的浪漫之愛是以個人感情吸引力為基礎，帶有濃厚的情色成分(常常被壓抑)，同時兼具以下的特色：理想化、「唯一的概念」(雖然是暫時的)、還有「以為真愛可以克服所有障礙的想法」(Lantz 1981: 349)。因此和夫妻之情形成強烈的對比。我們有時會認為浪漫之愛是發生在現代的情境中，他討論的重點則是把浪漫之愛抽離純粹現代的脈絡，用歷史的角度來探討。對浪漫之愛普遍的態度可能是在某些特定的時間和地點，比較集中地發展出來的。但他的焦點永遠擺在歐洲的脈絡。讓我們先回頭談理想化的概念。

對於現代脈絡下的浪漫之愛——在現代脈絡下的浪漫之愛並沒有躲在好萊塢電影情節中——的論證，常常會提及選擇伴侶的自由。我們或許不應該把歐洲近年來的發展看作是一種心態上的改變(因為藍茲宣稱即使是藉著現代化擴散開來，浪漫之愛還是全球性的)，而應該看作是某些婚姻限制的解除，因為這

裡談的往往是配偶的選擇，這些限制的解除肇因於個人財產權在本質上的改變、新的職業結構、讀寫能力和圖像傳播的改變、以及比較一般性的人生變遷，多少是拜家庭以外的教育所賜。

　　心理學家對愛和西方所抱持的預設，跟社會學家差不多。心理分析的觀點就很複雜。舉例來說，雷克（Reik）表示，他認為愛情（浪漫之愛）不是他所謂的心理分析理論所說的一種「經過稀釋、目標被壓抑的性衝動」，而是一種文化經驗，「一種未知的心理力量」，在團體的成員達到某個階段之前是不可能的。就他對人類社會演化的觀點而言，「半開化的民族」不可能懂得什麼叫愛（Reik 1949: 6）。這種角度又是以模糊的神祕主義和種族中心主義為主要特徵。

　　美國心理分析師波爾森針對這個主題做出以下的評論：「不管我們在專業或個人的角度上怎麼想，浪漫之愛是許多當代生活中唯一最強烈的激情。」（Person 1991: 383）不過她和紀登斯等人背道而馳，認為「浪漫之愛」就等於「激情之愛」，其精髓既非肉體的激情（肉慾），也不是感情的結合，而是「愛人對另外一個人的理想化和渴望」（p. 384）。她宣稱這種看似「原始的感情」並不是放諸四海皆準的，雖然現代人比較容易接觸得到，但其實這是個別文化的特殊現象。例如古德（Goode 1959）就提出，浪漫之愛的發生是有連貫性的，在中國和日本都會受到負面的社會制裁，而在今天的西方，沒有愛的婚姻已經成為一種恥辱；古德和史東等人一樣，基本上談的是配偶的選擇，而不是日本平安時代的小說《源氏物語》（*The Tale of Genji*）所敘述的那種經驗。即使受到負面的制裁，波爾森認為愛情還是發生了，

就像 阿貝拉德與艾洛依絲(Abelard and Hélïose),雅各對妹妹拉
結的愛,米申對大衛的愛,以及《聖經》〈雅歌〉所描述的所羅
門對書拉密的愛。因此在全世界的每一個地方,愛,甚至是羅
曼史,在心理學上都是可能的。

　　無論如何,波爾森仍然遵循德‧路吉曼(1956)和許多歐洲
史學家的觀點,認為浪漫之愛這種「大規模的現象」「主要是西
方」的產物,這種文化建構物最早是出現在西元12世紀的隆格
多克(Langedoc)。這種西方第一的說法,其真實性令人懷疑。首
先,當時普羅旺斯的文化深受阿拉伯典範的影響,其中也包含
了類似的理想化的現象。其次,抒情詩人代表的不是「一種大
規模的現象」,而是菁英的行為[5]。到了現代,波爾森和藍茲的看
法大同小異,認為西方普及的浪漫之愛「越來越強調個人特質
這個基本價值」(Person 1991: 386)。

　　波爾森指出這種男女關係之所以占有優勢的另外一個因
素,也正好觸及了我的中心主旨。「愛情故事,把這些衝動和
希望結合在一起,表現出周遭的文化對愛情的態度,這種敘事

---

5　Duby同意de Rougement的看法,認為「12世紀的歐洲發現了愛情」
　　這句話的真實性很值得懷疑。不過他並不認為亞奎丹的抒情詩人是
　　唯一發現愛情的人。例如擁有「抒情詩人」身分的Abelard也在巴
　　黎唱著類似的歌曲(Duby 1997: 66, 61)。這種活動也出現在金崔花
　　王朝亨利二世統治下的盎格魯諾曼宮廷,這個宮廷構成了「產量最
　　豐富的文學創作坊」,崔斯坦與伊索德(Tristan and Isodole)的傳奇
　　也在這裡誕生(Duby 1997: 73, 68)。婚姻之所以向愛情轉移,他認
　　為牽涉到「基督教的女性化」,以及騎士的幼子因為那段時期財富
　　的增加使得角色改變。

主要還是西方的產物，我們許多西方人都是透過愛情故事才學會追尋浪漫之愛。」(Person 1991: 386-7)因此敘事對浪漫論述的建立也特別重要。既然作者寫的是西方，指的自然是書寫敘事。她提到在中世紀之前，幾乎沒有幾個我們認為可以刺激讀寫能力的愛情故事。不過詩篇和歌曲在其他的時空扮演了類似的角色。

　　另一方面，由史學家史東(他的作品是紀登斯思想的淵源)所提出的第三種說法認為，對浪漫之愛的崇尚是到了18世紀末(也就是隨著工業革命)才開始的，在17世紀末或18世紀初男性和女性的日常生活中，幾乎沒有扮演任何角色。他和特朗巴哈(Trumbach 1978)一樣，認為這種愛最早是專業人士或貴族階級的特色，尤其是在個人選擇配偶的自由日漸增加之際。早期資本主義的普及導致家庭中出現了「感情個人主義」，而浪漫之愛的發展和家庭中「感情個人主義」的出現有關。不過就像胡夫頓(和藍茲)所指出的，幾乎沒有任何財產或一文不名的下層階級，在選擇配偶時從來沒有受到同樣的限制；事實上我們甚至可以說上層團體(這些人本身其實從來沒有完全被限制過)是採用了在下層階級行之有年做法(Lantz 1981: 361; Hufton 1995)。不管怎麼說，個人性的概念如果要具有任何分析價值，在應用時也必須分門別類，如果是作為一個籠統的概念，是沒有什麼用處的。

　　史東也和其他人一樣，認為18世紀之所以有越來越多為愛(亦即藉著伴侶的選擇)而締結的婚姻，是因為「對小說的消費日益提升」。希爾對這兩個說法都頗有質疑，他認為史東所使用

的當代宣言只不過是「說說」而已。不過「說說」當然很重要，其影響所及可能不只是浪漫之愛的出現，還有浪漫之愛的普及、盛行和表現，而浪漫之愛就存在於表現中。史東長期以來一直強調宮廷之愛是由貴族或上層階級所發明，然後往下擴散的，而烏佐夫一度也這樣解釋18世紀，與其面對這樣的一套理論，我們可以轉而把浪漫之愛的發展（而不是它的出現）和傳播技術及行為的變遷連在一起，這些變遷在不同的時空分別影響了不同的團體。說得簡單一點，就是因為所擁有的財產不同，下層階級才比較能夠自由選擇伴侶。

史東(1977: 11)就是在這種脈絡之下，談到「表面上所謂的情感的成長」可能「其實只不過是以書寫表達情感的能力成長了。」「只不過」這個措詞和希爾的「說說」一樣有輕蔑的意味。書面上的表達會對人們的情感造成重要的迴響，不只是表達既有的感情而已，而是透過一個反射的過程來創造及擴大這些感覺。難道就像史東認為的那樣，讀寫能力和印刷品也在貧富之間創造出莫大的分歧嗎？或者只是把既有的鴻溝給誇大了？不管是哪一種，上層團體和下層團體愛的模式應該是不同的，隨著讀寫能力日漸普及，社會的情況也會逐漸改變。我認為這種說法是八九不離十。舉例來說，19世紀的勞工階級自傳所顯示的結合，「就算不是以浪漫之愛為基礎，至少也是建立在一種共同經驗的感覺上。」(Vincent 1981: 54)愛往往是在關係一開始就存在的，人們當然有選擇的自由，雖然女性的自由比較少。

史東後來修正了他原本以歐洲為中心的預設，承認浪漫之愛其實是世界各地普遍存在的現象。不普遍的是「社會的認可」

和「實際的經驗」。我們不知道「實際的經驗」倒底是什麼意思；如果這種現象普遍存在於全世界，照理說應該也是實際經驗的一部分。他所謂的「社會的認可」，似乎暗示著比較明確的意思。他遵循傳統的系譜學，認為歐洲愛的濫觴（這種說法本身就很曖昧）是12世紀的抒情詩人（阿拉伯人和古典都不包括在內）「受到社會認可的製品」，並且在中世紀普遍流傳。「到了16和17世紀，拜讀寫能力和印刷機的普及所賜，我們首次看到了大量的證據出現。」(Stone 1988: 17)於是我們看到了情詩、情書、色情文學，宮廷是「暗通款曲的溫床」，整個社會對浪漫之愛可謂耳熟能詳。但他不認為這種愛受到完全的「認可」，因為每一本勸世書都否認浪漫激情和肉慾適合作為婚姻的基礎，因為父母才是最適合為兒子或女兒挑選伴侶的人。因此，「大眾仰慕為愛而締結的婚姻，在西方社會是相當晚近才出現的現象，以18世紀末的浪漫運動為源起，但直到20世紀才被普遍接受。」(Stone 1988: 18)在後來的著作中，史東認為熾熱戀情（浪漫之愛）的角色被性慾掩蔽(Stone 1988: 19)。結果他發現愛和慾之間的差別被模糊掉了，其他的評論者則認為愛和慾構成了各種不同的熾熱戀情。

　　他所謂「為愛而締結之婚姻」所得到的社會認可，意指正統的輿論不再專注於團體的利益（又是有利於個人主義）以及經濟和政治的考量。他這種論點造成了一種不以對立的形式而存在的對立。他所謂的團體，基本上指的是家長，而非夫妻；事實上，我們總是得不斷地區隔婚姻中不同世代的利益。「愛」往往是夫妻所關注的問題，但不管過去或現在，父母總是懷抱著另外一套價值。現在上層階級不再以父母的利害關係為最高指

導原則；而下層階級向來比較自由，因此我們不得不用階級的角度來思考所謂的標準和正統。在婚姻的交換(女方的嫁妝，男方的聘金)中，財產利益往往非常重要——除了上層階級之外，能夠直接取得生產工具的農村人口也是如此——只要牽涉到財產利益，父母一定介入得非常深。不過18世紀圈地之後，農村勞工無產階級化，加上後來農業和工業方面有許多人要依賴薪資勞力，如果眼前的目的是建立家戶，那婚姻的財產交換(marital transfer)就不再那麼重要，因為現在的家戶比較仰賴受過專業訓練的幫手或學徒[6]。以上種種變化終於使得嫁妝在20世紀銷聲匿跡，由受過教育的幫手取而代之，一如收入取代了資本，在這些變遷發生之前，「小說興起了」，此外在變遷的同時，「廉價小說」日益流行，父母對婚姻選擇的影響力也衰退了。這使得選擇伴侶的情況日漸普及，「愛」原本就是選擇伴侶的因素之一，如今更一躍而成為最重要的考量，史東提出個人主義的影響，就是暗示了這一點。小說以及先前的文學當然大力鼓吹這種愛的表達。19世紀末「幾乎人人識字」，更有推波助瀾之效。

波爾森對史東的論點提出以下看法：

新的愛情意識形態的普及，主要是因為在19世紀，接觸文字的便利性達到了空前的最高點，圖書館有免費借書的制度，再加上民眾也比較買得起書籍和期刊。小說和流行書刊的內容有不少是愛情故事。(Person 1991: 394)

---

6　見Vincent (1981)自傳式的描述。

這種文藝的影響早在18世紀已經存在，本身是小說家的夏綠蒂·雷諾克斯（Charlotte Lennox）就在《唐吉訶德小姐》（*The Female Quixote* 1750 [1989]: 7）中談到：「這些（羅曼史）讓她相信，愛是世界至高無上的原則；其他每一種熱情都在臣服在愛情之下；愛是人生一切喜樂悲苦的泉源。」到了19世紀，這種關係益加密切。在斯丹達爾（Stendhal）的小說《紅與黑》（*Le Rouge et le Noir*）一書中，朱利安建議德雷諾夫人（M. de Rênal）可以用最卑微的僕人的名義到圖書館訂期刊，他說：「必須指明僕人不應該拿任何一本小說。小說一旦進了家裡，這些危險的作品會讓夫人的侍女心神不寧，更別提這個傭人自己了。」（Stendhal 1830 [1938]: 53）這裡把愛情（朱利安深愛著夫人）和小說連在一起，而且不只是小說的寫作，還是指印出來的小說。斯丹達爾又說，「在巴黎，愛情是小說的產兒。」（p. 58）印刷和「現代化」當然扯得上一點關係，而藍茲也表示「浪漫之愛在民間盛行，本身就是讀寫能力和印刷媒體的普及率日益提升的結果，這些都是現代化的面向。」小說描繪出讀者所要扮演的角色，呈現出他們所要仿效的楷模。不過有什麼不是現代化的面向呢？在這個脈絡下，我們似乎應該專注於比現代化更為直接、也比較不模糊的變數。談到愛情和讀寫能力之間比較明確的關係，個中典範非包法利夫人莫屬，她對愛情的渴望就是從文學的閱讀中直接產生的。

以上這些評論者都認為，浪漫之愛這個觀念的全面性發展，基本上是歐洲的現象，有些人還認為這個概念是源起於歐洲，無論是在18世紀末產生，還是拜抒情詩人所賜。不管怎麼

說，我們應該看得出來，這個現象的產生並非局限在歐洲，尤其聖經的〈雅歌〉還提到古代的以色列。抒情詩人也指向近東地區，因為他們幾乎可以說是受到阿拉伯情詩傳統的影響。霍普金斯(Hopkins)談到很久以前近東地區在羅馬帝國統治下的埃及，可能結為夫妻的貴族兒女彼此交換情書，此外他還提到安平時代的日本也有類似的兒女情長(Hopkins 1980)。除此之外，印度、中國和近東等每個文字社會，也都看得到這樣的例子。

我認為其實在每個文字社會都看得到像這樣煞費苦心的情話，對愛人的理想化，所以不只是比18世紀及甚至抒情詩人出現得更早，而是每一個發展出文學傳統的文化共同的特色。

我們先看一首浪漫之愛的書寫情詩，出自最著名的一位女抒情詩人娜·凱特羅薩(Na Catelosa)筆下，她來自亞維儂，是梅隆的土耳其人(Turc de Meyronne)的妻子，深愛著布雷昂的阿蒙特(Armand of Bréon)，在13世紀初為他作了好幾首歌。她有一首詩的第一行是這樣的：

Mout avètz fach long estatge.

這首詩第一節的法文翻譯[*]是這樣的：

自從您離開我之後，過著很長一段時光
而這令我難受與痛苦

---

[*]　譯者按：本書中法語引文部分由陳秋玲小姐協助譯出，謹此致謝。

因為你曾經向我發誓並保證

在你的生命中

除了我，不會再有其他的女人了。

如果真的有另外一位女子吸引你

你等於毀了我，也背叛我

因為我始終期望你對我的愛真心無疑

(Bec 1995: 86)

　　戀人和心愛的人分隔兩地；把對這種處境的反思在詩中描繪得絲絲入扣。這不完全是華滋華斯（Wordsworth）那種「在寧靜中回想起來的感情」，但頗為相似，由書寫而非言談激發出來。詩歌並非只是呈現感情，而是把感情再現；書寫的詩把情境和反思分離。我倒不是堅持口述的詩就不可能做這種分割；事實上這是全部或大多數的語言在使用上的特徵，不過書寫絕對使這種分離更加徹底，像這樣在自我以外創造出一個對象，是口說語言做不到的，至少沒辦法切得這樣清晰鮮明。

　　在這樣的情境中，理想化自然大量湧現。就像藍茲（1981：354）說的，「他們對男女關係的願望和幻想都表現在浪漫的愛情故事中」，基本上就是用文本來表現。事實上，抒情詩人的愛情可能純粹是一個文學現象，因為有些人質疑這些愛在文本之外到底存不存在（Robertson 1966）。這些文本也是典範。杜比（1997：65）在為文探討12世紀的浪漫傳奇時，說「熱愛這種文學的男男女女，很容易模仿他們的思考、感覺和行為方式」。

　　中國人的情詩傳統可以回溯到西元前9至7世紀的《詩經》

(*The Book of Songs*)，西方那種離別和理想化的元素也出現在中國龐大的情詩傳統中。後來在西元前4至2世紀之間，又有一本以艷曲與哀歌彙編而成的《楚辭》(*The Songs of Ch'u*)。不過讀者對這種詩的反應相當矛盾，有些人認為這就是不折不扣的墮落。因此訓詁學派的學者有時候會用政治或道德化的角度來詮釋《楚辭》，基督教辯證者也正是如此解釋〈雅歌〉。從西元534到545年，宮廷詩人徐陵彙編了一本情詩選集，稱為《玉臺新詠》(*News Songs from a Jade Terrace*)。其中主要是收錄中國南朝貴族宮廷傳統的情詩。宮體詩採用了標準化的修辭形式，講究各種慣例。其中之一是「情郎絕對不能出現在愛情故事的情節裡」。因此整首詩瀰漫著不得已的傷感，一份慾求不滿。這種情詩又是以離別為主軸。在較早的詩作當中，「一股神聖的情慾發展成對宮廷麗人理想化的描繪」(Birrell 1995: 9)，這和一般對基督教的看法大同小異(Giddens 1992: 39)。後來詩的主題更偏向悲傷的愛。這種詩通常以女性為主題，常常是講一個丈夫離家遠行的妻子，因為其中表達的主要是夫妻之情。女性是「愛之慾望的受害者」，男人出遠門的時候，自然只能躲在背後。她回顧過往；「閨閣詩是以懷舊為主」。下面這首傅玄的作品就是此類短詩的代表作。

秋蘭映玉池
池水清且芳
芙蓉隨風發
中有雙鴛鴦

雙魚自踴躍
兩鳥時迴翔
君其歷九秋
與妾同衣裳

或是魏文帝的一首詩：

別日何易會日難，
山川遙遠路漫漫。
鬱陶思君未感言，
寄聲浮雲往不還。
涕零雨面毀容顏，
誰能懷憂獨不嘆？

　　徐陵這部詩集共收集了656首詩；和過去或以後的其他詩集一樣，《玉臺新詠》充分地見證了愛在中國的養成，包括浪漫之愛在內，特別是貴族階級的夫妻關係。就像這本書當代的編輯所言，「以為中國詩不處理愛的問題，這種想法是一個迷思。」(Birrell 1995: 1)

　　對於歐洲和亞洲在情愛這方面鴻溝，特別是有關「浪漫之愛」的差異，我們應該打個折扣；歐洲甚至有一種逆向的思維，認為愛(不只是慾望或肉慾)是東方而非西方的特色(想想薛拉沙德[Scheherazade]、安東尼與克莉奧佩特拉[Antony and Cleopatra]、奧瑪·開亞姆[Omar Khayyám]、或甚至卡瑪·舒坦

[Kama Sutra])。18和19世紀在討論花語的源起時,特別是在情愛關係的脈絡下,可以清楚看到這個概念。這種語言基本上源起於不知名的東方,不時會提及土耳其統治者的托普卡比皇宮(Topkapi Palace)裡使用的象徵密語,據說後宮的女眷和俊俏的男奴是用這種方法偷偷傳話,不過這可能是女人用來彼此傳話的方法(也就是女同性戀的浪漫之愛)(Goody 1993a)。

浪漫之愛是情愛中永遠少不了的成分,不管在西方或中國,這種愛都會把所愛的對象理想化。抒情詩人和貴婦(*la grand dame*)就是很實際的例子,她不只被理想化,而且遙遠、高高在上。在浪漫之愛這個比較籠統的概念之下,這就是宮廷之愛(*fin'amor*)的特徵。地位的差異顯然不完全是浪漫之愛或婚姻的要件,因為許多婚姻其實都不是地位較高的女性委屈下嫁。想像中的宮廷之愛是一段難以如願、階級有別的關係,這也是理想化的一部分。不過按照藍茲的說法,理想化在不同的社會會表現出不同的形式。杜比(1997: 62)就提到,事實上宮廷之愛就像是「一種裝飾、一層面紗,只不過紙包不住火,也就是慾望之火。」就像宮廷之愛的肉體歡愉不會隨著婚姻而死亡。

別的地方是不是也有這種理想化的現象,例如非洲有沒有呢?我早先曾經談到,我們不能再用種族歧視的觀點來看待非洲人,以為他們有的只是肉慾而不是愛情,我現在正用我自己的田野資料來檢視非洲愛情的發展。不過我並沒有發現非洲的口述文化有同樣理想化的現象。

迦納北部畢里福(Birifu)的羅達迦人是「部落組織」的鋤農業者,當地會講英語的人用「愛」和「愛人」來翻譯某些字。

我們發現當地有一個很籠統的字*none*，可以翻譯成「喜歡」、「喜愛」，可以用在女性或男性，以及子女身上。鄰近的北迦納貢加人用「想要」(*ʃa*)來兼指男性和女性的感情；「我愛你」就等於「我想要你」。我沒看到什麼理想化的成分。只有吸引力的存在，而吸引力包含的是慾望和歡愉。

我田野調查的索引中並沒有「愛」這個項目，不過「愛人」倒是很多，我用這個字眼來翻譯*sen*這個字，雖然這個字相關的動詞翻譯成「追求」比較妥當。*Sen*往往是特指異性朋友，和男性的同性朋友*ba*的意思相同。兩者都可以翻譯成「朋友」，但*sen*是指你可能想求愛的女性或男性(L65)[7]。如果我到一戶釀啤酒的人家去，發現已經一滴不剩了，要是我認識釀酒的人，可能會對她說，「沒有東西招待朋友(*sen*)嗎？」那她或許會拿一小壺酒給我，說「這是你愛人的啤酒」，意思是我用不著付錢。而在鄰近的南多姆(Nandom)羅達迦人，一個女子可以聚集一批女性朋友，帶到她的「愛人」的農場(*sen kob*)，採收花生或鋤地。這個字眼所指涉的關係到底有沒有具備明確的性含意，其實是很不清楚的(抒情詩人好像也是這樣)。有時候確實存在著這樣的暗示，就像納比爾(Naabiere)沒給女方的家人任何聘禮，就跟一個女孩跑了。他要這個女孩當他的「愛人」，住在他的家裡，雖然這樣生下來的子女就成了*sensenbie*，算是母親娘家的子孫(L705)。

我沒有收集許多羅達迦人的歌謠——當時還沒有手提式的

---

7　這裡的文本引述是參照我LoDagaa(L)田野筆記的頁碼。

錄音機。不過我的筆記裡沒有記載任何一首情歌。一些彈奏木琴、演唱歌曲的公開場合，並不太適合表演情歌。我真的記錄下的是幾首有關食物（或飢餓）的歌；還有幾首是關於死亡的；此外我還記錄了幾首讚美歌。不管怎麼說，多年以後我在1978年造訪畢里福，有個叫阿桂（Akwei）的年輕女子和酋長一家有親戚關係，帶著孩子住在酋長家附設的一間小木屋裡。她懷孕前在南多姆當小學老師。看到我的錄音機，就要求我給她錄幾首她在學校學會的英文「情歌」。我試圖說服她唱當地的情歌，不過這個要求顯然很難辦到。她唱的頭兩首羅達迦歌謠講的是苦難和死亡，最後兩首也一樣。中間那首歌確實有提到找老公的事，其中還夾雜著對一夫多妻制的抗議。

> 我聽說老公不好找，
> 我可不要和人家共事一夫。
> 如果有誰不信邪，
> 我就關上門打她一頓，
> 我就關上門打她一頓。
> 老公可不能跟人家分。
> 我可不跟人家共事一夫。

　　阿桂過去教書的南多姆是羅馬天主教會傳教的中心，這首歌當中的情感可能是受到南多姆基督教和現代化背景的影響。不過渴望黏著一個男人（可能是對西方「愛情」的一種詮釋）在一夫多妻的社會並不陌生，就像一夫一妻制的社會常常出現相

反的想望。兩者都是慾望結構的一部分。在辛苦地磨著堅硬的紙莎草粟的時候,女性有時候把這些事情唱進歌曲中(她們也會唱批評男人的歌——所以不能一概而論地說完全是「父權制度」的意識形態),不過男人似乎不會這樣。反過來說,因為社會允許一夫多妻制(不過只有雙胞胎這種特例才能容許一妻多夫制),有些已婚男人總是不斷「正當地」追求女人,管她們叫 *sen*,很可能引誘她們進一步發生性關係或婚姻關係。不過男人和女人不同,他們不認為婚姻中的感情是獨占的,婚外的戀情在某種程度上也一樣。西方的觀察者習慣了一夫一妻制的觀點,往往認為在一夫多妻制的社會中,愛是無關緊要的概念。按照聖經拉結和利亞的故事看來,我認為這種想法是錯誤的。一方可能是因為得到對方的浪漫之愛才被選為伴侶(「得寵的人」),再說情況可能隨著時間而改變;無論如何,關係對男方和女方當然有不同的意義。

我的筆記的確缺少了對「愛」的討論,其中一個原因是女子結婚結得很早。不管在工作或玩樂時,通常都是這些女孩在唱歌。不過她們一過青春期就結婚,沒有享受過後青春期被追求的漫長過程。如果她以後更換夫婿,或者在丈夫死後再婚(雖然這種轉移往往是半自動安排好的),才可能有機會享受到被追求的滋味。我的意思當然不是說男方根本不用追求女方,因為跳舞就是一種盡在不言中的求愛。不過婚前的年少戀愛期非常短暫;晚婚會刺激渴望(和理想化),早婚則鼓勵我們安於現狀。女方幾乎沒有絲毫耽擱,和對象也沒有經歷分離,不過男方如果結婚時間較晚,對象就可能不在身邊。另一方面,男人可以

轉而追求男性情誼、密集農耕、如今則是投入勞力流動、青年暴力(例如孔根巴人[Konkomba]就把女人「搶」回去當新娘)、或是沈溺於亂倫和通姦的慾望裡。

「愛人」(異性友人)的關係本身並不是通姦;我前面提過,愛人的關係可能不包含性的成分,或者可能是婚姻的序曲。有些丈夫(和妻子)婚後還會繼續稱呼伴侶為*sen*,雖然這種情形很少見。他們之所以這樣稱呼,是因為「不好意思」直呼伴侶的名字。否則他們就用妻子出生聚落的名稱來稱呼她,以避免直呼其名;或者等她生產之後,就用孩子的名字來稱呼她,「威廉的媽」。照這個意思看來,*sen*帶有避免親密的意思,避免當眾承認親密的性關係,而不是當眾表達出來。夫妻的親密關係必須有距離。一般來說,妻子(*pɔɔ*)或丈夫(*sire*)和*sen*之間存在著某種對立。有一天,我的助手提姆布姆(Timbume)給太太惹毛了,他說, "*Sen nomena gõ pɔɔ*"(「愛人比太太可愛」),很像是羅馬和希臘對妻子、愛人和妓女的相對優缺點所提出的聲明。提出這種說法背後的原因不難猜測。愛人的關係有賴於不斷地取悅對方;否則乾脆把收到的禮物退回(西方經常如此),一刀兩斷。有一天,提姆布姆遇到了前任的*sen*,提議兩人再見面,不過對方拒絕了。他說,「那就把我的20個寶螺還給我」,表示兩人緣盡情了;只要她還保留著禮物(可能是想像的禮物),這段關係就有繼續的可能。

我應該補充一點,雖然女性結婚得早,而且往往受到父母的影響(「父母之命」),但不管嫁的是誰,她們不可能締結一個只滿足肉慾卻無愛情的婚姻。婚姻包含了某種選擇——或至

少是拒絕的權利，特別是即使是女性，也可以隨時離婚。因此 sen(愛人)這個概念就非常重要，不管指的是還沒結婚、準備結婚、或已經結婚的人(儘管提姆布姆那樣說)。

　　和愛人關係對立的不只是婚姻，還有通姦，雖然不管是婚姻或通姦，都是愛人關係造成的結果。這種關係之所以和通姦對立，正是因為這個字眼的用法並沒有明確指出其中是否包含了性關係。舉例來說，你不會跟自己的姊妹胡來，但可能用 n sen 來稱呼她，即使她結了婚也一樣，反正你在她婚前就這樣叫了。不過，和遠房的「手足」發生性關係，不是什麼不可思議的事。「如果姊妹們未婚，還住在家裡」(我有一種很強烈的印象，這裡提到的姊妹和家是一種「類別」)，「你可能會跟她們一起睡；就像小孩子一樣」(玩性愛的遊戲)。如今一夫一妻制的婚姻越來越多，加上有了西方的教育，女性結婚結得比較晚，未婚女子待在家裡，對青春期少年可能是一種誘惑。不過只有(寥寥可數)同父同母的姊妹才會這樣(L2041)。這根本談不上是愛人關係，愛人關係是比較公開而持久的。

　　雖然愛人關係原則上應該排除宗族成員和他們的妻子，不過事實並非絕對如此。因為對「親近」愛人的感覺總是很矛盾。我聽到湯姆的英瑪(Yingmaa of Tom)用 sen 來稱呼他哥哥兒子的妻子。當我提出抗議時，他回答說 sen 分成好幾種：有的只是朋友，會找木片來幫你做屋頂，或是在釀啤酒的時候給你留一些。我曾經在一個女人的葬禮上，看到一個男人帶了一壺啤酒來，發表了一段很長的演說，說每次他到死者家裡去喝酒時，她對他的照顧多麼周到。這種演說是「戳破幻想」的一種方式，是

葬禮一貫的主題，目的是承認及解除和死者的重要社會關係
(Goody　1962a)[8]。不過用*sen*這個稱呼，雖然可能是指柏拉圖式
的友誼，還是經常籠罩著雙重意義的陰影。當提姆布姆稱呼藍
迪斯(Lendis，他母親兄弟的兒子)的妻子叫*sen*，我再度抗議說
這是近親的妻子，他的回答是他其實是在叫她的女兒。但事實
根本不是這麼回事，他之所以這麼回答，完全是出於其中潛在
的曖昧。

　　換句話說，一個柏拉圖式的朋友，也可能變成真正的愛人。
如果一個女人長期不斷地買啤酒給你喝，她丈夫可能會把你叫
到一旁說「我看你跟我太太相處得挺好的嘛[*kpen ta*]。」他可能
要你送一隻家禽給他殺了祭祖。那你就可以跟她上床了(L2069,
Timbume)。如果他沒有獻祭，那這種行為就足以構成通姦(*pcc
sogna*，糟蹋女人)你就得拿出更加貴重的祭品來祭祖[9]。這位妻
子也必須把她的行為向適當的機構報告，否則祖先或其他和家
戶有關的神祠，就會讓她身陷險境。這就難怪我跟酋長卡亞尼
(Kayanni)坐在他家屋頂上喝啤酒的時候，土古(Tugu)市場會發

8　　死亡當然是一種離去，LoDagaa人的葬禮就是要以「文學」形式跟
　　　死者說話的場合（見Goody, Death, Property, and the Ancestors,
　　　1962a）；其中當然包含了讚美，可能還有理想化的成分。但我從來
　　　沒聽過可以稱為把愛情理想化的表達；從肉體上來說，死者不只是
　　　離去了，而是根本消失了（就像葬禮巴格雷說的，「已經變成了蛆，
　　　鑽到地底去」）。

9　　講到通姦的時候，性別有很大的差異。女人叫做*a pcc sogna*，她通
　　　姦了（糟蹋了自己）；男人則是說*a deba sorpcc*，這是男人和一個女人通
　　　姦，他糟蹋了這個女人。這兩種說法都是女人被糟蹋了，但男人只
　　　有和已婚女子通姦才算糟蹋了女人。

生下面這件事：一個已經痛苦不堪的女子跑來，說有人在市場「碰了她的陰道」。後來她喝了啤酒還是平靜不下來，酋長就派人去找原住民的警察，後來又改變主意，找人把涉嫌的犯罪者給叫了來。當場告訴那個男人拿出一隻家禽。否則的話，這個女人就會（因為通姦）被「糟蹋」，可能為她和她的丈夫帶來危險（當地沒有對等的男人被糟蹋的觀念）。有一回在一個男人的葬禮上，他留下的寡婦通過一連串考驗的儀式，證明她並沒有因為和他人私通而危害了丈夫的性命。不過獻祭可以把愛人關係合法化，不至於造成威脅；和通姦相反。

　　不管哪一種愛人關係，通常少不了飲酒作樂。你「愛」給你啤酒喝的女人。你總是要她給你倒酒，而且喝下第一壺以確保酒沒有問題。你可能也會要求她更親近一點，臉頰貼著臉頰，和你分享同一壺酒，而且一起喝下肚；這可是一門藝術。如果更親熱一點，就會把你的腿靠在她的腿上（*dɔl o gbɛr*）；到了這個階段，你的妻子可能會抱怨你經常上啤酒屋，而你這位*sen*的丈夫可能會要你拿一隻雞給他祭祖。

　　一個適合的*sen*可能也會做乳油木果油（*ka*）——這種工作既複雜又繁重——送給你當髮油；這樣你就知道她要你。如果男人收到了乳油木果油，他接下來就會告訴朋友說他需要幫忙，因為他得「把壺退回去」。所以他們可能會湊一些高粱（shorghum）送給她，而他會在頂上放一隻珠雞；依照習俗，這種禽鳥就和紅玫瑰或巧克力一樣，是專門送給女性愛人的禮物。朋友們會把禮物送到她家裡，並留下來接受啤酒的款待。

　　「想當年」，據說這種關係比現在更加堅實，現在南多姆地

區的天主教會對這種關係不以為然；其他地區的人也覺得這種
關係不怎麼「現代」。湯姆的達可帕拉(Dakpaala of Tom)向我說
起他父親當年的愛人(L3044)。她每次一熬粥(*saab*)，就會分一
些送到他家去給孩子們吃。單身漢提克(Teko)的情史比這個更
感人。他的愛人越過伏塔河到傑布古(Diébougou，就在現在的布
吉那法索)去找她母親兄弟的女兒，這個女孩在飢荒時被「賣」
到那裡去，提克的愛人把她帶回來嫁給提克為妻。現在的愛人
關係看樣子沒有這麼濃烈了；儘管如此，我們還是看到南多姆
區(羅達迦族)的女人有時會帶一幫女性朋友到花生田去耕種或
收成。妻子不應該反對這樣的關係。不然可能會被丈夫打一頓。
當然她也可以紅杏出牆，見異思遷。如果愛人關係弄出了小孩
(*sensenbie*)，也就是說把當時並沒有結婚的女人搞了大肚子，那
問題就大了，因為她如果結過婚，聘金也過了門，小孩就自動
屬於她的丈夫，也就是孩子的父親，儘管孩子生父的身分還是
惹得謠言滿天飛。這樣的孩子會算是母親娘家的子孫，而且會
隨著日積月累而逐漸被同化。不過這個過程可能非常困難，因
為愛人懷孕總是一樁噩耗，很容易造成家庭分裂(L2130)。

　　總之，羅達迦當然有愛人關係的存在。不過無論是在藝術、
言說或是現實中，幾乎完全沒有對「浪漫之愛」多做說明。這
種情況在口述文化中比較普遍。在我所謂的標準口述形式中(我
不肯稱其為口述文學，因為這似乎是表示所有口述文化的成就
完全源自於文字上的成就)幾乎看不到。在沒有書寫的文化中，
民間傳說幾乎沒有談到男女關係這個層面。大多數的歌謠也沒
有，只不過在女子磨穀時唱的歌裡，多少有這樣的成分。西非

劇場的短劇確實有處理到男女關係，手法通常相當猥褻，不過這樣的劇場在非洲文化中相當罕見（Goody 1997）。

　　在非洲黑暗大陸，確實沒有什麼情話的發展可言。為了證明這一點，我參考了兩部書面資料，一部是文學批評家鮑拉（C. M. Bowra）所寫的《原始歌謠》（*Primitive Song* 1962），談的是狩獵和採集民族的歌謠；另外一部是人類學家路絲·菲尼根（Ruth Finnegan）所寫的《非洲口述文學》（*Oral Literature in Africa* 1970）。鮑拉（1962: 185）寫道「整體而言，以愛為主題的原始歌謠供應短缺」。他所收集的歌謠當然是用口頭創作及流傳的，通常是由具有文學素養的訪客下筆寫成。鮑拉只舉了一首歌曲，是明確表達浪漫之愛的作品，出自特里畢希（Trebitsch）筆下格陵蘭西部的愛斯基摩人：

　　　　我未過門的妻，
　　　　吾愛，
　　　　我現在要離開你了。
　　　　不要太為我難過。
　　　　我忘不了你。
　　　　你充滿淚水的雙眼
　　　　在我心裡流連不去。
　　　　每一個相愛的人
　　　　都捨不得離開對方。

　　以打獵或採集維生的人常常出遠門，他把這一點和落地生

根的農人相對照，還提到創造出許多情歌的菲律賓艾塔人
(Aëta)。當地深受書寫文化的影響：除了受到阿拉伯書寫傳統影
響的人之外，在非洲農人創造出的口述文化中，這種抒情歌謠
當然沒有高度發展。雖然已經足以顯示那些以為愛——甚至是
浪漫之愛——純屬西方產物的人是大錯特錯。相較於歐亞大
陸，非洲幾乎沒有在情話上費心著墨。

我們知道非洲是有些情歌、抒情詩，尤其是豪薩人、索馬
利人、以及非洲東岸受到阿拉伯高度發展的情詩書寫傳統所影
響的民族。不過這種歌曲就像自然詩一樣並不普遍。菲尼根曾
對非洲的口述藝術做過全面性的調查(1970: 258)，她舉出了幾
個例子，並提供了一些參考資料。我們不能說非洲有許多非常
熱情的情詩，這些畢竟不像是奧維德的作品或雅歌。不過有一
首索馬利語的詩確實談到這種感情：

> 女郎，美麗如黎明乍現的陽光
> 對我說話吧，即使一次也好。
> 我渴望著你，就像一個人
> 在夏日風中
> 帆船隨處漂流，迷失方向
> 渴望著陸地，看到了——
> 羅盤又告訴他——
> 眼前是灰暗空洞的大海。
>
> (Laurence 1954: 31, Finnegan 1970: 254引述)

這首詩同時包含了分離和理想化。索馬利人當然通曉文字，信仰伊斯蘭教，也受到近東地區很深的影響。和這些潮流距離遙遠又不屑一顧的羅達迦人，自然沒有出現這種情詩。

我討論非洲文化中的愛情，完全是根據第一手的資料。吉努亞‧阿奇比(Chinua Achebe)主編的《非洲作家系列》(*African Writer Series*)所收集的1960年代小說作品，也呈現出一種看似不同卻又一以貫之的面貌。例如塞內加爾作家塞班‧烏斯曼(Sembene Ousmane)的作品和他的短篇小說 "Voltaique"(1962，譯為〈部落疤痕〉[Tribal Scars]，1974)，故事的主角是一個年輕的女孩，父親給了她一張照片，是一個住在法國的老移民要找新娘。有父親的贊助，又有這位移民年輕時的舊相片，使她對旅行大為嚮往。抵達法國之後，她才明白自己大錯特錯，還被一個比她小的男人給騙了。另外一個故事〈沙巷裡的愛〉(Love in Sandy Lane)敘述一個年輕的卡拉琴手和一位行政長官千金的故事，他們顯然愛上了對方，但都沒有什麼表示，後來女主角被一位公使用大轎車載走了。並不是愛不存在。愛的確存在，只是未必像晚近的西方意識形態所堅持的，成為婚姻的基礎。

對愛人的理想化各有不同，我們要如何解釋其間的差異呢？我一向主張歐洲和亞洲、東方與西方在感情、態度和結構方面，並沒有許多歐洲中心的理論所認定的巨大鴻溝，只是在伴侶的選擇上所強調的重點不一樣。那些把浪漫之愛的存在和現代化扯在一起的觀念，更是如此。另一方面，歐亞大陸和非洲之間似乎確實存在著某種差距，其原因為何，我在前面已經多少暗示過了，說穿了其實就是我們所謂語言使用上的差異，

亦即書寫文化和口述文化的不同。階級化本質上的不同也和這種語言使用上的差異有關，因為青銅器時代——造成了書寫的產生，但一直沒有流傳到非洲——產生了一種「休閒階級」。不過我在這裡要針對讀寫能力的問題進行討論。

語言的發明讓人類能夠得到某種程度的自覺，促進口述傳播（這必然是自我監視的），擴大模擬再現，發展角色扮演，這些幾乎是無庸質疑的。書寫這個新技術把這個過程發揚光大，其中一項功能正是化隱為顯。我們前面曾經提到，史學家一直在討論愛與讀寫能力之間的關係。我們必須把發揚光大及精緻化的問題，和創造的問題區隔開來。如果以為浪漫之愛是從富裕階級向下傳遞給貧窮階級，按照湯普森（Thompson）的看法，這種觀點似乎是錯誤的。如果我們把浪漫之愛視為選擇配偶的機制，那麼就不乏證據顯示，在歐洲，自由選擇而非父母安排的婚姻，在窮人階級一向占有比較大的比重。不過胡夫頓也提過，任何地方都有某種程度的選擇權。反過來說，如果我們把浪漫之愛視為一種精鍊的示愛和回應的形式，那我們大可以說我們的表達是從文學當中借來的，而文學過去一直和上層（受教育）階級的關係比較密切。藍茲（1981: 362）宣稱曾有人提出「人們必須能夠閱讀和討論感情，感情才能成為他們經驗的一部分。」因為這個過程的反射性本質使然，書寫和閱讀激勵了感情的精緻化，這是一種情緒的強化。寫情詩的時候，我們很少是直接向所愛的對象說話；這個情人或情郎幾乎必然身在遠方——遠距離的傳播又是書寫的特性之一。對抒情詩人來說，宮廷之愛（後來叫做「浪漫之愛」）是" l'amoor de lonh"，不管從

肉體和社會地位來看，都是「遙遠的愛」。聽這些話的對象通常是女性，在創作的當時不在作者身邊，所以很容易被文字所理想化。當所愛的對象不在眼前，我們應該比較容易說出，「吾愛像一朵紅紅的玫瑰」，雖然這些寫出來的句子可能化為一句脫口而出的話。在大多數的西方社會，情話包含理想化的成分，而且往往已經被標準化了，我們常常借用其他人所發展出來的表達方式，文學是很重要的參考來源。這種情話往往是引用而非自己發明的。值得注意的是，就像抒情詩人一樣，這種精鍊的言語總是出現在文本而非口述當中，書寫的社會比純粹口述的社會更容易出現這些言說。這並不是說書寫社會中的情話就不能採取口述的形式；這當然是可以的，不過是透過反饋的方式。我認為情詩主要是一種書寫的發展。如果我們是透過把一段男女關係再現的方式（尤其是以書寫的形式再現）來發展愛的情緒，歐洲和亞洲善於書寫，而除了受到伊斯蘭教和阿拉伯典籍影響的地方之外，非洲多半盛行口述文化，兩者的「愛」很自然會有所差異。

　　總而言之，歐洲和非洲之所以有差異，歐洲和亞洲之所以會雷同，我認為主要的因素就在於語言的使用，這一點關係到傳播的方法和模式，自然也就牽涉到生產的關係。這種聯想自然是和12世紀歐洲世俗讀寫能力的發展有關，有時候應該說是這種能力的復活，而抒情詩人的作品就是最佳的代表。後來的文學形式把這種傳統發揚光大。喬叟（Chaucer）的《玫瑰的傳奇》「自稱是一部以愛為基礎的文本，無疑是呈現出想像中愛的花園發生的故事。」（Klassen 1995: 16）這和把浪漫之愛歸於「現代」

（亦即從18世紀開始），以及認為浪漫之愛是（西方）現代性的標誌，又有什麼關係（如果有半點關係的話）？

　　對於把愛再現的模式，讀寫能力是一大關鍵。如今充斥在機場和火車站書報攤的刊物大幅度增加，此外最重要的，是電視和電子媒體的出現，仿效再現中的愛情（性愛），並大力推廣。這種再現激勵了某種反射性，任何一種形式的「敘事」都會造成這種行為上的反饋，不過書寫的敘事尤其如此，圖像的再現也有同樣的效果，只是程度較低。這種再現本身強調的就是和所愛對象之間的距離。照這種說法看來，強調愛，特別是浪漫之愛，以及費心創造情人情話，和我們一般所謂的現代性多少有些關係，但也關係到其他的因素，讀寫能力的成長，以及出版品的流通，則具有中介的功能。愛，甚至是浪漫之愛，既非僅限於歐洲，亦非現代的獨特現象，不過情話，也可以說是愛的實踐，都是因為傳播系統的改變才盛行起來的。

# 第二部分

# 食物

　　我對食物的興趣也關係到歐洲在烹飪及美食結構上和亞洲的雷同，以及和非洲的差異，這種差異和這些地區不同的階級化形式有著密切的關係。

　　第六章所討論的內容和第一部分截然不同，我在其中談的是法國對英國在食物方面的影響，首先是從這種歐陸優勢的現象來看待文化特質（例如烹飪的特殊化）如何從史前時代開始一波波綿延不斷地從東方（歐陸）傳到西方（英國）。這種現象自17世紀中葉起尤其明顯，巴黎對高級料理的精緻和講究，加上英吉利共和國時代被流放在外的英國皇室和貴族，受到法國宮廷深遠的影響，使英國處處以法國為師，尤其是在和女性、服裝、化妝品等相關的領域。女性在法國宮廷，以及比較廣泛的巴黎社交界和知識界，具有舉足輕重的地位；烏佐夫認為英國這種強大君主政體（和幾乎等同於共和政體的弱勢君主政體截然不同），對這種女性特別眷顧。

　　本書第七章一開始是針對當時評論拙作《烹飪、美食與階級》（*Cooking, Cuisine and Class*, 1982）之主題的人做出回應。我

把個別的回答略過不提，只在我個人的評論中選擇比較具有普遍性意義的部分刊登，特別是有關飲食文化全球化的說法。1960年代，中國餐廳在西歐如雨後春筍般急速擴張，第八章則是把我在這種脈絡下針對全球化所提出的看法加以詳細說明和發展。但我在回答這些問題時仍然堅持，談到非洲的烹飪，及其菜式分類的粗糙，我的觀點是正確的，歐亞國家的菜式分類大多非常精緻，這一點和他們階級化制度的本質有關，和非洲相較，自然大相逕庭。最後我在第九章討論的是這種階級化制度的另外一個特徵，亦即某些文化對特定的「奢侈」行為是完全不接受的，我們這裡談的是對飲酒的抗拒，也是幾個主要宗教的特色之一。酒的飲用本身就包含著一種矛盾的情結，尤其在宗教的環境裡，可能會導致對飲酒的限制。

第六章

# 食物、家庭與女性主義

英國自17世紀下半葉開始在文化上對法國的依賴，在飲食的領域上特別明顯，但在比較廣泛的女性文化方面，包括兩性關係在內，法國對英國的影響也是不可磨滅的。當然，法國在某些方面也仰賴英國的影響，但我的重點放在橫跨英吉利海峽單向西進的文化輸入，從諾曼第侵略英國之後，英吉利海峽就是非常重要的輸入管道。

在古代，歐洲的烹飪一直受到天然疆界的限制，南方的重要文明吃的是地中海的農產品，不管在神聖或世俗的場合，用的是葡萄、橄欖油和小麥做的麵包和葡萄酒。北方的日耳曼民族則栽種其他比較廣種薄收的穀類，消耗大量的啤酒和肉類，他們吃的是靠森林的橡樹子維生的野生動物和野豬(也提供他們所需的脂肪)(Montanari 1994)。

來自地中海沿岸的羅馬人徹底改變了法國的日常飲食，最早來到法國的羅馬人是一批貿易商，後來則換成了征服者，使當地的飲食類別變得更加細緻。葡萄酒最初是由希臘人引進馬賽，此外還有喝酒用的器皿，從馬賽出售到各個部落，多半是

以飲用為主。狄特勒(Dietler 1990)在敘述這種滲透的政治經濟學時，曾經說到「在酒的驅使下」。這些葡萄酒產自義大利、西班牙以及後來的法國南部。不管怎麼說，這些輸入品不是每個人都可以享用的；它們強制及創造出階級的體系。

橄欖油在南部已經取代了過去使用的動物脂肪，也是一個羅馬化的指標(Dausse 1993: 81)。此外羅馬人還引進了貝類，尤其是生蠔，常常要醃製保存。其他的醃製物還包括鯷魚和梅子，前者用鹽醃漬，後者曬乾，但比較普遍的是魚露和葡萄的濃縮液。用魚露、香料和芳香植物製作的醬汁，味道比較濃烈，也成為菜式之一。這些輸入品還包括了櫻桃和桃子之類的果樹。而東南部反過來把乳酪(可能包括法國硬乾乳酪和洛克福羊乳酪的前身)、醃製品和其他的農產品輸出到羅馬。因為採用羅馬貨幣的關係，使這種貨物的交易得以順利進行，達到將近十個世紀都不曾再次出現的水準。

這種南北對比的形成還有另外一個因素。南方將菜式加以分類，上層團體的人吃比較高級的美食，一般大眾吃的則是比較低等的尋常食物。像美食家阿比鳩斯(Apicius)所編寫的那些食譜，專門提供金字塔尖端家庭的精緻飲食烹調，就是這種差異的最佳例證。照盎格魯撒克遜文學看來，北方烹飪沒有什麼分類可言，領導階層固然擁有更多的享受，但是所吃的食物和麾下追隨者差不多。這是他們平等主義結構的一環。但他們現在也學會了享受某些奢侈品的消費，尤其是萊茵河谷所栽種釀造的地中海葡萄酒。

當日耳曼諸部落衝出北方的森林，成為羅馬帝國領土的統

治者時，還保持了過去某些生活的特徵，不過很快就適應了南方的生活方式，同時也讓地主文化精緻化的程度略微降低，除了食物之外，整個社會文化體制也產生了同樣的變化。這種精緻化包含了高度的階級分類；從描述羅馬宴飲的記載，不管是希拉加巴盧斯（Heliogabalus）用六百個鴕鳥頭請客，或是雅森奈斯（Athenaeus）大宴賓客，都能看出羅馬和希臘的階級區隔是非常嚴重的。不過隨著中世紀初羅馬帝國崩潰，經濟也一蹶不振，這種階級區隔有一部分就消失了。這時候不同社會階級在飲食習慣上的差異比較少，其中的差異同樣不在於質，而在於量。不管是盎格魯撒克遜人所統治的英國，或是其他由日耳曼民族所統治的地區，領導者吃的食物和追隨者一模一樣，只是量比較多而已。這是非洲的一大特色，除非是因為生態或當地的禁忌等很少會影響到所有人的因素，否則不管就階級或地區而言，部落的食物幾乎沒有絲毫差異。後來地中海的食物和文化傳入，情況才有了改變。

　　中世紀初，看不見任何新的農業學術論文，或許正指出歐洲飲食複雜的程度大幅衰落，遠不及古典時代。僧侶或許抄錄了舊的作品，但西方新的農業研究一直等到幾個世紀以後，才在西班牙的阿拉伯語文獻中出現（Montanari 1994: 53; Ambrosogli 1996）。書面的知識即使被忽略或沒有人知道，總有一天會找回來；因此藉由阿拉伯人來傳播古典時代的典籍，其重要性不容小覷。但儘管如此，農業研究論文暫時的消失，代表這段時間沒有新的相關文獻，儘管這個時代的農業活動確實有了某些改變。

　　這段時期也出現了地區性的差異，我們發現菜餚的名稱出現了國家的標籤，指明是「英格蘭清湯」或「加泰隆尼亞牛乳凍」。這不表示過去就沒有地方性的美食——只是我們以前不知道罷了(Montanari 1994: 63)。然而，我們雖然可以看出歐洲北部和南部有著重大差異，在現代初期個別的民族國家創立之前，想當然爾是沒有什麼國家美食的。在此之前出現的主要是階級上的差異，司徒夫(Stouff, 1970)就曾經指出，普羅旺斯和義大利北部的情況就是如此，只不過他也可能低估了地域性的差異，特別是下層階級的地域差異(我們對下層階級的烹飪行為幾乎一無所知)。

　　到了西元12及13世紀，產生了類似「宮廷之愛」(courtly love/fin'amor)的「宮廷」飲食意識形態(Montanari 1994: 85)。一個人的飲食被認為是其本質的構成元素，導致了節約令的立法，以確保每個人所吃的食物都符合他們的地位，而沒有逾越階級。西元13世紀，食譜再度出現在歐洲，也是自羅馬帝國末期的阿比鳩斯編寫烹飪手冊之後的第一本食譜。階級的區隔在15和16世紀越演越烈，貴族不再那麼窮兵黷武，反而大擺宴席，大宴賓客。在佛羅倫斯，有時候開席之前還要把一道道的菜拿來到處展示，不只是在賓客面前誇示，還要在炫耀給一般民眾看。炫耀的社會意義是最大的，宴會和宴席同樣是一場賣弄，向全體大眾公開宣揚區隔食物的觀念和理想。

　　歐洲的美食文化隨著文藝復興而復活。在16世紀中葉的義大利，往往為高階級人士準備極大量昂貴的食物。英國16及17世紀初在飲食和娛樂上的花費也把國家給吃窮了。當時研究新

學問(new learning)的學者翻遍古典的典籍，鑽研古人的食物入菜，不過這可能誇大了人文主義者對於菁英階級飲食的影響力。無論如何，這些研究被納入典籍當中，首先是普拉提納(Platina)在1475年出版的《正當的享樂》(*De honesta voluptate*)，宣告以橄欖、續隨子、鯷魚等為主的鹹酸口味再度盛行，和中世紀盛期所偏好的甜味、金色和香氣大相逕庭(這三種特色都和阿拉伯世界肉慾、奢華的飲食文化脫不了關係)。按照佛蘭德林(Frandrin)的說法，用奶油來製作醬汁，代表飲食文化脫離中世紀烹飪的平民傳統。馬爾提諾(Martino)的食譜就像是普拉提納的附錄，此外還有克里斯托佛洛，迪·麥希斯布格(Cristoforo di Messisbugo)的《宴席》(*Banchetti*, 1549)和斯科比(Scoppi)的《歌劇》(*Opera*, 1570)，都說明了飲食文化進一步向上提升。

　　有不少人認為文藝復興時期的義大利擺脫了中世紀的烹飪法之後，1533年凱薩琳·迪·梅迪奇(Cathérine de' Medici, 1519-1589)自佛羅倫斯出發，前往法國嫁給未來的亨利二世，隨行的廚師把新菜烹飪法(*nouvelle cuisine*)傳入法國，表示法國的高級料理是隨著這椿婚姻從義大利傳進來的，但這種觀念不為雷威爾(Revel)等人(Pitte 1991: 120)所接受，他們認為法國美食(和義大利菜一樣)在17世紀中期以前基本上都是中世紀菜餚(Boucher 1982)。不過佛蘭德林也表示義大利確實帶來了相當大的影響——對稀有蔬果的崇尚(尤其是朝鮮薊、蘆筍、黃瓜、蘑菇)、引進來路不明的美洲植物、餐桌禮儀、食譜、叉子的使用、餐桌花飾、加了香味的水。雖然食譜大多沒有翻譯，義大利對歐洲北方還是造成了重大的衝擊，這一點我們從其他許多文化

領域上也看得出來。即使對義大利美食北傳的過程所知甚少，蒙田(Montaigne 1533-1592)給我們留下了一份加拉法大主教(Cardinal Caraffa)手下那位義大利廚師的記錄，蒙田說「他表情嚴肅而威嚴地對我說明吃飯的科學，好像是在說某個崇高的神學論點似的。」

　　繼16世紀的義大利(可能比前面所說的時間更早)及16世紀下半葉和17世紀上半葉的西班牙之後，法國也有了屬於自己的美食。1651年出版的《法國廚師》(*Le Cuisinier français*)標示了現代法國烹飪真正的起點，也宣告法國美食和義大利已經一刀兩斷(Flandrin and Montanari 1996: 567)，照兩年後出版的英譯本看來，甚至在法國的太陽王路易十四(Louis XIV, 1643-1718)誕生之前，法國美食就已經自成一家了。

　　彼得生(Peterson 1994: 163)認為，德·拉·瓦雷尼(François Pierre de la Varenne)在1651年出版的《法國廚師》見證了現代烹飪的誕生，不過因為法國從1542年之後就沒有出版過任何一本食譜，這本書的原創性可能多少被誇大了(Flandrin，私人書信)。在法國，中世紀的品味終於遭到淘汰，人們開始愛吃蔬菜、水果和乳製品，同時也讓鹽漬品和糖漬品從此分家(Flandrin and Montanari 1996: 563)。這種口味被認為是比較自然的。美食和日常飲食之間的關係淡化之後，法國率先出現了許多口味上的改變。法式烹飪的新風格造成了幾種現象。首先，甜味和金色幾乎去除殆盡。其次，調製出各式各樣的醬汁[1]。由於印刷術已經

---

1　　也有人宣稱法國人是從義大利採用了鹹酸味，但法國烹飪一直是歐

發明，可以大量印製食譜，把知識傳遞給日漸增加的布爾喬亞
階級；到了17世紀下半葉，法國流通的食譜已經大量增加。不
只法國人可以獲得這種知識。義大利文版的《法國廚師》和其
他幾本談烹飪的法文作品也在1680年出版。先前品味的主導者
是文藝復興的原鄉義大利，現在則輪到法國當道。

　　從此以後，法國菜聲名遠播，除了歐洲以外，還傳揚到全
世界；不過據說法國美食本身的歷史往往可以回溯到地域性的
文化淵源(Pitte 1991: 15)。比提(Pitte)不但比許多人更嚴肅地處
理義大利影響法國飲食的問題，並認為法國美食起源於羅馬、
塞爾特和日耳曼，最後終於締造了天下第一美食的地位，法國
名廚兼作家艾斯科菲爾(Escoffier)自然是這麼想。這種說法在本
質上多少具有種族中心主義的色彩，因為不只中國菜之類的亞
洲菜當得起這個這個封號，即使在歐洲，義大利也有自己的主
要菜系；由於義大利從來沒有一個統一的國家，表示它並沒有
統一發展出單一的精緻菜式，但一直都有許多口味相近的地方
菜，雖然在某些方面比較簡單[2]，但都具有舉足輕重的地位。但
法國菜領先全球的地位，不管從烹飪的觀點來看是否實至名
歸，英國對法國菜的重視是無與倫比的，法國之所以能在歐洲
以外的世界取得文化優勢，有一部分是拜英美兩國所賜，如同

---

　　洲國家酸味最重的，不過這種味道在16和18世紀之間稍稍式微，儘
　　管這時候傳入了續隨子。在鹽方面，開始採用鯷魚來調味，不過法
　　國不像北歐和東歐那麼喜歡吃鹹(J. –L. Flandrin)。
2　關於佛羅倫斯吸收古代、中世紀及文藝復興世界之歷史淵源的當代
　　例子，見G. Alessi, *Alla Pentola dell'Oro* (1994)。

英國也讓更多人喜愛波爾多葡萄酒[3]。不過儘管法國菜的地位崇高，英國的廚師一直是用自己的方式來解讀法文食譜。

歐洲的貴族是業餘的烹飪藝術家，可是儘管法國的菁英階級樂於發展出一種國家的風格，但在其他國家，特別是英國，法國菜的魅力阻礙了和平民料理的對話（要發展高級料理，必須和平民烹飪對話）(Mennell 1985; Flandrin and Montanari 1996: 569)。這時候法國的生活習慣對英國的飲食有重大影響，但我們不要忘了，諾曼人征服英國時，影響就已經造成了，這從14和15世紀的食譜裡就看得出來。英文描寫肉的字有兩個，還活著的動物用的是盎格魯撒克遜語，上桌之後就改用法文，所以才會出現羊(sheep)和羊肉(mutton)，牛(cow或bull)或牛肉(beef)等；此類古怪現象也顯示出法國對英國菜的影響。而這種用語的雙重性又和英國神話有關，史考特爵士(Sir Walter Scott)把神話化為文學形式，在這些神話中，諾曼人大口吃肉的時候，

---

3　Pitte (1991: 34)：「中世紀劣質的波爾多酒銷不到英國市場」。Flandrin表示波爾多葡萄酒在中世紀是劣質酒，現代時期的英國人比較喜歡喝波特酒，波爾多酒的消耗量還不如荷蘭人和斯堪地那維亞人。不過從17世紀末開始，倫敦成為一個重要的市場，特別是歐－布依雍堡(château Haut-Brion)第一批新的上等波爾多酒。有關之前波爾多和英國之間的葡萄酒貿易，見Postan (1987: 172 ff.)。他指出英國成為「歐洲最主要的葡萄酒進口國之一(1415年進口了超過400萬加侖)；卡斯肯尼的紅酒大多銷往英國。」英國也和11世紀末出現的科隆商人購買萊茵河葡萄酒，而「西班牙和地中海東岸的甜葡萄酒也固定外銷到北歐國家」；13世紀的一首諷刺敘事詩就是敘述一場葡萄酒大戰，評論了3、40個葡萄酒產地，也提到波爾多，不過「大獎要頒給評價無疑是最高的中世紀葡萄酒：賽浦路斯甜葡萄酒」。

盎格魯撒克遜人在照顧著動物。所以才會有這種雙重用法。

　　1066年以後，英國的烹飪開始精緻化，不過大多只限於諾曼裔英國貴族的家裡，因為諾曼裔英國人宮廷的根源和流行的興趣都是來自法國，此外就是高等神職人員的教會，威廉王從英國帶來了數量可觀的神職人員，以便接管被撤職的盎格魯撒克遜人。亨利二世橫跨英法兩國的金雀花王朝宮廷，不但是源於法國，本身更構成了「社會高度發展的前哨站」，主導文學文類的發展（Duby 1997:73）。隨著英國和法國的關係漸漸淡化，諾曼法語也被一種混合德語和羅曼斯語的語言所取代，這是屬於我們自己的英式法語，稱之為英語。儘管如此，文化方面的聯繫並沒有中斷：英國人早就借用了許多法文的用語，不只是用來描述核心家庭以外的家庭（親屬）關係（aunt, uncle, cousin等等），也採用了和女性有關的用詞（《玫瑰傳奇》即是一例），而且最重要的是食物及做菜方面的用語。例如德·沃爾德（Winkyn de Worde）的《切肉寶典》（*Boke of Keruynge*, 1508）中一長串切開肉類、獵物和魚的用語，是最早的英語文獻之一。這段文字是這樣寫的：

　　　　把鱘魚切片（Tranche that sturgyon）
　　　　把螃蟹切開（Tayme that crabble）
　　　　……把龍蝦片開（…barbe that lobster）

　　這些敘事性的動詞都是法文的異體，早在法國的高級料理開始發展前即已使用，當時兩國處理食物的方式應該是大同小

異，不過對於不同的食材，葡萄和釀成的葡萄酒，以及橄欖油和地中海食物的許多原料，取得管道自然有所不同。但無論如何，在地中海產品的取得上，法國北部和英國並沒有太大的差異(不過英國進口糖的數量遠勝於前者，根據記載，英國人一半的菜餚裡都放糖)。大部分的地中海食物是過了很久以後才在英國的庶民階級大受歡迎，這一方面是因為平民在戰後往來法國使然，再加上伊莉莎白·大衛(Elizabeth David)等作家的推波助瀾，徹底改變我們的口味；沒錯，餐廳也發揮了相當的影響力，這不過是二十幾年前的事，至少記得當年光景的人都是這麼想的。倫敦現在被譽為烹飪文化的中心，憑藉的是幾乎完全從外國進口的食材。打造美食王國的功臣是食物的全球化，而非本土的發明。

法國對食物的影響一直延續到整個文藝復興時代。葛維斯·馬克漢(Gervase Markham)在他的《英國家庭主婦》(*The English Hus-Wife*, 1615)寫到 "fricassée"，他的意思是指「一道油煎食物」。「現在開始做油煎食物，或是隨便一點小東西(quelque chose)……」。隨便一點小東西(quelque chose)變成了英語「沒用的小玩意兒」(kickshaw)。法國人從英文借字的時候，往往沿用原來的拼字，但不知道怎麼發音，而英國人就會借用這個字的發音，再把原來的拼字改得很好笑[4]。

不過法國料理(以及一般的高級文化)的主要影響發生在17

---

4　這個觀察來自J. –L. Flandrin，他讓我注意到Thomas Austin在*Two Fifteenth Century Cookerie Books*, p. 42，Harleian ms. 279, no. 43的 "payn perdew"。

世紀末，而且影響極為深遠。英國經歷了清教徒革命，簡樸的
行為自然必須搭配簡單的烹飪，克倫威爾(Cromwell)之妻子伊
莉莎白(Elizabeth)的食譜就是一個例子。1660年英王查理二世復
辟之時，《法國廚師》已經出版了九年，在法國居住多年的王室
養成了許多法國人的品味。在藝術方面，喜劇在復辟時代成為
主流，亞歷山大‧波普(Alexander Pope)等新古典作家的詩體也
大行其道。以下是他對宮廷美食的評論：

> 咱們的朝臣吃著一道道的菜
> 品嚐著禽類和魚類的同胞；
> 一一唱名，制定法律，
> 「那味道真好！嚐嚐看」("Que ça est bon! Ah goutez
> ça")。

　　當時很流行來幾句法文；英吉利共和國成立以後就禁止奢
華的生活，但這種奢華的風氣再度回到英國時，帶著一股我們
永遠揮之不去的法國腔，特別是在跟女性和料理有關的地方。
復辟時代的詩人羅契斯特(Rochester)就曾表達出在地人對這種
影響力的抗拒，並把法國菜和倫敦一家知名餐館所供應的豐盛
菜餚做了一番對比：

> 咱們自己樸素的吃食，配上最好的波爾多紅酒
> 我就能餵飽你和你的五臟廟。
> 至於法國的開胃小菜、希樂利氣泡酒、和香檳

蔬菜燉肉和油煎肉，老實說我們全都沒有。

我覺得對一個魁武高大的騎馬師

直接來塊牛排，就是一頓豐盛的晚餐[5]。

　　在那個時代，吃英國烤牛肉當然不用擔心牛有傳染病，不過還是得用波爾多的葡萄酒來佐餐。

　　受到這種影響的不只是宮廷和貴族而已。1702年，法蘭斯瓦・馬夏拉*Cuisinier roial et bourgeosis*的英譯本《宮廷與平民廚師》（*The Court and Country Cook*）問世。中產階級是當然的讀者群之一。書的序言這樣寫著：「我們希望他的書在這裡披著英語的外衣，就和〔馬夏拉的〕祖國一樣，三版在短期內印行銷售一空⋯⋯」可見得，歐陸的影響還是要依在地人的口味而修改，當地人的口味對歐陸口味的全面性優勢還是有所抗拒，特別是比較謹慎的布爾喬亞階級。

　　曼尼爾（Mennell）提到，從復辟時代到安女王（Queen Anne）駕崩為止，有種種跡象顯示新興的法國宮廷品味和「永遠不一樣的本地傳統」是並存的（1985: 89）。有一段時間，法國菜的許多特色被英國菜所吸收，也適應了英國的口味，尤其是比較節省的顧客。英國在18世紀出現的許多女性作者，顯然很關心宮廷作風的奢華。漢娜・葛拉斯（Hannah Glasse）在1769年寫道：「貴族如果要請法國廚師，法國菜的做法可是很花錢的⋯⋯我

---

5　希樂利氣泡酒是香檳地區出產的一種氣泡酒，也是最好的葡萄酒之一，隸屬於國王大臣的一個大家族the Brulart（J. –L. F.），在17世紀非常著名。

聽說有個廚子用6磅的奶油煎12個雞蛋。」對一個本身不是貴族出身的人來說，用少一點「就不叫法國菜」了。

　　法國的影響層面甚廣，烹飪只是其中一小部分而已。在服裝方面也不遑多讓，男裝或女裝都帶有濃厚的法國風。從喬治・艾特里奇(George Etheridge)的劇作《時尚男子》(*The Man of Mode*, 1676)的序幕中，不但能看到這股影響力所涵蓋的範圍，也能看到反對這種影響的聲音，劇中的時尚雖然受到女性品味及女性友伴的影響，但絕對是男性的：

> 一位繆斯女神剛開始誠惶誠恐，
> 像一個快要被引誘犯罪的年輕女子；
> 可是一旦被她好心的讚美給逗樂了，
> 這大傻瓜就再也不知道安靜了。

　　這種口吻顯然和王位中斷時期(Interregnum)有所不同，但最後的成品畢竟還是經過了在地智慧的修正：

> 但我恐怕我們要是去法國，
> 給你帶回華服、舞蹈、表演，
> 這舞台只會像你一樣日漸浮華。
> 我們幹嘛要帶外國商品的渣滓
> 既然自己家要什麼有什麼？

　　這齣戲的副標題是「法普林・佛拉托爵爺」(Sir Fopling

Flutter, 毛躁的小紈袴子弟),這是劇中一個角色的名字,他自認為是「現代的模範騎士」,「剛從法國抵達」。他戴一副長及手肘的手套,以及蜷曲的假髮,說話口齒不清,刻意模仿「法國的貴族人士」。他堅稱「一個完整的紳士應該衣著光鮮、舞技一流、劍術高超、寫起情書特別有一手、聲音悅耳動聽、風流倜儻、處事謹慎小心、但不會死腦筋。」通姦是復辟時代戲劇的一大主題;經常把狂放不羈的浪子給搬上舞台。1664年,倫敦劇場以《盆裡的愛》(*Love in a Tub*)重新開演,台下的觀眾都是社會菁英分子,對兩性關係的態度和莎士比亞的時代不可同日而語,雖然皮普斯(Pepys)的私人日記,對先前的戲劇及清教徒論述中所呈現的兩性關係,展現出頗為不同的看法。事實上倫敦的劇場早在英吉利共和國結束以前就重新開幕了;1658年戴文波特(Davenport)的《西班牙人在秘魯的酷行》(*The Cruelty of the Spanish in Peru*)在杜瑞巷(Drury Lane)上演。日後這種對性的縱容,和清教徒的國會通過禁止通姦及未婚私通的法律形成強烈的對比,這些法律體現的情感自然沒有完全死亡。社會上對於復辟時代的戲劇,也就是薩克萊(Thackerary)所謂外國輸入品(這種說法不完全正確)的主題,有非常強烈的反對聲浪;1698年,英國國教會的傑若米·柯利爾牧師(Reverand Jeremy Collier)大力抨擊戲劇傷風敗俗,到了18世紀,戲劇又恢復過去那種平淡無味的內容了。

不過雖然男性和女性雙雙以法國為師,其實只有女性是一以貫之的,因為模仿外國男性的穿著,會被認為是紈袴子弟,甚至娘娘腔。到了18世紀中期,比較有企業頭腦的女性服飾用

品商，也就是女性企業家，都會在巴黎請一個女性的代理人「每天專門負責跟上流行的脈動，並取得潮流改變的情報；根據她自己的原則來展現。」(Campbell, *The London Tradesman*, 1747: 207-8, Princhbeck 1930: 287-8引述)現在日本人會到聖傑曼大道(Boulevard St-Germain)拍攝精品店的櫥窗，其實英國人早就做過這種事了。其他一般的女性服飾用品商會到巴黎跑一趟，回國後再告知客戶帶回了什麼新時尚。巴黎的時裝就是女性的時尚。連髮型也不例外。「提升奢華的標準和新的法國時裝，必須要有一位男性的髮型美容師，而且還得是個法國的髮型師。『除非有一個法國理髮師，或是講一口破英文來混充法國人的傢伙』，柯萊爾(Collyer)在1761年《父母的指南》(*Parent's Directory*)一書中宣稱，『否則女士無法再附庸風雅』。」(Pinchbeck 1930: 292引述)

　　這種影響力不只擴展到英國而已。莫西爾(Mercier)在1780年表示，法國時尚是一種藝術形式，而且已經打進了各個皇宮和貴族的宅邸：「一切涉及時尚的打扮皆被歐洲的女人所採用」(Mercier 1780, *Parallèle de Paris et de Londre*, Ribeiro 1995: 76引述)。女性服裝的用語，尤其是內衣的名稱，往往直接沿用法文(*lingerie*)，也是其來有自的。不過在比較平民的潮流方面，法國男人反而受到英國狂的影響；第一次國民大會的代表，亦即第三等級的成員，許多人的穿著都深受英國的影響，英國風格等就等於進步和民主，不戴假髮就是一個例子(Ribeiro 1995: 84)。

　　不過當時對法國人的態度還是充滿了矛盾。一方面我們不

斷借用法國的文化。在法國大革命以前：

> 英國文學界的人士，不分男女，都大量仰賴以法文書
> 寫的文學和批評。這一點往往被隱匿或否認，不過既然
> 一而再，再而三地宣稱英國在文化上是獨立而不受法國
> 影響的，這正顯示兩國之間的關係有多密切，難怪有些
> 人一心想讓兩國一刀兩斷。（Brewer 1997: 92）

　　所以傷感文學中的反派通常都染上了一些宮廷傷風敗俗的
行為，「也就是貴族和法國人墮落的行為」（Brewer 1997: 135）。
在這方面，英國人憑著自由的憲法和商業經濟而自認為高人一
等。在英國，批評主要都集中在貴族對法國一切事物照單全收
式的熱愛，採取華而不實的手段，就像是獨裁政體那種阿諛奉
承的行為。「舉例來說，法國宮廷的特色，就是男女亂七八糟地
混在一起，男性對女性小心翼翼得不得了，通姦如同家常便飯。」
（p. 91）在英國也是一樣，許多批評家（大概是男性），認為女性
在藝術中的角色會導致「他們認為應該體現男性美德的文化變
得女性化」，而戰爭和商業的成功就是屬於男性的美德（p. 88）。
　　18世紀出現了許多的女性作家、畫家、演員和音樂家。身
兼劇作家和小說家的阿赫拉・貝恩（Aphra Behn）是第一位葬在
西敏寺的專業女作家。從1750到1770年間的二十大暢銷小說家
當中，就有六位是女性。在這段期間，女作家筆下的小說出了
185版，女性對布爾喬亞文化主要的貢獻，最早顯示在17世紀中
期的法國，也就是高級料理真正出現的時候。女性也是重要的

消費者，期刊和小說的讀者，巡迴圖書館的熱愛者，劇場、歌劇和遊樂園的主力觀眾，同時熱心參與化妝舞會，收集出版品和購買畫作，統籌業餘戲劇和舞台演出(Brewer 1997: 86)。不管是英國、歐洲或其他地方，這並不是女性第一次在社交生活中扮演重要的角色。上層階級的女性因為有嫁妝制度的關係，必然能夠依照自己的地位接收到父母一部分的財產。不管法國或英國都是如此。在盎格魯撒克遜人統治的英國，出身名門的女子可以擁有財產，立遺囑，而且在死後把土地和動產傳給親戚、朋友和教會。在具有書寫文化的社會，女性早就投身文學的追求。現在女性已經成為藝術界舉足輕重的角色，有些是創作者，許多是消費者。「在同樣的社會地位之下，女性擁有書籍和畫作的可能性遠遠超過男性。」(Brewer 1997: 103)

這樣的核心地位當然會帶來一種反作用。在討論柯律治(Coleridge)對感性的譴責時，布瑞爾(Brewer)指出批評的對象通常是

> 沈溺或受制於文學和羅曼史所激發的情感中的女性……不受管束的小說讀者，因為受到浪漫感性傳說的誤導而完全不切實際的輕浮少女，總是一再遭受諷刺和攻擊，特別是因為擔心這樣的女性很容易受到誘惑，可能會失去貞操。(Brewer 1997: 135)

文化(指的是高級藝術文化)的女性化當然是受到英國讀寫能力提高的刺激，再加上復辟時代之後輸入了許多法文小說使

然；這三個因素——女性化、讀寫能力和法國——也是英國吸收海峽對岸料理的動力之一。

女性文化傳播的過程只有一部分因為法國大革命爆發而暫時中斷。革命的爆發（舉例來說）使得服裝急劇簡單化，一部分是因為害怕惹人注目，一部分也是基於民主的因素，因為現在模仿的是下層階級的服裝。英國也受到這種改變的影響，只是程度不同罷了。兩國的時裝在戰爭期間各自發展，現在英國人認為法國女性「穿得不成體統」；法國人則批評英國女人穿緊身衣把胸部往上擠，按照一本時裝概論的說法，弄出「一個肥胖的架子，讓人看了就噁心，穿的人當然也不舒服。」1810年，另一位法國觀察家說英國女人穿著巨大的箍圈，看起來「簡直活像是裝在白蘭地酒瓶裡的河馬胚胎」（Louis Simond, Ribeiro 1995: 123引述）。恢復君主政體沒多久，巴黎再度成為英國及其他地方的「美麗世界」（le beau monde）所嚮往的焦點；在1830年代，像貝辛波洛夫人（Lady Bessingborough）這樣的貴夫人，很喜歡光顧女性服飾的精品店。這個城市成為禮儀的製造者，例如花語的發展，甚至發明，迅速引發全歐洲和美國的模仿（Goody 1993a）。

回過頭來比較具體地談食物的問題，有人說除了在宮廷和貴族的餐桌上之外，法國菜成為餐廳的主要菜色，是出現在法國大革命末期，因為這時候貴族的廚師（就和女裁縫一樣）被迫另謀生路。但情況並非全然如此。其實早在法國大革命爆發的20年以前，餐廳就已經存在了，而且早在餐廳出現以前，人們就可以在酒館、客棧、旅社、以及麵包店和包辦伙食的地方吃

飯。英國的酒館在這個世紀出現，供應餐點給老顧客吃。事實上，波維爾（Beauvillier）在巴黎的大餐廳（他曾經是未來路易十七的廚師）在1782或1786年開幕，稱為倫敦大酒館（La Grand Taverne de Londres）。不過革命使得餐廳的開設急速增加，高級料理也迅速擴展，因為一流的美食已經從貴族家裡轉移到大眾用餐的地方。和法國一樣，這些美食立刻攻占了英國中上階層的餐桌。

　　為什麼會發生這種情況？事情又是怎麼發生的？法國料理在英國稱霸，可以分成好幾個層次。首先，不管是羅馬人、教會或是諾曼人的「文明」，亦即城市的文化，都是經由法國抵達英國的。至於法國何時開始在英國或其他地方享有社會優勢，大多數的記載都把文藝復興當作起點，或者是在法國文化傳遍全歐洲的17或18世紀。不過英國早就深受法國的影響。諾曼人從東方入侵的時候，就建立了一個講法語的貴族社會，作為階級行為的典範。法國可以說是前往地中海沿岸、古代世界、中東和亞洲各地的主要路線。不過實際上地中海的產物和影響力確實可以直達英國；英國的船隻到西西里買糖，然後從葡萄牙帶回甜葡萄酒。佛蘭德林認為，中世紀英國的烹飪受到阿拉伯菜的影響比法國菜更深。

　　歐洲高級料理的發源地雖然可能是義大利，也就是文藝復興的原鄉，但後來卻在法國繼續發展，從而影響了英國。17世紀末期，法國文化完全被宮廷所主導。蒙娜·烏佐夫把法國和18世紀的英國對照，認為自從17世紀中期以後，英國基本上是一個共和政體，也就是一個由國會所統治的君主政體，後來法

國大革命反而把英國當成民主的典範。法國的宮廷文化在某些方面吸收、吞噬了知識分子。艾里亞斯(Elias)表示(1994: 29)「在法國，布爾喬亞的知識分子和中產階級的領導團體很早就為宮廷社會所吸引」。到了18世紀，「兩者在行為禮儀上已經沒有什麼重大差異了」。革命之後，布爾喬亞成為支配階級，宮廷社會的風格也成為全國的典範，因為「日漸興起的法國中產階級知識界的成員，多少也是宮廷社交圈的一分子，自然也隸屬於宮廷貴族的傳統……他們的行為和情感也是師法這種傳統的風格，只是再加上些許修正罷了。」(Elias 1994: 40)從這一點來看，他們是「文明的」，即使他們同時是改革者，甚至是革命分子。即使說法國的貴族在17世紀下半期被王室的宮廷所主宰或邊緣化(按照烏佐夫的說法，法國貴族因此便習慣了跟女人在一起吃喝玩樂)，不表示這種情況受到普遍的認同。到了18世紀，巴黎的貴族和高級布爾喬亞文化對凡爾賽宮的王室當然提出了鄭重的批評。但在這種文化情境中，生活方式由上而下的階層制度是牢不可破的。

　　艾里亞斯把法國和德國加以對照，德國圍繞著小小宮廷打轉的貴族，和布爾喬亞階級是不相往來的，前者擁戴法國文化，後者對法國文化的矯揉造作嗤之以鼻。德國宮廷早在16世紀末便受到法國深刻的影響(也就是說早在路易十四和高級料理發明之前)。這時候布倫茲維克公爵(Duke Brunswick)已經延請了一位法國的舞蹈大師安東・艾宏德(Antoine Emraud)，他把某些知識傳授給信仰新教的德國作曲家麥可・普萊托流斯(Michael Praetorius, 1571-1621)，後者則在自己的選集《舞蹈音樂》

(*Terpsichore Musarum*, 1612)當中加入了加佛羅提(Les Gavrottes)、吉羅特(La Gilotte)、布列塔涅(Les Passepiedz de Bretaigne)、嘉雅(Gaillarde)和布雷(La Bourée)等舞曲。艾里亞斯寫道，法國對文明的概念，不但認為自己的行為舉止高人一等，這種優越也具體表現在科學、技術或藝術方面，當西方諸國成為殖民地征服者，在「廣大的非歐洲世界，等於是某種的上流社會」之際，這種意識便開始蔓延到西方各國。不過這也是很久以後的事了。

高級料理成為法國文化的一種優勢，不過高級料理在法國之所以如此重要，也和女性在都市生活中的地位有關。別忘了18世紀的蘇格蘭哲學家大衛·休姆(David Hume)就認為法國是「女人的國度」。他形容女性籌辦的沙龍是「人類精神的三級會議」(etats Généraux of the human spirit)，在這些場合自然吃得很開。說這種話的英國評論家可不只他一個。華爾波爾(Horace Walpole)也曾提出這種說法；女性主義者的先驅瑪麗·伍爾史東克拉芙特(Mary Wollstonecraft)，亦即《為女權辯護》(*A Vindication of the Rights of Women*, 1792)的作者及瑪麗·雪萊(Mary Shelly)的母親，認為法國女性不像英國婦女這麼無趣。同時她也表示「時裝的風采只不過是奴隸制度的徽章」，對時尚的崇拜提出一種盧梭式的反批評(Ribeiro 1995: 3引述)。

法國婦女的地位崇高，這句話當然是泛指巴黎的婦女，不只是宮廷而已。艾里亞斯指出，法國宮廷所立下的生活方式，除了朝臣爭相模仿之外——即使不乏激進分子同時提出嚴正批判——就連布爾喬亞階級也十分垂涎。從上而下產生了非常綿

密的文化擴散作用。而且不只擴散到布爾喬亞階級而已。別忘了現在洛河谷地的法國農舍裡，還擺著路易十四龍床的仿製品。生活的品味從宮廷向下滲透，創造出彼特－李維斯(Pitt-Rivers)所謂的「虛假人」(phoney folk)。宮廷文化的優勢和從上向下滲流的趨勢，都在再現(representation)中反映出來。胡夫頓(Hufton)指出，和英國相較，法國17和18世紀的藍皮書是一種很受歡迎的文類，由書販在鄉下四處兜售，「這些書顯然是從上流社會名人權貴的故事取材」(Hufton 1995: 50)。事實上，這些書的題材通常來自兩三個世紀以前在菁英分子之間流傳的作品。這使得民眾更熟悉宮廷的文化，即使他們對這種文化十分反感。

至於說法國文化就整體而言(而不是巴黎或中上階級)在兩性的行為方面與眾不同，在看待法國農村的時候，這句話不免需要略加修正。就性的節制而言，如今的阿韋隆省(Aveyron)可能就像過去的英國。貝塔耶(Beteille, 1987)記錄19世紀胡耶格(Rouergue)的一本書，叫做《開口的襯衣》(La Chemise fendue)，指的是妻子所穿的一種相當保守的睡衣，上面有一個開口提供性行為之用。和其他地方的下層階級一樣，裸露是必須避免的。不過在其他方面，法國相當崇尚(即使程度不深)宮廷的騎士風度，以及由女性主宰社交生活的社會所發展出來的美食等文化。女性未必是廚師，其實在男性所支配的上流社會，很少有女性擔任廚師的工作。不過烹飪、用餐的社交生活，一般都是由女性統籌辦理。正如休姆及其他觀察家所言，美食文化的特色由上層階級向下流傳。不過某些文化的特徵也從全歐洲的下

層階級流傳到上層階級，包括地方菜的基本要素，以及球賽(板球和足球)之類的休閒活動和民謠，這些民謠化為貴族的舞蹈，或成為交響樂的主題。在以民主為口號的法國大革命時代，服裝當然也是其中之一。或許這種向下發揮的影響力是為向上發展的影響作開路先鋒，但不管怎麼說，本書的重點在於前者。

如果說文明和禮儀創始於凡爾賽宮路易十四的宮廷，並向下滲流，這種概念曾經受到其他人的質疑。事實上，就像許多英國人宣稱自己是民主的先驅和「議會之母」，這也是一種種族中心主義。義大利文藝復興時代的許多城邦也同樣具有文化和禮儀，這時候的荷蘭布爾喬亞階級也很注重得體的舉止。就像胡夫頓(1995: 26)所言，「佛梅爾(Vermeer)畫作的恬靜背景，不會有任何一點『不文明』。宮廷不是當時唯一可能帶來改變的力量。」把法國宮廷當作文明的濫觴，不只是對當代的歐洲視而不見，同樣也忽略了羅馬、中國、日本和世界其他地方在更早之前廣大的文明發展。

如果就整體的「文明」禮儀來說，這種說法顯然未盡公平，不過要是只看後文藝復興的歐洲在女性文化方面的發展，這種說法也確實有幾分道理。法國在某些方面還是國際布爾喬亞之最，也就是說在時尚、香水、花語、可能還有情人情話方面，法國都是首屈一指的，雖然這個霸權正受到挑戰。

蒙娜·烏佐夫認為，首先，和英國相較之下，法國女性從18世紀開始所享有的優越地位，和宮廷及君主政體的本質脫不了干係。英國也有君主，但議會的地位至為重要；而從國外找來的德裔國王缺乏法國宮廷的權力和威望，整個環境比較像是

共和政體。法國宮廷在本質上是高度區隔的，性別的區分只是
其中之一罷了。其次，在中央集權的君主政體之下，宮廷生活
剝奪了男人傳統的男性化活動，在政治上把他們有效地邊緣
化；所以他們不得不追求和貴族女性一樣的休閒活動，而且常
常是在女性的陪同之下進行。第三，如此一來，女性在社交場
合非常活躍，特別是在沙龍的籌辦方面。烏佐夫（1995: 26）表
示，「女人讓男人變得文明……因為女性同伴本身就是一間智慧
和禮儀的學校。」女性呈現出文化令人滿意的一面。

　　另一種說法則認為女性文化所締造的騎士風範可能釀成男
人的輕浮和不負責任。知識的自由代表著性的放縱，孟德斯鳩
在《波斯人書簡》（*Letters persanes*）中談到，在各階層組成的社
會當中，通姦是一個不可避免的意外，男人應該學著泰然處之，
因為忌妒的丈夫會擾亂社會。在這樣的社會環境，女性不只和
男性平等；甚至還是社會的統治者。她們的穿著打扮，言行舉
止，不但帶有奢華的特質，而且是以引誘男人為目的。不忠是
時髦社會的一大特徵。迪・卡波利（Paulucci di Calboli）在討論20
世紀初義大利賣淫女子的論文當中，表示巴黎和法國的妓女得
到的是最窩心的回報；「法國女性向來以過人的智慧與優雅聞
名」（Paulucci di Calboli 1996 [1909]: 133），法國也成為每個異國
人最嚮往的國家。

　　其實有許多人，尤其是在充斥著中產階級作風的維多利亞
女王時代的英國，對女性地位的某些面向是完全不能贊同的。
因為巴黎上流社會的女性的這種形象，多少和巴黎被當成是性
愛自由的發祥地有關。不過英國人在這方面又當然是充滿矛

盾。對年輕的英國人來說，巴黎就是「妓院」(les maisons de tolerance[寬容之家])的發源地，而法語用這個名稱把賣淫這件事修飾得極其優雅，是英國人做夢都想不到的。除了騎士風度之外，連另一種層次的賣弄風騷和親密性行為的交易，都被認為是法國式的作風。不論床第之歡或美食之樂，英吉利海峽的另一端都有趣多了。

　　接下來我要簡單地談一談第三個相關的主題。法國的女性享有崇高的地位，至少在城市裡是如此，加上兩性之間親密而平等的關係，這種觀念和許多盎格魯撒克遜家庭史學者的觀念截然不同，他們在分析小型的封閉家戶式家庭(small enclosed domestic family，所謂的「感情家庭」[affective family])的興起時，完全以英國為基礎，他們驕傲地宣稱英國是世界第一工業國，並認為這種家庭的產生，必然和締造第一工業國的種種事件有著不可脫勾的因果關係。史東、拉斯列、梭特、麥克法蘭等人都認為是家庭激發了夫妻(他們現在可以自己選擇伴侶，而不是受到父母或經濟環境的限制)及父母與子女之間「愛」的親密關係。這些史學者的著作可能是表示，女性在布爾喬亞家庭中所占有的地位，是以這種感情為表徵，然而在法國，女性地位則以宮廷生活的騎士風度為特徵。但我們也看到了，不只法國宮廷的女性才享有崇高的地位，艾里斯在談論兒女之愛的時候曾經說過，這種對待兒女的態度也出現在其他歐洲國家。我不認為有什麼充分的證據足以證明英國人對孩子的愛比較深；事實上，法國是第一個提倡生兒育女應該重質不重量的國家(避孕就是一種方法)。如果說男女之愛和父母兒女之愛基本上都是

屬於英國的現象，這種觀念應該受到極大的懷疑，即使指的是夫妻之情也一樣。如果因此而認為英國的女性地位普遍比其他地方高，更是沒有人會相信。

17世紀法國出現了許多女性小說家。隨後英國也不遑多讓，復辟時代培養出許多女性的劇作家（Aphra Behn, Pix等等），她們的戲也都在倫敦上演（有些在狄蘭尼夫人這位女性所經營的劇院演出）。這種成就在伊莉莎白女王和詹姆斯一世的時代是不可思議的；在性別方面不可同日而語，到了17世紀末期，女作家在文學界發聲已經不是什麼稀奇的事，不只是業餘作家，連像貝恩這種職業作家也司空見慣。除了文學作者之外，整個文化也都改頭換面了。

這段期間到底發生了什麼事？女性在法國宮廷文化中所扮演的角色，是一種「法國的特殊現象」（la singularité française），連在英國也不能小覷，讓女性享有的自由，超過了清教徒統治的英吉利共和國時代，儘管某些女性當時在教派的經營和其他方面有所貢獻，但他們認為女性的地位已經足夠了。不過其中還牽涉到其他的因素。若不說得具體一點，光談心態的改變是沒有什麼意義的。女性教育的發展無疑是一個主要的元素，在宗教改革和反改革之後，學校教育的成長（既然我們談的是文學上的追求），再加上書籍的出版和銷售都更加自由，流通也更為廣泛，都使得女性的教育水到渠成。供應和需求共同成長，尤其是在戲劇和小說方面。

我們必須從西歐這個更寬廣的脈絡來看待這些改變。許多盎格魯撒克遜的史學家，甚至是女性主義者，都對女權的發展

抱持著過度種族中心主義的觀點，把英國的瑪麗‧伍爾史東克拉芙特（以及如安斯提[Anstey]等更早的女性主義先驅）和美國的施薇亞‧安東尼（Sylvia Anthony）視為女權發展的關鍵人物，其實在她們致力發展女權的同時，家庭內外的環境也發生不少變遷，特別是在離婚和財產方面。不要忘了，法國大革命已經在1792年引進了離婚法案（後來又遭到廢止，這是真的），動搖了父親和丈夫在家庭的主宰地位，只不過在後者的部分還有待商權[6]，在財產的轉移方面，也對兒子和女兒一視同仁，後來被納入趨向保守的《拿破崙法典》當中[7]。上述事件的產生，不只是因為把現有的體制突然做個大翻轉而已。早在法國大革命之前，舊體制下的做法必然已經引發了不少疑問和質疑。

烏佐夫認為兩性之間的公開交際起源於貴族社會，但革命期間的「極端民主」（女性在其中發揮了重要的政治功能）將其發揚光大，後來19世紀的共和國期間也不遑多讓，特別是在兩性平等教育的領域，法國在這方面早就是各國的表率[8]。社會鼓勵女性教師在婚後繼續執教（這事實上是走進教學式的婚姻[marriages pédagogiques]），而英國的公務人員直到75年之後才

---

6　見M. Ozouf對C. Pateman區隔父親的權利和丈夫的家父長權利之企圖所做的評論。即使「家父長」這個名詞頗為模糊，兩者的區分還是有點問題。

7　法國大革命對女權的態度是曖昧的，因為全法國的寡婦和巴斯克鄉下繼承財產的年長女兒，都失去了投票權，而《拿破崙法典》則禁止尋找非婚生兒女的父親（J. –L. F.）。

8　婦女的政治角色不是靠針織機，而是靠婦女團體的組成、在「女性的怨言」中表達她們的怨氣以及調整她們的法律地位。

可以這麼做。1963年，在法國接受高等教育的學生有43%是女
性，相較之下，英國是32%，而西德只有24%（Ozouf 1995: 375）。
19世紀的共和主義，因為男性擔心保守的神職人員可能會影響
婦女，因此不讓女性有投票權，不過雖然男女並沒有在一起接
受教育，卻有了平等的受教權。烏佐夫認為這些現象使得法國
的女性主義和美國的「性別女性主義」（gender feminism）大不相
同，法國女性主義一再強調男性和女性之間持續不斷的互動，
而不是建立相互衝突的活動領域。這種互動和她所謂「法國的
特殊現象」有關，最早彰顯出這一點的就是17和18世紀的宮廷
文化。

　　不管我們是否要對烏佐夫的論點照單全收，尤其是在當代
女性主義方面，她的看法確實是企圖對早先那種情況的某些現
象做出解釋，而英國那些努力抬起眼睛看看海峽對岸到底在幹
什麼的史學家，對這些現象很可能大惑不解[9]。17世紀法國上流
社會的婦女在文化方面所扮演的角色，是當時的英國婦女望塵
莫及的，包括籌辦由兩性共同組成的沙龍。男性的騎士風範，
女性的文化素養，一切符合時尚的事物，從過去到現在，這些
一直是法國的一大魅力，除了到巴黎去發掘新時尚的英國貴族
以外，世界其他地方的人也深受吸引。法國菜在17世紀中期以
後的美名和成就，難道不是拜宮廷文化和「法國的特殊現象」（也
就是女性的崇高地位，首先是上流社會的女性，然後普及到一

9　有關兩次大戰之間法國女性主義的充分說明，見Chaperon（1996）；
　　這裡的光譜比Ozouf的說法更多樣化。

般的婦女)所賜？食物的烹調是一種尊貴的活動，尤其請客吃飯
就像是一種比賽，就算女性不用親自下廚，也得負起督導之責
(和其他地方一樣，除了家廚以外，名聲響亮的廚師都是男性)。
這些場合的風格和優雅，多少影響了平民生活和平民家庭的烹
飪及餐桌禮儀(法國一流的人類學家應該研究這個題材)，因為
烹調食物不只是一件雜務，而是家庭生活最根本的部分──也
就是女性作為養育者的角色。本文奇特的名稱就表示法國在飲
食、女性主義和家庭這三方面是不可分割的，和英國成為某種
程度的對比，不過和我國比較民族主義傾向的史學家所討論的
對比又有所不同。

　　至於法國在食物方面對英國所造成的影響，在大西洋航線
打開之前，英國高級文化所接受的外來輸入品通常從英吉利海
峽傳入，只不過未必每次都是來自法國。基於政治和地理上的
因素，法國仍然是奢侈產品最重要的來源和典範。這個轉移的
過程隨著文藝復興而急劇加速。德國和其他阿爾卑斯山脈以北
的國家也一樣，甚至比17世紀中葉法國宮廷的全盛時期和高級
料理的發展還要早。不過這些事件所促進的整個文化轉移的過
程，隨著君主體制的復辟而對英國造成了深遠的影響。在接下
來的幾百年當中，雙雙衝擊了中產階級和宮廷，除了烹飪之外，
這種影響更遍及於所有的女性活動，特別是時尚，還有女性對
男性的關係，以及男性對女性的關係。在女性文化的許多領域
當中，法國一直居於領導性的地位，不只在英國如此，在世界
其他地區亦復如是。

# 第七章

# 結構主義、唯物主義和馬

本章萌芽於某一期的《食物與烹調》(*Food and Foodways*)，該期的主題是拙作《烹飪、美食與階級》(*Cooking, Cuisine and Class*, 1982)，請了許多不同的學者來評論我的論點、並請我做出回覆，也就是我這篇文章的第一個部分。在答覆當中，我提出了以下的研究大綱。

剛開始著手這方面的研究時，我最初的目的是想回答一個問題，就我所知，從來沒有其他人曾經提出這個問題，而我針對非洲前殖民社會某些普遍性特徵所做的一系列修正主義式分析，就和這個問題有關。為什麼在撒哈拉沙漠以南的菜餚完全沒有區隔性？我同時也討論了某些一般性的研究取向是如何協助或阻礙了我們對這個問題的了解。

法國精緻料理的發展，有一部分是義大利的文藝復興對宮廷所造成的影響使然，然而高級與低級料理是老早就存在的。中世紀法國和英國的上層階級，在態度和行為上看不出有什麼重大的差異，頂多只有一些小小的不同。事實上，這些階級有一度根本屬於同樣的文化，這種文化和他們的臣民大相逕庭，尤其是撒克

遜人。這份觀察提出了階層制度和時間性的問題。我這個問題背後的用意，不在於食物在某個時間對某個村落的行為者有什麼意義，甚至也不是對較大的社會當中的行為者有何意義。事實上，我的重點是，在17世紀的英國（或許這是個赤裸裸的征服和剝削的極端案例），食物的意義和飲食的內容及烹調的方法，取決於你是諾曼人還是撒克遜人。文化霸權的範圍顯然隨著不同的文化和不同時間點而有所差異，不過在歐亞的主要社會，意義和行為時而一致，時而不同，這種不斷的搖擺必然還是值得社會學和史學好好研究的題材，非洲在這方面是望塵莫及的。《烹飪、美食與階級》談的就是這種差異背後的原因。

外界一般都認為我向來避免落入極端的文化唯物主義，不過以其他的方式著眼，也有人認為我是越來越接近唯物主義的極端。首先，我一直極力主張，像這樣把唯物主義和文化的研究取向截然二分，就和心靈及身體的二分法一樣落伍，特別是「社會組織」被認為落在這種「對立」的唯物主義這一端（這完全不是我眼中「組織分明」的社會生活）。其次，在任何既有的狀況中，我一直企圖凸顯出各種不同的因素，並表示不管是在哪一個脈絡下，或是對任何特定的問題而言，凡是最重要的元素，就必須以經驗的角度來思考，而不能以先驗的方式看待。當然，我對於一項技術如何影響社會生活，可以先有一個操作假設，但這不代表我就只能採取單一因果律的觀點，在另外一個場合，也不能阻止我對宗教或政治意識形態的影響提出同樣的問題。

把社會理論兩極化的趨勢，對任何分析來說都是極度危險

的。任何一個假設在被擬定的時候，必須先對研究有敏銳的理
解，同時不曾（儘管可能有人這樣說）被其他社會行動的脈絡所
打造出來的普遍性理論，以先驗的要求來主導。

　　任何像這樣的研究取向，都很可能被汙名化為一個不得已
的學術妥協（Sahlins 1976）或是被打為折衷主義（Harris 1983;
Sangren 1989）。我對這兩種說法都不以為然；重點是要對我們
所生活的這個世界有更清楚的理解。無論如何，不管是功利主
義者／唯物主義者，或文化主義者／象徵主義者，我不相信他
們最後可以排除各自初始戒律的外部因素。應該說這兩者的差
異在於採用了不同的研究策略，我們只能從這些策略的解釋功
能，來判斷它們適當與否。

　　對食物的禁律和偏好，顯然是一種非常普及而核心的人類
行為，如果有一種解釋可以說明所有的禁律和偏好，就真的太
了不起了。既然如此，我們先把二元的「理論性」說法擺在一
邊，採取一種比較單一主義的分析，不只用來分析一個社會體
制中「烹調」的存在，還要探討長期以來烹調的變遷和特殊歷
史情境的關係。我們可能會認為哈里斯（Harris 1975）對於印度聖
牛這個研究主題的看法令人無法接受，但可能會贊同瑪麗‧道
格拉斯（Mary Douglas, 1971）對於膳食的分析。但是，這樣的結
論並不能讓我們對任何事關生存的飲食偏好的解釋，被直接或
拐彎抹角的方式來全盤否決。我們也不能假裝看不見飲食的偏
好和某一種食用作物之菜式的流傳有哪些關連性，菜式的演化
不只是依循對於「大自然」賜予之食物的文化選擇，也是發明
和傳播的一個歷史過程的結果。這樣的菜式不能脫離種植某些

農作物所需要的特殊條件，雖然這些情況會隨著時間而改變；
葡萄酒在英國成為一種地位崇高的消費品，以及啤酒（「真正的」
或「製造出來的」）形成英國平常喝飲料的術語，其實有某些特
定的理由。從這些例子看起來，是生產活動影響了類別和喜好
的結構，而非反其道而行。類別一旦存在，自然就會組織我們
的感覺。不過一個解釋元素的作用並不會消除另外一個解釋元
素的實用性。

　　包括薩林斯（Sahlins）在內的某些作家在處理*sheep*和*mouton*
這種烹飪分類的問題時，似乎採取一個相反的立場，索緒爾（de
Saussure）過去也針對這兩個字不同的意義討論過這個問題。
*mouton*當然同時指涉屠宰後的動物和活生生的動物。索緒爾
（1996 [1916]: 115）表示，「sheep和mouton之間的價值差異，肇因
於 "sheep" 還有另外一個說法，而這個法文字沒有。」從某個
觀點來看，這個關於意義（「差異」）之關係成分的推論是正確
的，中文——至少在詞位的層次上——無法區分sheep和goat，
更進一步說明了這一點。在分類酒精飲料的時候也發生了類似
的情況：許烺光（Hsu and Hsu 1977）說他向英國海關把一瓶白蘭
地申報為 "wine"（葡萄酒）（中文的酒類包含各種酒精飲料），結
果引起海關的官員懷疑他不誠實。

　　關於羊的問題，薩林斯（1976: 63）又提出了一個說法：「除
了外在的世界以外，一個字的概念或意義為何，首先是指涉這
個字在語言中的位置——也就是其他相關的字。」索緒爾的說
法已經被曲解到一個字的意義「首先」是指涉其他相關的字。
這種論證當然不是出於對一種語言的檢視，而是對英文和法文

這兩種語言的檢視；類別是同時依據外在世界及類別本身來比較。無論如何，儘管這種優先性的指定，對某些字或在某些脈絡下或許是正確的，但在其他狀況中顯然並非如此，除非這是一種拐彎抹角的說法。也就是說，當我說「要下雨了」，我指的是不會下雪。但如果堅稱一個字主要的指涉「首先」是其他的字，這個說法恐怕要大打折扣。

要不是這種說法否決了許多以不同的前提為出發點的人都認為極為合理的解釋，也用不著在這裡特別指出來。薩林斯再談到sheep/mutton的問題，他看出這一系列表示宰殺後之肉的英文字的諾曼語源。他在《文化與實踐理性》(*Culture and Practical Reason* 1976: 64 n. 8)中寫道：

> 以同樣的文化建構的角度來說，我們不妨注意一下，索緒爾曾經說，sheep/mutton在盎格魯撒克遜的世界中和pig（豬）和cattle（牛）並列，都是適合宰殺的動物，在描述烹飪後狀態的用語(pork, beef)上，也有同樣的語形變化，三者在這方面和馬、狗完全不同。既然我們沒有比照mutton、beef和pork，從諾曼語借用一個代表 "cheval"（馬）的字，欠缺結構的歷史似乎無法解釋這種分類。

為什麼要把歷史和結構像這樣對立起來？這種對立只有在功能主義者和結構主義者內部的辯論脈絡中才有意義。論及諾曼人征服英國，就是指涉結構，沒有結構的歷史，恐怕也不成為歷史了。另一方面，結構就能沒有歷史嗎？既然不管哪一種

結構都會永遠存在,其實就等於存在於現在的過去;也就是說,結構再現過去,從而複製過去。這一點在語言這個文化層面中最為準確,尤其是書寫語言,因為對聲音、文字、音素和詞素的詮釋,完全憑藉著一個非常精確、非常緊密的結構,在同一世代和兩代之間傳遞。不管在社會文化方面的興趣有多大的歧異,40歲的父親和他僅10歲大的兒子還是得交談。其他文化層面的結構就比較鬆散。

我們來看看指涉廚房裡的動物和農場上動物的這種平行的語言學形式,前者根據的是羅曼斯語的根源,後者則是源自日耳曼語。把這種區隔和諾曼人與撒克遜人之間的階級區分連在一起,似乎提供了一個合理的解釋,語言的雙重性一開始肇因於諾曼人征服英國,後來成為某種語言及階級情況的結構,最後成為文字系統永久性結構的一部分,代代相傳,亙古長存。這種區隔原本是由「因果」關係所建立,但後來,維持這種區隔的卻不再是這個因果關係,肉類的生產和消費之間的分別,如今在階層和種族含意上已經沒有差別,但文字的模式依然關係到農夫和屠夫、農場和餐桌、生與死之間的區分。這種模式就算不會決定人們的感受——因為感受和理解顯然不只是語言的連帶產物而已——至少也一定會產生深刻的影響。在英文裡面,我們把sheep和mutton視為同一種動物,即使只是因為——基於和食物的工業化、產品的廣告及屠宰業有關的實際理由——兩者都很容易變成 "lamb"(羔羊肉),就像 "duck"(鴨子)變成 "duckling"(小鴨肉),"hen"(母雞)變成了 "chicken"(雞肉)。語言的結構是明確的社會文化情境的一部分,具有一定的

自主性，但不是完全獨立的。

　　這種語意模式的雙重性似乎是從過去衍生而來的；是一連串歷史環境在某一個時間點上所確立的結果。這種模式在英文語言當中根深柢固，是眾多區隔的一個例子，而這種區隔的形成，是因為在諾曼人征服英國之後，英語和法語的結合提供了一連串雙重的可能性，而且常常一開始就有了某種階級意含。換句話說，在解釋這種區別的時候，應該把過去也列入考慮，即使只能解釋一部分而已。但在理論的層次上，薩林斯認為這種研究取向是缺乏結構的「歷史」（應該是歷史事件[histoire événmentielle]）而不以為然。然後繼續在經驗的層次上進一步強化這個論點，否定了歷史的解釋，理由是馬沒有受到相同的待遇，被排除在英語－法語（盎格魯撒克遜－諾曼）的二分法之外。諾曼貴族難道會坐在餐桌前大口吃著和他們一同作戰、追捕獵物的夥伴，吞掉這製造毀滅的手段、生產戰利品的工具、而且有助他們統治的先決條件？即使在今天的法國，馬肉店的產品有沒有常常登上布爾喬亞階級的晚宴派對，或是精緻美食的餐廳？布立亞－沙瓦雷(Brillat-Savarin)的食譜上找不到任何馬的烹調法，瑪麗阿姨(Tante Marie)就更不可能了。

　　比較早期的盎格魯撒克遜人可能也吃馬肉。在786年教皇特使呈給哈德良教宗(Pope Hadrian)的報告中，可以看到一些蛛絲馬跡，教宗回答說：

　　　同時還追隨異教徒的時尚來穿衣服……模仿那些你們
　　一直對他們的生活很厭惡的人，是一件令人不可思議、啞

然失聲的事。你們同時也依循邪惡的習俗，殘害你們的馬匹，切開牠們的鼻孔，把牠們的耳朵綁在一起，讓牠們什麼也聽不到，剪掉牠們的尾巴；雖然可以讓牠們身軀潔淨，但你們不想這麼做，而是讓所有人都討厭牠們。

　　我們也聽說你們打官司的時候，就像異教徒一樣抽籤，這種事現在一律被視為褻瀆神聖罪。另外，你們還有不少人吃馬，東方的基督徒是不會做這種事的。這也改了吧。

(Whitelock 1979: 838)

　　不管怎麼說，這種被指為「違反基督教精神」的行為並沒有持續多久，除非是碰上了飢荒，那連吃人肉都不是什麼罪大惡極之事了。從現存最早的英語遺囑(1387-1439)可以看得出來，當時已經對馬匹建立了不可動搖的感情依戀，在幾份遺囑當中，還指名把馬匹(狗並沒有取名字)留給特定的人。最好的一匹馬叫做首席(Principal，也叫做Mortuary, Corsepresent, 或Foredrove)在喪禮時跟在遺體後面，最後成為神職人員的財產；這種習俗在英國國喪中保持了下來，有一句諺語講「受贈之馬，勿探其齒」(not looking a gift horse in the mouth)，指的就是這樣的饋贈行為。

　　法國也差不多，1870年巴黎被圍，人們才開始普遍吃馬肉。在此之前，有人企圖推廣這種蛋白質的來源。在1793和1794年的法國大革命期間，因為食物短缺的關係，人們吃了馬肉，接下來在拿破崙戰爭時期又歷史重演。在拿破崙戰爭時，吃馬肉

的行為得到了醫生臨床意見的支持。軍醫賴瑞(Larrey)根據他在1812年參與俄羅斯戰役的經驗，表示當年撤退時吃的馬肉對受傷的人有治療的效用，而且到現在都有人相信馬具有保健的功能。不管怎麼說，直到不久之前，人類還把馬肉當作飢荒時才吃的食物，而馬肉之所以改變了牠在烹飪上的定位，是因為這些外在壓力使然，加上內部的宣傳及大眾理性化與好探究的傾向。從1847年起，傑佛瑞－聖－希來爾(Geoffrey-Saint-Hilaire)採取各種步驟來推廣馬肉。1855年艾佛特獸醫學院的院長(veterinary school of Alfort)在巴黎大旅館(Grand Hotel)舉辦了一次馬肉宴，是馬肉第一次在餐廳裡公開上桌(Knab 1885-1902: 1136)。克里斯汀．蓋伊(Christian Guy)所設計的菜單如下。

清湯：　　　　馬肉湯細麵條
開胃菜：　　　熟馬肉香腸
肉類：　　　　煮馬肉
　　　　　　　流行馬肉
　　　　　　　蔬菜燉馬肉
　　　　　　　香檳馬肉片
蔬菜：　　　　馬油嫩煎蘋果
　　　　　　　馬油沙拉
甜點：　　　　馬骨髓萊姆蛋糕
葡萄酒：　　　白馬

11年後的1866年，巴黎第一家馬肉店開張，不過直到1870

年巴黎被圍之後，吃馬肉的習慣才開始普遍。在這段圍城的期間，狗肉也在巴黎的餐廳出現，有時候被寫成羊肉，結果有一位顧客說，「下回要給我們吃牧羊人了」(Catelot 1972: 178)。留下了「同類相殘」，觸犯禁忌的污點。

　　和大部分烹飪上的例子一樣，法國推廣馬肉的活動在英國引起了直接的迴響(Mennell 1985)。1868年有一位畢克耐爾先生(Mr Bicknell)向皇家藝術協會(Royal Society of Arts)演講馬肉的優點，同一年在馬肉食品宣導協會的贊助下，在蘭姆旅館舉辦了一場令人印象深刻的晚宴。但馬肉一直沒有像在法國那樣得到認可，這當然有一部分是因為這時候從美國輸入的其他大量肉品，正在英國急速擴張。

　　在薩林斯「對於美國家畜的飲食偏好和禁忌」的分析中，馬又成了矚目的焦點，這是他在〈布爾喬亞階級的沈思：文化的西方社會〉(La Pensée Bourgeoise: Western Society as Culture)這一章所呈現的主題。他輕而易舉地說明不吃馬肉和狗肉的生產制度是「不合理的」。除非是最極端的文過飾非者，就是那些連對近東禁食豬肉，都需要提出醫學「解釋」的人，才會質疑這個論點；撇開那些數不盡的批評不提，這個論點自然和另一個「生物性限制了存活力」的命題一樣，是不證自明的。

　　肉在美國文化具有中心地位，而且和力量這個概念連在一起，薩林斯(1976: 171)在討論這個現象的時候表示，肉「喚起了食物性別語碼的陽性極，這必須追溯到印歐民族，把牛隻或可增加的財富視為一種男子氣概。」參考班佛尼斯特(Benveniste)研究印歐語系概念重建的論著，這當然是一個歷史淵源，而非

文化邏輯的問題，除非邏輯永遠一成不變。若是如此，我們不妨問問為什麼吃素的印度人不像吃牛肉的文化這麼舉足輕重。而且除非我們只鎖定在語言的層面，否則為什麼印歐民族要比古代的希伯來人、當代的西非人或19世紀的科曼奇族人，更能夠作為大部分美國人口的文化典範和祖先形象？

這個古代文化邏輯的分析，是以「馴化系列：牛－豬－馬－狗」為基礎（Sahlins 1976: 174）。禁忌則和不可食用性連在一起，產生了這個公式：「可食用性和人性成反比」（p. 175，遵循Leach 1964），因此「飲食制度」可以被看成是一種「對同類相殘行為的一種歷久不衰的隱喻」（p. 174）。照這樣看來，狗最一以貫之地被排除在食物的領域之外，是因為牠比馬更接近人類；接下來是豬，因為豬「比牛更接近人類社會」。牛是和人類距離最遙遠，也是最富盛名的家畜；同理可證，牛的內臟比較接近人類，所以可食性便比較低[1]。

這個分析有些部分說得入情入理，這些理念在行為者之間也非常普及，尤其是「傳統上」馬和狗與人類是很親密的。不過「文化邏輯」會受到社會環境的變遷所影響，因此「馴化系列」並不是一個獨立的變數。對大多數的歐美居民而言，馬已經不是一種生產戰利品的工具、生產工具或是運輸工具。馬和人類的距離自然跟羊一樣遙遠，這表示人類的飲食習慣可能會改變，這種改變在某些地方其實早就發生了：在普法戰爭期間，

---

1　不容易弄懂為什麼內臟和人類接近，法國、義大利和英國北部吃牛胃的人也不懂為什麼胃不能拿來吃，對他們來說，這可是精美佳餚。

法軍的軍官已經開始吃馬肉，而在二次大戰期間，哈佛教職員俱樂部（Harvard Faculty Club）也吃馬肉，而且戰爭結束後，還把這個「傳統」延續了下來，在法國的藍領階級和小布爾喬亞階級，這種習慣更是普遍。

---

### 1979年12月10日，星期一

| 湯—番茄奶油湯 | | 75 c |
| --- | --- | --- |

### 今 日 特 餐

| 21. | 雞絲炒麵與白飯 | 3.00 |
| --- | --- | --- |
| 22. | 烤維也納麵包—褐色肉汁 | 3.00 |
| 23. | 奶油海鮮白乾酪砂鍋 | 3.00 |
| 24. | 煎馬肉排－蘑菇醬 | 3.25 |
| 25. | 雞蛋沙拉，碎培根，萵苣和番茄 | 1.50 |

哈佛教職員俱樂部午餐菜單（筆者後來在1987年11月再度造訪時，這道「傳統」菜色似乎已經取消了）

---

不過一想到羊，我們會更加好奇這個系列的本質到底是什麼。為什麼不把羊、雞、甚至未馴化的動物包括在內？難道距離遠還是等於可食性？或是接近就等於不可食用？野鹿並沒有比明顯地比牛更受人類偏愛。我們也沒有捨雞而就羊，對紐約很大一部分的人口來說，雖然雞和家宅的距離比豬近，但並沒有因此提高豬的可食性。

所謂的「馴化系列」不但帶有武斷的成分，即使是為了解

釋這個有限系列的邏輯，每個人對所謂「接近」的概念也都不同。即使是食物偏好的系統，也都缺乏這裡所談的全面性邏輯。雖然這個解釋中的某些元素是有意義的，我們還是很難爽快地接受「就是這個象徵邏輯組織了需求」(Sahlins 1976: 176)。我們當然同意有各式各樣的社會文化因素影響了食物的供應和需求，不過「組織」是另外一回事，因為「組織」意味著拒絕其他元素的加入。事實上，作者本身似乎摒棄了極端的立場，他宣稱「可食性的象徵系統和組織生產關係的象徵系統結合起來，促成了……一個完整的圖騰系統，以一系列對應的差異，把人的地位和他們所吃的食物結合起來。」(p. 176)對應的概念似乎顯得多餘，不過已經點出了非自願的選擇之間的相互作用。

　　想要用這種籠統的名詞(例如，人性＝不可食用性)來仔細說明文化邏輯，會引發另外一個問題。用比較廣泛的邏輯來詮釋特殊的文化形式，表示放棄了這個論證所依據的文化特殊性：大多數的法國人在飲食上的偏好都和美國人不同，但沒有任何證據顯示馬和法國人的距離比和美國人更遠。薩林斯想必是看出了這一點，才會談到利奇(Leach)宣稱他的動物類別系統適用的範圍很廣，但並非舉世通用[2]。當然許多人是養狗也吃狗肉(例如西非便是如此)，就像當代有許多法國農家也飼養溫馴的兔子、鴿子和雞。所有的畜牧業都要面對疼惜小動物和屠宰老動物之間的拉鋸戰。儘管保護「親近」的動物可能是普遍的趨勢(Goody 1962a: 115)，但若是如此，雖然能影響後天學習來

---

[2]　關於動物的分類，見Leach (1964)和Halverson (1976)。

的行為，卻無法進入某些文化語碼的領域；這可能來自人類的
認知矛盾，因為我們同時一邊要保護，一邊又要屠殺動物。人
類學家所面對的問題之一，是無法一以貫之地分辨「文化」的
兩個普遍性意義——也就是「文化」和「一種文化」：兩者都代
表著必須納入考慮的因素，只是方式不同罷了。一個和語言有
關，另外一個可能牽涉到一般的語言活動，也就是使用語言的
動物面對所生存的世界時出現的問題。

　　有人把我的論著和理論上的折衷主義連在一起，我在前面
幾頁一直想要證明這種折衷主義。在社會科學發展到這個階段
的時候，單一因素、偏狹的理論或研究取向所產生的假設，自
然不如針對眼前的問題做全面性的探究。馬的可食用性就是這
樣的例子。

# 歷史和乾貨與生食

　　最近有不少關於熟食和生食二分法的研究。既然這兩個概
念是重疊的，在大多數的社會中，這樣一對名詞多少包含了一
套比較複雜的元素，不能簡單地用一個模型來代表。乾燥顯然
可以被視為一種烹飪形式；我們把李子放進爐子裡，做成乾梅
子。同樣的，「新鮮的」和「生的」在不同的地方也是相連的。
此外，乾通常和「濕」對立，不但能指天氣，在食物的領域上
也可以用來指魚(至少英語是如此，雖然「溼魚」[wet fish]這個
片語現在已經比較少見，特別是在南方)。

　　我已經說過，索緒爾所討論的sheep-mouton的問題在某個層

次上一定和某個歷史情境有關，在這個歷史情況特殊的社會文化脈絡下，差異出現了。法語和英語的類別結構是肇因於一系列的事件所建立的社會階級化體系，而這個體系有其生產的、烹飪的和語言學的面向。當這個特殊情境在英國徹底消失之後，這個活生生的動物和死後成為肉類之間的對等分類，繼續成為這個語言的固有的特徵。

英語和法語對於某些水果的新鮮狀態和乾燥狀態的用詞，也有類似的情況存在。除了把活著和死去的動物劃分開來，一個用有日耳曼字根的字，一個用有羅曼斯語字根的字，英語也以大同小異的方式來劃分葡萄樹（vine）和李子樹（plum tree）活著和死後的產物，前者是改寫一個字，後者是用一個日耳曼字根。看看下面這個系列的字在兩個語言當中的寫法：

| 英語 | 法語 | |
|---|---|---|
| （bunch of grapes） | grappe | （葡萄串） |
| grape | raisin | （葡萄） |
| raisin | raisin sec | （葡萄乾） |
| plum | prune | （李子） |
| prune | pruneau | （乾梅子） |

盎格魯撒克遜語的「葡萄」這個字（wynberry）；（哥德語weina-basi；法語vigne）屬於英語一連串的漿果字之一（草莓[strawberry]、覆盆子[raspberry]、醋栗[gooseberry]、黑莓[blackberry]、藍莓[blueberry]、歐洲越橘[whortleberry]、洛根莓

[loganberry])，而且非常清楚地指出葡萄的用途，也就是讓葡萄樹的果實發酵成為酒精飲料。不過這個字被葡萄的主要供應者法國人給換掉了。事實上 "grape"（葡萄）和 "plum"（李子）這兩個字的情況，是這兩種新鮮水果的法文字變成了乾果的英文字。我們不難看出原因為何。如同大量運輸和冷凍技術的時代開始之前大多數的蔬菜產品一樣，出口的物品通常是乾貨而非新鮮（或溼的或生的）貨物；製作乾貨的方法是把生食用太陽的熱脫水。由於氣候的因素非常重要，因此這些乾貨多半是從南方送到北方，從熱帶送到寒帶。不過用別的方法也可以達到相同的效果，大西洋沿岸的許多食品業就是用火（可能是火爐）、或是利用鹽能夠脫水的特性，來把容易腐壞的新鮮產品做成乾貨。所以西北歐才這麼愛吃乾魚：鹽醃鮭魚，乾鱈魚，煙燻鮭魚。這些脫水、鹽醃、醋漬的食物──換句話說就是做了防腐處理的食品──不但是貿易的商品，也使得遠洋航運真正成為可能。

　　乾燥的蔬菜產物也成為早期長途貿易的商品。從歐洲的觀點，這種貿易包括了以下幾個階段：

1. 早期的香料業，至少從羅馬時代就開始。
2. 地中海的乾果貿易，許多乾果最早都是來自近東地區，包括乾燥葡萄（葡萄乾）、乾燥椰棗、乾燥無花果等等，到現在還是歡宴上的吃食。
3. 美洲的貿易，以煙草為主。
4. 18世紀從中國輸入茶葉（後來從印度輸入），當然還

要加上咖啡和糖的貿易。

這些乾貨形成了雜貨店的基礎，特別是香料、乾果、茶葉，雜貨店在法國叫做épicerie，在德國叫做Kolonialhandlung。

除了葡萄乾以外，還有currants和sultanas也是一種乾果；和香料一樣，是奢華的（典禮用）蛋糕、薑汁餅乾、十字霜糖麵包、李子布丁等的主要成分。"sultana" 是另外一個不同的詞素，這個字在英文指的是一種地中海東岸的脫水葡萄，法文叫做 "le raisin de Smyrne"（土麥那的葡萄）也就是來自土耳其的土麥那或伊斯麥。"currant" 又是另外一種脫水葡萄或葡萄乾，不過它在語意學上的範圍比較複雜。currant的法文是 le raisin de Corinthe（科林斯的葡萄），更明確地指出這個字起源於和地中海沿岸的貿易往來。在英國，這個字還加上了完全不相干的意義，指的是在1578年之前從斯堪地那維亞諸國傳入英國的紅色和黑色醋栗屬植物（ribes）水果（穗醋栗）。這兩種水果在形狀和顏色上的相似，讓人們以為這是新鮮的科林斯「黑葡萄乾」，不過簡寫的學名中隱藏著它原始的本質。

這種醋栗屬植物（穗醋栗）在法文裡具有不同的詞素，cassis指的是黑色的，groseille指的是紅色的。就像英文的 "currant"，groseille也指涉兩個不同種的水果，也就是除了currant（穗醋栗）之外，還同時指涉 gooseberry（醋栗）（有時候還加上種名maqueraux），把陰魂不散的 "berry" 擺在一邊，這個字和法文的groseille彷彿是從同一個字根變來的：事實上這個字在英語的方言形式有gozll、groser、goosegog。這個雙重用法和剛開始在英

文裡被當成外國醋栗（gooseberry）的 "currant" 似乎有相似的來源；gooseberry（醋栗）也是醋栗屬植物（ribes），和來自北方的currant（穗醋栗）有共同的特徵。

　　這些英文和法文水果分類系統的複雜性，可以和蔬菜的世界相比擬——如馬鈴薯（pomme de terre/ceil）、菊苣根（endive）和菊苣冠（chicory）、朝鮮薊等。這些說明證明了很明顯的一點：分類系統和外在世界、人們的互動以及概念系統的其他面向，有著各種不同的連結。就葡萄和葡萄乾而言，我們看見生態學和互動（以貿易為形式）是詞素關係的重要決定因素。damson（西洋李子）也反映出這個早期傳入希臘和義大利的一種小型李子是來自敘利亞（大馬士革）。不過由於語言是恣意的，在本質上一定趨向保守，才能夠在同一世代和兩代之間溝通，因此一旦確立之後，不同的詞素和本體就有了自己的生命。原始的理論基礎，亦即從前的連結（currant/corinth），自然就消失了，我們只能透過歷史的探究來解開（也就是解釋）其中的關係。語源學之所以存在，是因為它納入了從前的概念和社會關係。

第八章

# 中國菜的全球化

長久以來，亞洲菜對西方人一直有著莫大的吸引力，在這方面，大眾比美食家猶有過之。我在戰爭爆發前一年初訪劍橋大學，城裡就已經有許多印度餐廳，還有一家華裔美籍人士開的店。這些印度餐廳通常是孟加拉人開的，賣的是專門給英國駐外軍人吃的普通咖哩飯；這家叫「藍穀倉」(Blue Barn)的中國餐廳賣的則是想嘗嘗異國風味的老美愛吃的那種雜碎和炒麵（可能還有糖醋排骨）。這兩類餐廳都很便宜，多少是因為亞洲菜用不著放多少肉和魚這種昂貴食材。所以亞洲菜之所以吸引人，不只是因為具有異國風情，也以物美價廉取勝。大學部的學生可以不在學校用餐，拿省下來的錢到餐廳吃一頓。

劍橋的印度餐廳在戰後急速增加，顧客多半是曾經在印度本土吃過印度美食的人。雖然現在的菜色漸漸增加，包含燒烤(tandoori)、喀什米爾菜(balti)及其他各式料理，但價格仍然不高。再加上全天候營業，連酒吧關門後也不打烊，又是一項利多因素。戰前除了倫敦和利物浦的碼頭一帶，全英國幾乎沒幾家中國餐廳。隨著戰爭的結束，糧食配給即將告終，加上新口

味的吸引力，中國餐廳也越開越多，很多餐廳專賣中等品質的
伙食，後來由於工作型態漸漸改變，特別是在女性就業方面，
使外帶的服務越來越受歡迎，不少中國餐廳後來就專賣外帶食
物。中國餐廳的勞工急速增加，其中又以香港人最多[1]。中國餐
廳一下子如雨後春筍般迅速開設，連偏遠的蘇格蘭小鎮都少不
了一家賣外帶的中國餐廳，而在全國較大的市鎮中所開設的其
他「民族風味」餐廳，許多請的也都是中國的廚師和助手。中
國人不但因為國內這種新的餐廳文化而得利，同時也逐步接管
英國本地的外食體系，特別是英國傳統的外帶食堂：炸魚薯條
店。現在都市裡隨處可見中國人開的薯條店。

在中國菜或其他料理普及的過程中，餐廳的開設只是一個
階段而已。劍橋郡內傳統的英式酒館，現在大多會供應餐點（這
是餐廳文化普及的一個指標），有些賣泰國菜或其他的異國食
物。我就知道至少有一家餐廳每天晚上都更換不同的異國口
味：星期一是印度菜之夜，星期二是中國菜之夜。當然，這種
食物並沒有像一般的民族風味餐廳一樣，聘請該族裔的廚師來
做菜，味道自然也沒得比。不過既然外帶和外送的生意興隆，
就算不上餐廳，也可以吃到異國料理——想吃一頓口味特別一
點的食物，只消打個電話到附近的餐廳，食物要不了多久就會
送到你家門口。超級市場的冷凍食品也扮演了差不多的角色，
在我家附近的斯伯利超市，就可以買到各種現成的異族風味
菜。但我用不著靠其他人下廚，因為我可以自己在家做一頓異

---

1　　到了1970年，英國有1406家中國餐廳（Watson 1975: 104）。

國料理，除了是拜異國食品店所賜（例如，佛羅倫斯就有為餐廳供應食材的中國百貨店），現在連超級市場也有各種不同的米飯和其他材料，而出版業賣得最好的類別之一，就是各式異國美食的食譜。食物方面的文化區隔正式走進廚房。

印度餐廳和中國餐廳受歡迎及成功的原因之一在於價廉物美。這有一部分是因為廉價的「異族」勞工使然，一部分也是因為這種菜不必放大量昂貴的肉類，所以食材的成本也相對低廉。雖然算不上是吃素，但也不像北歐或西歐的「蠻族」這麼肉食主義。對於有心保護環境不受大型牧牛業侵蝕，也擔心地球的森林受影響的世代來說，這種偏素食的菜餚不但更具魅力，而且也讓人們意識到美國人（由於常吃漢堡和速食）控制了地球太多的資源。狂牛症的出現（BSE）只會加強這種趨勢。

印度和中國餐廳在澳洲開設的過程，與英國截然不同，主要是因為大規模的移民形成了許多的民族社區，這些社區有自己用餐的地方，不過一般民眾也去那裡消費。然而在英國，開設餐廳的多半是移民的勞工，刻意鎖定在地國為他們的主要顧客。他們填滿了一塊市場，也就是戰後英國在烹飪上的空洞，而且他們是以「餐廳勞工」的身分移民，這種移民的性質牽涉到他們和在地社群的關係（多半自我封閉），以及他們返鄉的意願。在主觀的意願上，他們不是難民或殖民者，而是長期的勞力移民，隨著食物而遷移。

當然，即使是中國餐廳的菜色，也會配合當地的口味而做出些許的修正。毛翊青（Timothy Mo）小說《酸甜》（*Sour Sweet*）的男主角知道自己喜歡的是什麼，而且「『觀光客』菜單上的菜

都是垃圾，只能給洋鬼子吃。」(Mo 1982: 17)華特生(Watson
1975)說倫敦有兩種餐廳。道地的餐廳最早開在碼頭一帶，照顧
華藉水手的三餐問題(例如，「好朋友」餐廳[The Good Friends])，
現在則開在倫敦市中心的唐人街(也就是傑拉德街[Gerrard
Street])，主要的顧客都是華人(有些昂貴的餐廳也歡迎非華裔的
客人)；一般賣「雜碎」的餐廳所提供的食物則完全配合當地人
的口味，燒菜的師傅也是個半吊子。

印度餐廳所雇用的勞工往往是從其母國的親朋好友中招募
來的。他們得償還為了買船票所欠下的債務，自然得準備做工
時長、薪資低的廉價勞工。華特生研究英國境內中國餐廳的勞
工，發現這些人更有組織，主要是以一個單一宗族的村莊為基
礎，找同村的親戚來這裡工作。中國餐廳從英國一直拓展到西
歐，包括斯堪地那維亞在內，主要就是靠住在香港新界新田圍
村的這一宗族(姓「文」)的成員，他們甚至還經營自己的旅行
社。每個員工都是同一宗族的成員，這不但便於招募勞工，更
有助於企業的經營，因為許多餐廳都是合夥經營的，每個僱員
都是持有股份的合夥人，直到自己晉身管理階層為止。如果發
生問題，得在宗族的架構下解決，因此很少用書面契約將合夥
關係正式化。換句話說，親屬關係的存在不只提供了招募勞工
上的便利，還可以仰賴信任和社會控制來募集資本，完全不同
於號稱是西方資本主義發展之根本的「官僚」參與[2]。

新田村的居民原本世代務農，以種植稻米維生。並不是以

---

2　對於所謂個人和「集體」資本主義的對立，見Goody (1996)。

廚師傳家，不過因為農業的發展惡化，才學會了這門手藝，並傳給宗族其他的成員。從烹飪的觀點來看，教出來的人未必個個出類拔萃，卻為大眾提供了廉價而充足的膳食。最精美的中國菜是名副其實的高級料理，招待的是對食物具有美食家鑑賞力的金字塔頂端的顧客，但還是有許多餐廳專供一般大眾消費。描繪14世紀南宋都城的卷軸畫已經呈現了林林總總的茶樓酒肆，至於市場裡面，按照馬可波羅的敘述，豆腐是比較貧窮的階級所食用的現成熟食，也是最早的外帶食物。這些文化面向發展的程度，當然比同時代的西方要高出許多。中國是一等一的餐廳文化，在家戶以外的環境為許多人提供燒好的菜餚；有相當多的人早就習慣不是一定非在家裡燒菜不可，這個特徵和都市社會的高度發展息息相關，食物必須從城外送到城裡來烹調，服務離開家戶環境、外出工作的人口。

但並非只有大市鎮才有餐廳和茶樓。即使是小鎮人家，也會以外出用餐來慶祝私人或公眾的大事。此外，這不只是一種餐廳文化，而是一種酒席文化(和印度一樣)，用大規模的宴席來彰顯生命週期的儀式和宗教的典禮。當然，在比較單純的社會，祭祀的供品也可以讓參與的人當眾吃喝一番，和踰越節或聖誕節這種基本上屬於「家庭」性質的聚餐很不一樣。可是中國人過節的時候，往往會準備大量的食物，特別是「燒豬」，在宗族的節慶活動中會有一隻燒豬來款待每一位成員，一切飲食由共同的基金支應。對新田村的村民來說，最令人興奮的事，莫過於返鄉的餐廳員工所舉辦的一連串新年酒席。「這些酒宴幾乎可以說是許多老人家一整年唯一可以巴望的事。」這些酒席

在附有廚房設施的祠堂舉行，從附近的城鎮請來專業的廚師，做出九道菜的酒席。這種宴席可能是慶祝移民衣錦榮歸，或是兒子的周歲生日。

餐廳有各式各樣的形式和規模。我在1989年去了香港諸島之一的長州。我們在一家麵店吃午餐，廚子從一只在明火上滾著的大鐵鍋中把麵撈起來，就直接端上桌。所謂的餐廳就是路邊一個帆布篷下擺著幾張檯子。吃完麵之後我們又叫了茶。端上來的只是用茶杯裝的熱水，當地的窮人管這個叫做茶。

這種說法首先強調出「外食」是一種很普遍的行為，就連窮人也不例外。同時也顯示(茶＝熱水)即使是最簡陋的餐廳，還是要用在烹調等級上較高的用語，就像中低價位的英國餐廳要把價目表(bill of fare)講成菜單(menu)，或是給本地菜取個法文名字。

中國餐廳在歐洲出現的時候，正值戰時的福利社文化漸漸消褪之時。從某方面來說，這原本是一種高度社會化的飲食形式，在軍隊、工廠或社區餐廳(稱為英國餐廳)等地方集體進行，食物是配給的，價格也經過嚴格控制，顯示出這種有限的餐廳文化本身的局限。這種制度具有高度的平等主義，但由於經濟成長、供應品擴張、消費者選擇、以及——我們必須說——對整齊劃一、平等主義的厭倦，迫使這種制度開始消失。

戰時和戰後的制度逐漸崩潰，讓中國菜和其他異國風味的餐廳有了可乘之機，而且當時基於意識形態的因素，[3]這種平等主義

---

3　這一點受惠於余長江(Yu Chang-jiang)教授談北京(1998)。

的飲食在中國留下了深遠的影響，不過這個因素也存在於戰時的英國，1946年選出工黨組政，而且以延續配給制度的方式來分配短缺的物資和避免不公，都是最好的證明。服裝、傢具、教育和其他的消費品，也都有相同的情形。

中國菜的全球化，其實是世界文化全球化，亦即地球村文化的一部分。像迦納這種非洲貧窮國家的首都，比較時髦的餐廳賣的通常是中國菜（講英語的國家比講法語的國家更常出現這種狀況，雖然東南亞的食堂在這些地方也同樣重要）。但在這個全球化的過程中，有兩個層面是同時進行的。第一個是同質化，例如麵包就因此在世界各個文化中扮演了一個主導性的角色；或者是麥當勞化，讓一樣的產品（如過去的可口可樂）主宰了全球速食或非酒精飲料的市場。這些產品往往是美國製品，因為這個國家在19世紀下半葉對食物的工業化做出了卓越的貢獻，例如製作罐頭食物的過程，這種技術是法國人在拿破崙戰爭時代發明的，後來在英國和美國發展，出現了亨氏罐頭、柳橙飲料以及充當早餐的穀類食品。在這種脈絡下，全球追隨著工業化的趨勢，踏上了其實可以不必走的單一文化之路。

另外一個對等的過程是全球特殊化，而非全球同質化，包括採用（或擴展）全球各地的在地產品，這裡指的是全球各地的烹飪形式，締造了文化多元主義。除了中國菜以外，印度菜、義大利菜、特別是法國菜，也都變得國際化了，首先是在餐廳，然後超級市場和家庭也跟進。法國美食成為同質化的國際布爾喬亞階級消費模式的基礎，為全球的大飯店所採用。亞洲美食是後來多元文化全球化過程的一部分，文化同質化和大量生產

及大眾媒體息息相關，相較之下，亞洲美食的出現只具有邊際效應。但無論如何，這就是中國菜和中國餐廳全球化的過程，賦予工業文化一個全球性的面向，使其更加豐富。在第二次世界大戰結束後，烹飪的手法也變得更豐富了，特別是餐廳的菜色。倫敦現在被評為全球最佳的餐廳集中地之一，但裡面供應的菜餚很少和在地的傳統有什麼關係；這是世界性的飲食。在倫敦郊區，我們可以在一個非常有限的區域吃到北京菜、素食的吉拉特菜、俄國菜、波斯菜，以及巴爾幹、土耳其和其他各式各樣的風味。

全球化的過程是漸進式的。把這個過程──例如一個世界體系的建立、或現代化、或甚至廣義的資本主義(也就是不局限於工業資本主義)──看成西方優勢的一個附屬品，其實是西方人的自大或偏見。這些過程老早就開始了，歐洲從16世紀以降的頻繁活動，對全球化更有推波助瀾之功。不過當時印度和中國的消費貨物(印度的印花棉布，中國的彩色絲綢和瓷器)淹沒了西方的市場，徹底改變了國內的品味，也開啟了這些製造產品邁向工業化生產的道路，這些過去原本要從東方進口的產品，現在已經是西方最大宗的出口貨物(至少棉布是如此)，重新恢復了早年羅馬把陶器和玻璃出口到印度和東亞的商業型態。

這些貨物的運輸，以及隨之產生的概念和認同的遷移，促成了某種程度的全球化。但這種全球化未必都和可口可樂與漢堡、三明治與威士忌、披薩與金巴利(苦艾酒的一種)的普遍化所造成的同質化過程一樣，反倒是為豐富的文化內涵增加了差異性，現在流行的說法叫做「文化多樣性」。

　　食物大致上已經全球化，但這個過程的發生是有選擇性的。非洲食物全球化的過程就不是很順利，即使是某些圈子裡頗具文化盛名的靈魂食物(soul food)也不例外。理由其實很簡單。非洲菜沒有什麼階層區分，至於原因為何，我已經在別的地方解釋過了(Goody 1982)，此外這也和土地占有權的性質及不具備大規模的社會經濟階級化有關。所以非洲沒有高級料理，食物也沒有區別性，自然沒有高級料理和低級料理之分。對其他文化來說，能夠打進餐廳或至少成為飯店烹飪材料的，多半是比較高級的食材。有些比較低級的食物也在餐廳販賣，如美國的漢堡和其他速食，英國的炸魚薯條，中國的外帶豆腐，其他地區賣給市場小販的食物。但這些都不是「外出用膳」所吃的東西。不管怎麼說，非洲食物在兩方面的角色都微乎其微——供應這種食物的餐廳必然是極為罕見的異國風情——當然衣索比亞是個例外，全球各地都有供應衣索比亞菜的餐廳。不過從這個角度來看，衣索比亞算不上是非洲國家，而是歐亞大陸的近東國家，從事犁農業，有著類似的階級化形式和階層化的菜餚，辛辣的食物、麵餅和燉菜(*injera* and *wat*)不只吸引本國人，還可以吸引國際的顧客。

　　義大利麵條或麵食是不是食物全球化更早的一個範例？羅馬人並不知道這道菜，還有人異想天開地提出義大利麵是馬可波羅從中國傳來的，就像僧侶從東方把蠶帶到拜占庭帝國，開創了西方的絲工業。不過這種說法就好像法國菜發源於佛羅倫斯梅迪奇家族的凱薩琳和未來法王的聯姻，只不過是一則傳說罷了。比較可信的說法可能是這兩種文化之所以會出現這樣的

產品，其實可以追溯到中亞諸國。

當然，如果是就文化比較的技術性層面而言，這種文化區隔會減到最低；核能發電廠、汽車、電子設備，不管在哪裡製造，差異都是相當小的，生產也是遵循主要的工業趨勢。另一方面，全球年輕人的流行音樂不再只有西方的原創曲或模仿作品，雖然這種例子還是不少。此外還有混合了其他文化更多傳統的「世界音樂」所引發的狂熱。但食物是藉由特殊化來再現這個多元文化全球化的過程中所牽涉到的主要文化面向。食物就和音樂一樣，不會受到阻礙團體外溝通的語言所影響。雖然在烹調的工具（煎鍋和鑊）上有特殊的技術性要求，這些差異都相當小，而且很容易克服。

中國菜的普及不只影響到烹飪的領域；也牽涉到人員的遷徙。這些移民的生活幾乎不大需要適應當地文化。毛翊青小說的主角阿陳在中國餐廳從早做到晚，閒暇時看中國電影，玩中國的遊戲，和同胞在一起。他太太在倫敦市中心唐人街的百貨店購物，省吃儉用，只要能夠勸丈夫離開，他們就可以自己開一家餐廳。她一直遵守著廣東人的習慣。

> 老人家從小就教她，吃完鹹的再吃甜的很傷身體；可能會讓她陰陽失調……所以四年來，阿陳上床時飽受饑渴之苦，但總是陰陽調和。（Mo 1982: 2）

華特生在調查中指出，除了必須和顧客溝通的服務生以外，許多移民從來不學英文：「多半時候，文家人不曾步出餐廳

之外，也很少在講廣東話的休閒場所這一安全範圍以外的地方活動。」(Watson 1975: 125)事實上大多都希望存夠錢之後回到香港。這種情況一直維持到1970年代：他們在國外待個二十幾年。在這些年間，他們匯錢到老家新田村；這是當然的，強壯的男人有85%到90%都被英國或西歐其他國家的中國餐廳所雇用，把女人、孩子和老人留在老家(Watson 1975: 2)。即使一家人都移民到海外，也會把孩子送回來在「家鄉」接受一部分的教育，而他們的家鄉並不是現代化的最前線，反而成為一個極為傳統的聚落，讓這些飄洋過海、寄居異地的人可以在晚年回到這個草屋村落的家鄉。

　　只有中國人可以做專業的中國菜；中國餐廳只有中國人能經營，也只聘請中國人。這種餐廳需要移民，但也刺激了餐廳所需要的中國傢具和裝飾品，以及中國材料的進口，大幅擴大了中國工藝品、人員和文化普及的程度。在比較大的市鎮，餐廳和附屬部門很容易自成一區，成為中國城，也就是華人社群的社會文化焦點。如此一來，也助長了毛翊青在《酸甜》中所揭發的華人生活其他較為人所詬病的一面(因為這不是社會科學可以輕易鑽研的議題，我們只得依賴小說)。這些中國人好賭成性，很可能遭到地主社會或其「官方匪徒」的控制或非難。倫敦有些非正式的華人賭場，不過因為是專為華人社群所開設的，通常不會受到注意，所以生意興隆。有些中國人本身長期吸毒及販毒，這是18及19世紀英國和其他國家的商人(特別是怡和洋行[Jardine-Matheson]和沙遜洋行[Sassoons])，違背中國政府的意願，從印度輸入鴉片所助長的惡習。現在則是風水輪流轉。

這種非法活動使得社會上的寄生蟲越來越多,還有像三合會這種組織嚴密,對組織效忠,使用威脅和採取暴力的幫派在收保護費。紐約還公開指出這種幫派的堂口,其中有些從事非法移民和走私,以及非法「保護」。同時他們對華人社群所提供的服務則比較明確,借錢(要收利息)、和老家的親戚保持關係,我們前面提過,這些親屬往往接受海外勞工匯回來的金錢資助。他們可能也有助於維持某種海外華人的認同,反正他們是靠這個吃飯的。華人員工的生活靠的是華人的雇主(反之亦然)、中國菜、唐人街的環境、華人的保護者、華語的電影、錄影帶和報紙,形成了一個相當封閉的華人社群,沒有多少打破種族隔離的野心或展望。

這種和海外中國餐廳文化牽扯不清的黑道,並不是海外華人的專利。麥德莫特(McDermott)在描述16和17世紀江南地區的蘇州時,把黑道看成是商業文化原本就具有的一部分。黑道的成員籌辦端午節各式各樣的活動,即使在平常的時候,這裡不但是高級仕紳文化的中心,更是一個暴力的城市,黑道就用地痞流氓來維持秩序。這些無賴主要是屬於中國的「光棍次文化」,在一個人的領導下,組織成相當緊密的團體。黑道靠收保護費和控制各方面的交易維生,在18世紀造成了全職性的祕密社會。他們在端午節扮演的角色,等於是公開肯定他們的力量和影響力。

中國菜的輸出為全球化的過程增添了一個多元文化的元素,多少抵消了一些工業化食物的大量生產所造成的世界文化同質化。由於這個輸出的過程非得由中國人來執行不可,也帶

動了華人的外移（多半是男性），以及中國物質文化的輸出，還
有伴隨著這種海外社群的建立所產生的賭博、吸毒和保護費等
等。移民的目標是要衣錦還鄉，而不是在海外落地生根，這種
社群和地主文化隔絕（認為他們自己的文化優秀多了）。他們和
地主文化幾乎沒什麼接觸，卻和家鄉的社群保持密切的關係，
為了個人和公共的目的匯款回家，常常返鄉探親，最後往往落
葉歸根，回到了用匯回來的錢重建成極具傳統風貌的村子。儘
管如此，地主社群受到的影響是非常鉅大的，特別是在烹飪的
領域上，中國菜在飲食消費方面扮演了很吃重的角色，除了餐
廳料理之外、還有外帶的食物、超級市場的現成菜，再加上現
在出版了數之不盡的食譜，在這種刺激之下，外國人本身也越
來越常吃中國菜了。

# 第九章

# 桌上怎麼沒有葡萄酒？

　　為什麼最早栽種葡萄的地區，反而拒絕或禁止飲用葡萄酒呢？雖然這些社會擔心健康的問題，但禁酒背後的主要動機並不是為了擔心健康。而是基於其他的社會原因。

　　關於葡萄的栽種，可見的證據最早出現在西元前3000年西台人（Hittite）的雕刻品裡。但這個地區也是自從被穆斯林征服而改信伊斯蘭教之後，就禁止飲用葡萄酒。我們必須把很少見的「禁止飲酒」，和司空見慣的「譴責過量飲酒」（酒醉）區分開來。但這兩者是有關的，就像拒絕或抑制飲酒的原因是不能分割的。猶太人對酒多少也有些擔心，早期的基督徒在某種程度上也是如此，儘管這當然是聖餐和踰越節晚宴重大儀式的一個核心。如今猶太人在踰越節儀式中使用濃厚的甜葡萄酒，但飲用或生產的葡萄酒並不多；在以色列，生產葡萄酒的是信仰基督教的阿拉伯人，然後把酒賣到國外去。以前可不是這樣。聖經有許多地方提到葡萄酒，例如基督在迦拿的婚禮上把水變成酒。古代的以色列也不遑多讓。舊約聖經的經文中有140個地方提到*Yayin*，也就是發酵的葡萄汁，在用餐（平常吃飯或舉辦盛宴

時)和舉行儀式時飲用。聖經似乎並不反對喝酒這件事,只是不贊成喝太多而已。詩篇的作者讚美上帝「使人從地裡能得到食物,又得酒能悅人心。」(Psalm 104)聖保羅認為葡萄酒有益健康,在寫給提摩太的第一封書信中勸告他,「因你胃口不清,屢次患病,再不要照常喝水,可以稍微用點酒。」(I Timothy 5: 23)不過聖經中也不乏對飲酒過量的警告,責難好酒貪杯、無法克盡本分的統治者(Isaiah 5: 22, 28),以及因為喝了酒而離棄上帝的平民:

> 耶和華說,「酒,無論新舊,奪去人的心!我的民求問偶像,以為木杖能指示他們。」他們把自己獻給木偶,他們的女兒淫亂。「喝了許多酒以後,他們以行淫為樂,寧願蒙羞也不要名譽。」(Hosea 4: 11-15)

換句話說,酒不僅會讓人離棄上帝,也會讓人類朝拜偶像及淫亂。事實上,舊約聖經也有明令禁止飲酒。離俗歸耶和華的拿細耳人就要遠離清酒濃酒(Numbers 6: 3 ff.),祭司在進會幕的時候,也是清酒和濃酒都不可以喝(Leviticus 10: 9)。希臘歷史學家狄奧多羅斯(Diodorus Siculus)說納巴泰人也是不能喝酒的;在他們的銘文中,有一位神明被稱為「不喝酒的好神明」(Weinsinck 1953)。但這種禁律並不是普遍性的。那現在正統的猶太教徒不願意喝酒,又是怎麼回事呢?流亡在外的猶太人住在海外居住地,和基督徒鄰居隔離,是不是在這種情況下,發展出「清教主義」或「道德節制」這種犧牲,讓他們更接近上

帝[1]？顯然移民的身分使他們的社會地位比較敏感，飲酒過量會引來批判的眼光。看樣子是酒已經和儀式劃上等號，而世俗的用途會受到阻止或被認為不適當。這種聖酒和世俗禁酒之間的二分法，是許多新教教派的特色，他們只有在儀式的場合上才喝葡萄酒（象徵——而非等同於——基督寶血）。我想暫時先把宗教的問題擺在一邊，著重在使用這種奢侈、可有可無、甚至具有威脅性的產品本身固有的矛盾。這種社會層次上的矛盾造成了個人層次上的矛盾情結。

伊斯蘭教也存在著類似的矛盾。阿拉伯一開始對喝酒（*Khamr*）似乎並沒有全盤禁止。穆罕默德的夥伴還參加酒宴，可蘭經第21章67節稱讚酒是阿拉對人類的一種賜予。「從棕櫚樹的果實和葡萄，你得到令人迷醉的酒液，以及美好的滋養。」可是喝醉酒的後果，尤其是會妨礙禱告，（你們在酒醉的時候不要禮拜，Surah iv: 43）使先知對酒一律大加撻伐和禁止。禱告之前不能喝太多酒，和開車不喝酒可以說有異曲同工之妙。兩者都可能擴而大之，因為過量享用一種帶來歡樂的物質，很容易讓人失去控制。「信道的人們啊！飲酒、賭博、拜像、求籤，只是一種穢行，只是惡魔的行為，故當遠離，以便你們成功。」（Surah v: 90）酒又和惡魔扯在一起，所以遭到禁止。這個禁律後來由法學博士承襲下來，在穆罕默德言行錄有很詳細的描述。

後來對酒的限制，也顯示人們對酒的使用懷有某種矛盾的

---

1　我看得出在跨文化分析中使用「清教主義」這個用語所產生的問題，不過這是知識發展中的一個普遍的問題，我們不應該或因此而迴避或採用讓人看了不舒服的新名詞（見Berlivet 1996）。

情緒。對用餐時喝酒的種種限制(或是乾脆不准),一部分是基於宗教的理由,一部分是出於生態的因素,同時多少也是因為階級,還有個人對酒的喜愛或禁止。對某些人來說,酒是一種奢侈品而不是必需品,所以不鼓勵一般人飲用。還有一部分是因為喝酒可能會導致粗暴和胡鬧的行為,喝酒的人可能會忘了他們和上帝及男女同胞之間的關係。對飲酒過量的恐懼可能造成全盤的拒絕,就像伊斯蘭教;或是強調喝酒必須適量。這些宗教禁律並不是禁止飲用葡萄酒,而是禁止任何一種酒精飲料,不過由於儀式的需要,使葡萄酒在猶太教和基督教都扮演了一個特殊的角色,然而在北方國家,由於生產的困難,反而使葡萄酒有了一種特別、奢華的地位。

在早期的歐洲,北方喝啤酒的日耳曼人和地中海沿岸喝葡萄酒的人是壁壘分明的。可是「把羅曼斯-基督教的飲食典範散播到北歐的」主要是後者,也就是正統基督教的信徒。在有關他們如何聯合「真正信仰」的力量來打倒亞利安人異端邪說的敘述中,「葡萄酒占據了政治和文化正當性的戰略核心角色」(Montanari 1994: 17)。聖徒的生活中充滿了用種植葡萄和栽種小麥(因為麵包也扮演了類似的角色)來推廣基督教信仰的人。雷姆斯的主教熱米糾(Remigius)在法蘭克國王克洛維(Clovis)和西哥德人的國王阿拉列展開決定性的一戰之前,給他一瓶葡萄酒作為「祝福」。

不過葡萄酒文化的建立並不是沒有遇到抵制。異教徒繼續使用啤酒獻祭,結果哥倫邦(Columban)說啤酒是「褻瀆之液」。到了西元12世紀,亨利·金雀花的兒子拒絕飲用葡萄酒,認為

這是「異邦的酒」(Montanari 1994: 90)。北方的修道院漸漸把啤酒當成日常飲料。可是在基督教的世界裡，葡萄酒一直具有比較高的威望；畢竟它代表的是(事實上是呈現了)基督的寶血。

　　不同的酒類當然會引起不同的感受，這多少是因為生態上的原因使然。喝啤酒的可能會看不起喝葡萄酒的人。不過因為基督教的傳統，情況通常是相反的。不過他們這樣往往是在表現對自家地方飲料的偏愛，以及對鄰居地方飲料的貶低。這種喜好一般是跟隨著植物栽種的生態模式：溫和的南方有充足的陽光來栽種葡萄，對葡萄酒也比較偏愛。但儘管如此，葡萄酒長久以來一直是北方各國上層團體的飲料(貴族、神職人員、大布爾喬亞階級)。希臘人在馬賽定居時、就開始種葡萄、釀葡萄酒，然後連同喝酒時所使用的其他物資，一起外銷給北方日耳曼酋邦(Dietler 1990)。這是一種尊貴的商品，在更北方的英國，葡萄酒的尊貴地位歷久不衰，從13世紀開始，英國人就從波爾多進口大量的葡萄酒，而且在羅馬人統治的時代，就已經嘗試要讓葡萄適應比較北方的氣候。歐洲許多地區在中世紀初就有了葡萄園，包括英格蘭和低地國家。三、四個主要地區所生產的葡萄酒漸漸成為大宗——波亞圖、卡斯肯尼、勃根地和莫色耳——這些地方從羅馬時代開始，就遍布著茂盛的葡萄園。英格蘭對卡斯肯尼的葡萄酒情有獨鍾，光是1415年就進口了四百多萬加侖，還供應穀物給卡斯肯尼作為報償(Postan 1952: 123-4)。葡萄酒重要產地的信仰是天主教，而過去以喝啤酒為主的地區則是信仰新教，這多少和葡萄酒(或一般的酒精飲料)飲用方面的清教主義或道德拘束力的問題有關。儘管如此，從法

國西南部宗教改革的歷史，以及更早以前清潔派教徒和其他「異端」教派的歷史，就可以發現這些地區非但不具有同質性，還存在著嚴重矛盾的趨勢。

我的民族誌取材自英國，在盎格魯－撒克遜的時代，英國的葡萄酒必須仰賴進口，但蜂蜜酒、蜂蜜、啤酒、苦艾酒和（蘇格蘭的）威士忌，則在英國本地生產。對中產階級來說，葡萄酒不久之前還是一種奢華的飲料，只有特殊場合才喝，極少作為日常飲用。我在劍橋所屬的學院，以前研究員一天「配給」的伙食是一條麵包和一品脫的啤酒；舉辦宴席的時候才有葡萄酒喝；威士忌則從來沒出現過。到了1960年代末期，親法國的史都華表示，一杯葡萄酒的價錢和一品脫啤酒的價錢一樣——於是就換過來了，這顯示習慣已經有了大幅度的改變。葡萄酒一直是一種奢侈品，酒館裡喝啤酒的人也作如是觀。不過30年來，這種想法已經改變不少。甚至早在歐洲共同市場成立，造成進口葡萄酒的關稅降低之前，經濟繁榮的提升，加上國人到海外渡假，把喝葡萄酒的習慣傳播到其他團體，更特別的是女性也開始喝起葡萄酒。到了1960年代，全國各地的酒吧出現了很特殊的容器，裝著劣質的平價紅、白酒。再過一段時間，這些容器大多都不見了，換成了普通的瓶子裡倒出來的葡萄酒，這不但說明酒的消費量增加了，更證明酒的品質也提升了。因為許多酒館現在都會以每月特選酒的方式，供應各式各樣產自法國、義大利、澳洲及其他地區的上選好酒。現在點一杯葡萄酒已經不會有半點不好意思了；這是日常生活的一部分，而不會像真正的奢侈品那樣引起公憤，酒館開始普遍飲用葡萄酒，是

在來自葡萄酒吧和咖啡館的競爭日漸激烈之時，而當時食物的特色(先是餐廳，然後是超級市場)也漸漸染上了偏向歐陸(其實是國際)的味道。

　　過去女性受到的限制比男性還要多。多少是因為正派的女性其實是禁止在酒館喝酒的，在二次大戰之前，女性可以進出沙龍酒吧(salon bar)，但還不能上酒館。這種區隔在蘇格蘭、澳洲、加拿大和北愛爾蘭又延續了好長一段時間。女性對啤酒沒興趣。她們喜歡味道比較甜的加烈葡萄酒，例如劣質的波特酒(波特加檸檬)、馬特拉酒和雪利酒。男人的飲料是啤酒和威士忌。中上階級普遍在晚餐時喝葡萄酒，餐後女士迴避，男人喝波特酒。餐前酒並沒有性別之分；喝的是雪利酒，偶爾喝喝美國雞尾酒，代表一次大戰後爵士時代的解放。

　　英國各界正派的勞工階級對任何一種酒都帶有些許敵意，因為每個人都知道一些人的生活和家庭是怎麼「被酒給毀了」的。這是一幅描繪都市生活某個階層的圖畫，出自18世紀藝術家威廉‧何加斯(William Hogarth)之筆。下層階級的人喝苦艾酒，這種酒又稱做「毀滅母親」，他們喝酒的行為被認為會危害社會秩序，因為酒醉的暴民會威脅到上層階級，而上層階級喝酒則被認為是安全而文明的。但對喝酒的抗拒不只是基於從上而下進行社會控制的需求：還兼具下層階級想要自我改進的層面。在19世紀，喝酒一直被認為會帶來貧窮，而且會擾亂社會生活。因為喝酒而耗盡家庭經濟的往往是男人而非女性，會使得夫妻或兒女很難在社會階級上往上爬。這種花費違背了儲蓄和延緩慾望滿足的訓喻，這種觀感使得英國的禁酒運動變得非

常重要，許多小布爾喬亞階級和勞工階級人士都同意「簽下誓約」，拒絕所有的酒精飲料，包括啤酒、葡萄酒和烈酒。這個運動的宗教和健康層面都很重要，花在酒精飲料上的錢也讓窮人沒辦法過比較好的生活。在第一次世界大戰爆發以前，家父本身也簽署了這份誓約，這無疑是因為他的原生家庭不幸破裂。家母也有類似的傾向，不過她的想法純屬教派之見。她出身蘇格蘭東北部布爾喬亞階級的環境，那裡住的多半是神職人員、教師和小商人。以自由教會的形式出現的喀爾文教派早已成為國教，我不記得在他們位於杜瑞夫(Turriff)附近的家裡見過任何酒精飲料。雖然離生產威士忌的斯貝河不遠，而且就在班夫附近，那家人一直把酒當成是魔鬼，酒館則是聲名狼藉的不良場所。在家母南遷以後，這種背景並沒有阻止她「基於醫療理由」偶爾求助於史東的薑汁甜酒或溫卡爾尼斯(一種「健康」飲料)之類的酒精飲料，這兩種都不屬於佐餐葡萄酒，而是歸類為優質葡萄酒。後來像白蘭地這種她以前絕對不碰的酒類，現在遇到愉快或難過的場合，飯後偶爾也會來上一瓶，比如說她兒子離家上大學或參戰的時候。家父那時候老早放棄了這個誓約，偶爾會喝喝啤酒或威士忌(總是在家裡、餐廳或飯店喝，從來不上酒館)。

還有一種情況是不會把酒端上餐桌的，這是基於飲酒者的生理反應使然。西方社會有些人在某種狀況下會出現這種反應。不過在中國或日本發生得頻率要高得多，這兩個地方有許多人一喝酒就會產生可怕的後果。這種困難並沒有妨礙中國進口葡萄或釀造米酒，不過卻讓許多人在喝酒時有相當嚴格的限制。

　　我們前面提過，吃飯之所以未必會搭配葡萄酒，就生態層次而言，其實只是因為當地沒有栽種葡萄。但文化的壓力或許才能把這個問題詳細解釋清楚。在我研究羅達迦人的迦納北部，比較富裕的公民現在喝的都是歐洲牌子的啤酒，只不過是用進口的原料在國內釀造。當地的飲料和歐洲的啤酒非常相似，是採用和歐洲完全相同的方法，用發酵的蜀黍釀成的真啤酒（例證請參見Goddy 1972a）。黑伏塔河是迦納和布吉那法索之間的（殖民地）邊界，河對岸住的是同一個種族的人，他們的菁英階級喝慣的是葡萄酒而非啤酒，因為我剛認識他們的時候，這些人已經在一個講法語的國家生活了差不多40年。不管是現在還是當年，讓我真正覺得驚訝的是，這些對不同酒類的品味，其實是遵循殖民地征服者的偏好，已經融入了這些被分割之民族的文化內涵中，不只是當作新認同的記號（這個說法太膚淺），也是特殊的享樂之源。

　　無論如何，既然喝葡萄酒和喝啤酒的地區有文化因素的差異（先前迦納森林的棕櫚酒飲用者就和大草原的粟啤酒飲用者不一樣，這主要也是基於生態的原因），自然也有地區是完全不喝酒的。在非洲，這些地方基本上是受到伊斯蘭教的影響，因為可蘭經教導信徒們不得飲酒。從歐洲人在沙烏地阿拉伯被起訴的案件看來，就知道這種訓令相當普及（但不是全球的穆斯林都嚴格恪守）。印度的某些地方也一樣，古吉拉特這個邦就是禁酒的（除了賤民所釀造的烈酒之外），必須持有特別的上癮者許可證才能買酒。伊斯蘭教的影響雖然不少，不過這個禁令不是出自伊斯蘭教的影響，而是因為甘地反對奢侈和放縱。但是下

層階級在傳統上是酒的生產者，也是主要的消費者。婆羅門祭
司階級樹立了許多社會行為的典範，喝酒向來不是他們的特色
之一。我不知道印度教的聖書有什麼阻止喝酒的內容。這應該
是一個印度社會的清教潮流所反對的奢侈現象。佛教對酒是節
制而非抵制，不過佛教修行的最高形式是包括禁酒在內的[2]。

在思考這些禁酒律令的時候，葡萄酒的宗教用途具有重大
的意義。在伊斯蘭教和印度教中，酒沒有任何宗教用途。猶太
教在吃踰越節晚宴時規定要有四杯葡萄酒。這種習慣由基督教
承襲下來繼續發展，葡萄酒在基督教代表的是為人類犧牲的神
的寶血，麵包則是他的身體。這種相關性可能帶來兩個結果。
首先，在聖禮中使用葡萄酒，可以為它世俗的用途提供正當性。
對許多新教徒來說，這兩件事完全不相干，他們完全不碰聖餐
的酒（和聖餐的麵餅不同）。葡萄酒可以說是基督寶血，不能在
其他場合飲用。另一方面，在天主教會似乎產生了完全相反的
效果。這也是宗教矛盾情結出現的理由。卡奧爾省用馬爾貝克
葡萄所釀造的深紫色葡萄酒，因為看起來如血一般，因此沿著
羅得河經地中海沿岸諸國出口到黑海，在東正教的聖餐儀式中
使用，因此這種聖禮用的酒就叫做卡奧爾斯基（Cahorski）。把某
種葡萄酒當成基督寶血，原本應該會讓人覺得它適合用在教堂
裡，但不適合當餐酒。

清教的傾向在歐洲相當普遍，特別是新教徒，他們認為酒

---

2　見Sigalavada Sutta in Digha Nikays (ch. 31), T. W. Rhys Davids
(transl.) *Sacred Books of the East*, vol. 4, published for the Pali Text
Society by Luzac and Col, London.

不但是一種奢侈品，也會誘惑窮人，讓他們沒辦法養家活口，禮敬上帝。難怪在家母那個年代，蘇格蘭東北部會存在著這種信仰，不喝蘋果酒，而只喝「甜蘋果汁」（非酒精飲料）的新英格蘭居民也嚴格禁酒，後來在兩次世界大戰之間（某些社群仍然延續這種禁令），美國更是爆發了雷厲風行的禁酒令。也因此造成了私酒販子、私酒酒店和大盜狄林格及其黨羽的出現，因為當時企圖由政府來嚴格執行對酒精的抵制，而不是留給宗教和福利的運動來處理。

　　這種清教徒式的立場之所以有趣，在於它很容易連帶反對其他可能被視為奢侈或非必要的活動。新英格蘭的清教徒也反對圖像再現、劇場和小說的閱讀。初期的基督教、猶太教和伊斯蘭教也有這樣的傾向。和基督教早期反對香水和精緻（有顏色的）服裝是一貫的。

　　這種立場並不僅限於近東地區的宗教。印度教和佛教也有類似但不盡相同的趨勢，雖然不管在哪裡，像無圖像態度（aiconic attitude）這類的現象，都是會隨著時間而改變的。換句話說，每個主要的歐亞社會在不同的時間和地點，對於奢華和美學的事物，似乎都有不少反對意見。對此，我曾經提到，部分原因在於對青銅器時代高度階級化社會的內在反省，在這樣的社會當中，有人生活優渥，有人飢寒交迫。這種貧富懸殊讓人們對財物的分配和奢華的存在做出了哲學、政治和社會的批評。反抗和革命思想的具體表現，就是抗拒有錢人的活動；換言之，這些思想是出自社會組織所隱含的認知矛盾。

　　不過至少就其中某些現象來說，情況並沒有這麼簡單。就

以圖像為例。我曾經提出（1991與1997），即使是社會經濟體制完全不同的非洲社會，也都存在著無圖像的傾向。非洲社會顯然不願意描繪至高之神，往往也不願意把其他的神明圖像化，就是一項佐證。事實上，像迦納北方的塔倫西這樣堅持拒絕任何伊斯蘭教影響的社會，就看不到任何一種圖像藝術；神龕都是「抽象」而非圖像的。在劇場和對古蹟的崇尚方面，也出現了這種比例懸殊的現象。我並不是說其他所有的清教徒情結也會出現在非洲，例如飲酒。在非洲大多數的傳統社會中，居民都會喝粟啤酒或棕櫚酒。由於粟啤酒是另外一種讓穀類改頭換面的方法，我不知道有哪個人（除了穆斯林以外）會拒而不喝啤酒，尤其是粟啤酒被當成是一種「食物」。無論如何，還是有些人不喝這種飲料。這似乎再次指出對飲用酒品的某種矛盾情結。例如，我在羅達迦聚落居住時，第一個鄰居就是驛站旅館的看守人，他同時也是很重要的占卜者。為了善盡職責，他必須經常接觸野生物。這個人纖瘦、緊繃、不善交際，除非有人找他問卜，否則常常獨自一人或是待在神祠裡。因為野生物（beings of the wild）禁止他喝啤酒，使他更加與世隔絕，因為這樣一來，他很難全心參與社交或典禮的聚會。

即使在飲酒者的社會，有些人還是滴酒不沾。祭司和僧侶多半就是這樣。當然，許多人還有其他類似的禁忌。不過這些個人的抗拒似乎確實加深了社會或宗派對酒的抵制。我們也發現這些都牽涉到針對「生命美好事物」之享受的反享樂主義、清教徒式的觀點，還有清教徒自我克制的型態，在青銅器時代發展的「奢侈文化」中特別普遍。如今這種克己和禁戒似乎漸

漸消失在當代的消費文化中，現在「美好事物」的分布比過去
更加廣泛，奢華的標籤也就不見了。這多少也是一種世俗化；
中國也曾經一度以為人類可以靠禁慾來主宰世界上的事，現在
已經沒有多少人相信了[3]。當然，伊斯蘭教或基督教的基本教義
派仍然繼續堅持這些禁令，在企圖終結奢侈、致力於讓基本必
需品有比較平等的生產、分配和消費的革命情勢中，也還能看
到這種堅持。在禁酒這方面，除了精神健康以外的健康因素，
在當代西方已經不具有什麼重要性了，只有少數團體仍然非常
看重。喝酒永遠無法擺脫一個會激發反對聲浪的問題，也就是
飲酒過量會讓人失去自我節制，甚至可能會導致社會失序。不
過比較可能發生這種問題的是烈酒，而不是葡萄酒或啤酒。總
而言之，星期五和四旬齋已經失去了它們的禁忌，所以葡萄酒
上桌的機率也高了不少，這一方面固然是因為交通的發展和市
場的擴大，但也是因為葡萄酒的奢華地位所引發的矛盾情結大
多已經消褪了。當然，照葡萄酒的消費國而非生產國的情況看
來，有些認知上的矛盾已經解開了。

---

3　西元1678年(清康熙十七年)，中國大旱，皇帝特此下詔：「……躬自
　深省，毋有失德？齋沐以禱，伏乞甘霖，降澤……」(Elvin forthcoming:
　8)。

# 第三部分

# 懷　疑

　　我在最後一部分所處理的，是我近年來最關注的一系列問題，主要是有關再現所創造出的矛盾和懷疑，特別是歐洲和亞洲在文化上出現了區隔的國家。在這些國家中，之所以產生區隔，是由於階級次文化（包括奢侈文化）的存在，此外還有識字和不識字這個重要劃分，儘管這個區分顯然沒有對口述文化產生影響。第十章討論的是地中海沿岸諸國的大傳統和小傳統，這些概念基本上是以作家的（大）傳統和大眾（小）文化並行不悖的存在為基礎。這個文化的分水嶺代表的是，雖然各個地方性文化有一定程度的同質性，但只要是屬於相同的書寫傳統（伊斯蘭教就是一個例子），相鄰的民族中具有讀寫能力的團體，彼此往往更加接近得多。大眾文化會把不同的地區加以區隔，菁英文化則會加以統合。不過菁英文化和下層文化之間也有某些對立，因為這些也是關係到資源取得或貧富對立的階級區分。涂爾幹的研究取向就顯示，像那不勒斯的安樂鄉節（Feast of Cockayne）之類的聯合典禮，不僅僅意味著團結，也點出了分裂的事實，因而凸顯出對次文化價值觀和商品的懷疑。

　　第十一章比較深入地談到懷疑的問題，以及懷疑和複雜的階級化文化有什麼關係，包括識字－不識字的面向在內，我還特別處理宗教以及世俗領域上的不可知論，不過是以前者為主。有人認為不可知論是啟蒙運動的發展，有些人則認為早在希臘時代就已經存在。我倒認為這應該是所有書寫文化的特徵，東西皆然；雖然可能只有書寫社會才有成熟的不可知論傳統，亦即懷疑的傳統，然而對神的懷疑則不受此局限。懷疑論普遍存在於口述文化中；並不是每個人都會無意識地自動相信任何一件事。其中一個原因和認知的矛盾有關，我在第十一章和第十三章會討論到，在某些想法或行為的脈絡下，這種矛盾就可能出現，例如對於世界和人類文化源起的想法，以及世界到底是逐漸演化而成，還是突然創造出來的。這每個概念都包含著矛盾，或許在脈絡的因素下，這些矛盾會使人們採納另一種說法，我認為這使得羅達迦人的巴格雷（Bagre）神話出現了好幾個不同的著重點。神話的認知層面是非常重要的，儘管神話的象徵詮釋非常關鍵，而某一個角度所遭遇的困難，可能促使我們從另外一個角度來切入。或者可能使人們用「儀式」來解決矛盾，就像殺人有時候（犯下殺人罪）會被判罪，有時候（在打仗時）又會受到讚揚，但兩者都是讓其他人類流血的危險行為。使用語言的動物和世界互動的時候，不管是外在或是內在，已經融入了這些矛盾；這些矛盾是文字作為再現的工具所固有的特徵。

　　人類對大自然的態度就存在著明顯的矛盾，因為我們一方面要保護動物，一方面又要把牠們殺來吃。羅達迦族有不少儀

式的主題就是這種矛盾，產生了一種矛盾情緒，可能在狩獵儀式和邪教信仰中表現出來。在具有書寫傳統的社會，這種隱含的矛盾往往會再度被突顯出來，所以有不少宗教(特別是印度的宗教)和現在的許多素食者，都避免殺生吃肉，其實就是避免讓動物流血。

　　最後一章則再度回到本書第一部分所討論的主題，對於西方人和學者等人(特別是史學家和社會科學家)以解釋西方晚近的優勢為目的所呈現出來的東方，我提出深深的懷疑。他們這麼做，很容易變成是以長期的差異(許多甚至是想像出來或根本不相干的)來解釋短期的優勢。公民社會就是其中一個例子。我最後要討論的是公民社會在全球的分布情形，表示西方學者對政治的處理，太過以歐洲的類別和事件為中心。對世界其他地區的政治毫無知識或置之不理，賦予歐陸政體獨樹一格的特徵，例如「公民社會」或商業法的存在，就被認為是歐陸現代化的關鍵。我認為這種說法誤解了亞洲所謂的獨裁國家，以及非洲的「部落」政體。

# 第十章

# 地中海沿岸諸國的大小傳統

　　大家都知道，大小傳統是芝加哥人類學家勞勃·雷德菲爾 (Robert Redfield)在印度的脈絡中發展出來的概念。他後來把這個想法延伸到他的「農民研究」。我要問的是，把這個概念套用地中海世界，產生了哪些得失，特別是要以其他區隔為主軸，例如階級。

　　這個概念不僅讓我們注意到地中海文化的多元性，也讓我們看見了橫跨各個「文化」、「社會」、國家的種種分野。強調把個別的「文化」當成整體，是有其局限的，而且除此之外，在這些文化內部的個人和特質，和文化疆界以外的關係，恐怕比和內部的關係更密切。我們一般所理解的大傳統是一種書寫傳統，可以擴展到某個社會或文化團體的疆界以外。所以對內可能是分裂的，對外可能是一致的。我們不但要注意地域性的知識，對於以相當去脈絡化的形式所呈現的外來知識，也同樣不可偏廢；除了各式各樣的宗教以外(每個團體都有自己的宗教)，更有一個以相當固定的文本作為參考點的「宗教」，締造出層次分明的知識系統。

地中海諸國的許多學者（特別是人類學家）往往把這些文化當成一個個單一的元素，彷彿希臘和義大利的文化從盤古開天以來就是非常完整的整體。這種表達方式其實屢見不鮮，指的是以現代民族國家的疆界所界定的文化單元，除了少數的例外，這些民族國家幾乎都只使用一種語言（至少只有一種官方語言），而且高度集中化的團體，也助長了某種文化上的統一；書寫要比純粹口述的情境更能加重這種壓力。現代民主國家在政治上、憲法上（這是民主國家的必備條件，如成文法）、儀式上（像中國這樣有儀式的制度或典籍）和語言上（基於根源、選擇及權宜）是統一的，自然代表了國家的成員擁有某些共同點；在現代的情境下，類似的法律（成文法）在理論上（雖然在實務上未必如此）適用於全體公民，全國人民也可以用全國通用的語言溝通。

雖然學者們（舉例來說）對義大利的家庭可謂如數家珍，不過其中所隱含的統一性文化的概念，就我們前面所看的幾個層面而言或許是對的，但卻隱藏了其他層面上所包含的重大內部差異。絕大多數的「文化」連語言都沒有完全統一，從公民權的觀點來看，沒有幾個文化不把男性和女性的權利區隔開來，或對本地出生的公民和移民沒有差別待遇，特別是新移民。不管是從階層或地域而言，義大利北部和南部的家庭結構就有極大的內部差異，因此女性的地位也大不相同。或是以法國為例，奧克語區（*langue d'oc*）和奧依語區（*langue d'oïl*）遺產繼承的習俗也不同。不管怎麼說，我在這裡想談的是階層方面的文化差異，除了邊緣或地方性的團體，就算是文化的核心團體，也有這種特徵。我們要談的不只是種姓制度，還有賤民，以及賤民

對種姓制度的反抗，因為他們也是在種姓制度的宰制之下。對
文化的反對和抵抗，包括對性別文化的反抗在內，都是這個文
化的固有成分。儘管學者們無法擺脫整體論的概念和研究取
向，我們都知道人類長期以來已經用許多方式把西方文化分成
了各式各樣的文化階級，因此上層團體的行為方式風格和下層
團體自然南轅北轍。

　　印度最早把大傳統和小傳統給區分開來，這個概念講的主
要是人們對印度教傳統（這自然是個書寫傳統）的固守和背離。
這個區分在相當程度上是指識字（或是對文字傳統的依附）和不
識字之間的區隔。但不光是這樣而已；其他的文化領域也有大
小傳統的區分，例如烹飪、飲料、音樂之類的各種藝術、以及
兩性關係的本質。

　　這種高低之間的區隔非常複雜，所以很容易被過度簡化。舉
例來說，只有在少數有限的脈絡下，才有可能把大傳統和小傳統
分開來談。其中一個原因是不管在歐洲或印度的任何地方，所有
人通常都會說一種大致上可以相互理解的語言。在這個架構下會
有不一樣的方言和慣用法，例如英國在1950年代就有上流社會和
非上流社會之分（U and non-U），所以我們多半可以從一個人的言
談舉止來猜測他出身的團體及其所接受的教育。

　　容我堅持一點，識字文化和不識字文化之間的溝通從來沒
有間斷過。印度教、伊斯蘭教和基督教都是書寫宗教。不過那
些本身沒有閱讀能力、但聽從識字者引導的文盲，還是採用或
被迫接受了這些宗教。不過這些不識字的人只有在大方向上遵
從這些引導，因為他們還是會做出某些調整，或甚至延續或創

造出其他和母神、靈魔、大自然的神靈及各種形式的與「魔法」有關的宗教習俗，這些元素一直被描述成「民間信仰」或「民間文化」的一部分，表示我們可以根據高級(書寫)和通俗(非書寫)的成分來分析這種宗教。不過這種區分不可能切割得乾淨俐落。我們前面談過，這兩種「傳統」都要靠相互交流來組織社會關係，即使是上位和下屬的關係也不例外。即使其中一部分(上位)同時具有讀寫能力，頂多也只能把人區分開來，未必可以將文化分裂，因為不識字的人也可以從口說的佈道和圖畫的再現，從「窮人的聖經」中來學習書寫的宗教。這樣的信徒用他們的方式，可能比識字的代理人更堅定地相信宗教的真理。

　　階層之間還有其他的交流方式。上層團體的生活方式會漸漸向下滲流，並為下層團體的人所採用，成為一種新的綜合體。不過這種交流並不是只會由上往下作用。就算是法國宮廷的瑪莉皇后，也會模仿想像中牧羊女的生活。像牛仔褲和頭巾這樣的服飾自然是由下往上流傳的。更重要的是，高級音樂的作曲家也把農民的歌曲和舞蹈融入了他們比較正式的樂曲當中，這種樂曲是不能缺少書寫的。烹飪也一樣。高級料理的元素藉著有錢人所雇用的廚師由上往下流傳。例如文藝復興時期的佛羅倫斯在舉行盛大的宴席之前，要把菜色展示給大眾觀賞，宴席之後會把有錢人桌上吃剩的東西賞給窮人，他們也從中得到一些見識。反之，地方小菜也會「晉身」到布爾喬亞階級的書寫食譜中，並登上貴族及餐廳的飯桌上。醫學的例子也不遑多讓，埃及、希臘及後來的傳統所發展的學術性文字療法，一開始是靠口耳相傳建立起來的，然後持續藉著其他的民俗傳統來補

充，高級醫學和前者比較能夠劃上等號，反之則與後者劃上等號，不過這兩個元素也不斷豐富彼此。

高低之間的傳遞過程，顯然取決於相關的傳統和民眾在身體和社會上分離到什麼程度，而這個程度在不同地方之間會有變化[1]。文化的合作，同時也是人員和表演的對立，是那不勒斯的社交生活的一大特色。在那不勒斯，幾乎沒有社會團體被隔離在某些地區。例如散塔路西亞區，大廈和民宅是比鄰而居的，所以居民很清楚意識到對方在過著什麼生活。這當然不能把社會階級或團體彼此之間在生活方式上的差異一筆抹煞，不過卻會引發兩個現象的發展：第一，兩者會一起參加共同的儀式，其次，一個團體的活動會在另外一個團體的生活中反映出來。

共同參與當然是許多階層化社會的一個普遍現象。施里尼華斯(Srinivas)清楚地分析了印度南部庫格人(Coorgs)的情況，當地在共同的年度慶典中，每個階級都扮演了自己的角色。事實上，幾乎所有的公眾節慶都擔負了這種交流的功能。那不勒斯的狂歡節有一部分就是建造「豐富之樹」(alberi di Cuccagna)(就像是歐洲許多地方的春季慶典)，但這些都被納入了斯卡佛爾吉歐(Scafolgio 1977)所謂的遊戲儀式(gioco-rito)當中。這種活動主要發生在16世紀，先把滿載了食物的遊行花車展示出來，然後讓窮人撕得粉碎，和佛羅倫斯的富人宴席形成

---

1　在他的評論中，Peter Burke從Ariosto和*Orlando Furioso*的創作，從巴西的嘉年華會(有菁英和群眾控制之間的波動)，提出了精彩的例子來說明這個不斷變化的過程，還有西班牙的鬥牛，南部貴族的版本和北部民眾的版本非常不同。

對比。到了下一個世紀，喜慶活動就在皇宮前面舉行，國王一聲令下，窮人就可以上前搶奪乳酪、火腿，和其他做成建築物造型的食物。王室對狂歡節擁有很大的控制權，貴族也必須參與，才能彰顯和保持地位，同時也給民眾對階層制度的反感（儘管是隱而不彰的）提供一個安全閥。事實上，有人認為這種節慶對窮人太過放縱，也有人基於這些或其他的理由而提出反對。國務大臣塔努奇(Tanucci)認為豐富之樹的慶典「毫無用處、對政府既嚴重又危險」，只會導致攻擊和暴力。1778年，他成功地制止了狂歡節的活動。顛覆整個世界，不只是一個象徵的安全閥而已；儀式可能淪為暴動。而暴動可能是改變文化的一個因素。換句話說，改變的種子早已深埋在文化本身，呈現出來的是認知和社會的矛盾。

反對也來自其他領域。「文化」在這些表演上的價值並沒有得到共識；像透納(Turner)之類的「表演理論者」說，在這些行動的過程中看到文化的精髓，未免把事情給簡化了，因為除了政府之外，教會的人也極力反對。「文化」本身就包含了對立。特倫特會議召開以後，教會企圖重複很早以前嘗試過的一件事，亦即把所有民俗的元素杜絕在教會儀式之外；狂歡節是「一個被容忍，但決不是所有人都接受的場合。」(Scafolgio 1997: 51)那不勒斯的教會堅持要把全城的妓女給關起來，違反了她們傳統上在狂歡節期間可以四處遊蕩的自由。1590年代，教會企圖禁止狂歡節使用任何宗教寓言和褻瀆的行為，不准信徒穿戴教會的服裝。在教會附近禁止戴面具，也不准有猥褻的行為和言語，在宗教節日尤其如此。教會裡演出的神聖劇和街頭劇場南

轅北轍，也比較高雅，極力抵禦著狂歡節那種放蕩的氣氛。

　　為了表示這種愛恨交織的矛盾情緒不是只限於基督教，而是一個普遍而非特殊性的問題，我要舉江南的蘇州在農曆五月五日舉辦的端午節慶為例：

　　　在每年的春夏之交，〔蘇州人〕都謊稱神明下凡。所以
　　　大批的流浪漢、想打零工的人、幫派分子和亡命之徒會
　　　放大這種需要……一連串又一連串的戲劇和重疊的神聖
　　　儀式，讓〔人們〕腦子裡開始有了壞主意，他們越來越
　　　不規矩，還把競賽加長了。（引述McDermott n.d.: 8）

　　節慶的目的是取悅神明，添丁發財，去病解災。就連讀書人也收起了「他們傳統上……對這種放縱和虛耗行為的鄙視」（McDermott n.d.: 21）。

　　權力的差異總是在節慶中扮演了舉足輕重的角色，在那不勒斯，重點不只是貴族和平民共同參與狂歡節而已。還有對應的表演；聖卡羅的皇宮劇院演出的節目，結束後沒多久就立刻在平民的舞台上演出，而且往往是以諧仿（parody）的形式來表達對權力差異的批評。就內容而言，兩者也常常會相互借用；滑稽歌劇化為喜歌劇的內容，平民的面具在菁英階級的化妝舞會中被重新脈絡化。兩者相互提供材料，有的是襯托，不過常常是對比。「文化」不只分割為大眾文化和菁英文化、小傳統和大傳統、不識字和識字，更重要的是還會按照階級以及各階層（特別是教會）的利益和觀點來劃分。要說任何文化有一種整體

的單一、一致的意識形態，其實是完全不具說服力，因為教會的「意識形態」就像皇室和貴族的利益和熱情一樣，顯然是跨越了任何國界，即使我們比較難看見農民或工人可以橫跨政治的疆界而統一。

這是一種雙向的交流，但也是一種雙向的排斥，上層階級把他們認為比較低級的東西丟棄，農民則拒絕宮廷的某些紈袴氣息——同時就像20世紀的法國南部一樣，農業人口普遍用布爾喬亞階級的晚禮服來當婚紗。尤其是節慶和儀式，其中包含了競爭以及怨恨和排斥；這是階層社會各個團體相互交流的過程中根深柢固的一部分。在上層團體企圖更接近所謂純樸的田園生活，或是在世界宗教的某些潮流全面性地由奢返儉時，這種競爭和排斥的關係還能激發權貴階級某種程度的自我批評。

容我更為仔細地說明狂歡節的活動，以及其中所包含的認知和社會矛盾。這種以階級對立的形式（狂歡節是在食物方面的對立）所展現出來的社會矛盾（這裡表現出來的是衝突）是很明顯的。在認知上的矛盾應該也同樣明白，因為這種矛盾指的是，感覺上人類應該是被視為一體（要求重分配的正義），而事實上階級的分層化，卻讓某些人得到比其他人更多的利益。就連上層團體的某些成員、知識分子，特別是哲學家和神職人員，也不禁為這些矛盾而汗顏，他們對這種事情比絕大多數的人口更敏感，筆下直言不諱的評論也可能帶來社會的改變。

生活方式的歧異，長久以來一直是地中海沿岸或是歐亞大陸的社會特徵，這不但牽涉到社會階級，也涉及了大小傳統，書寫和口述的傳統。但為什麼這些研究一直沒有提到階級的問

題[2]？對階級的因素視而不見，不完全是因為現階段對馬克思主義的反感（階級的概念當然不是馬克思主義的專利），也不完全是因為當代對「後現代主義」的認同（後現代主義以截然不同的用語來提出反對）。長久以來，這可以說是地中海沿岸諸國人類學的一個特色。難道是因為「地中海研究」一向是在大小傳統的標題下來處理這些差異？彷彿在某個文化內部傳統裡的階層差異的架構下，才最能夠了解這個問題，而不是當成一個常常在「文化」這個整體性概念的掩飾下被徹底撕裂的社會制度。即使對「農民」來說，這種描述也是無關痛癢，甚至含糊不清的。

　　當然，這種情況在歐洲會因時因地而有所不同。從最初羅馬人征服不列顛，及至後來哥德人和其他的侵略者建立了階層化的政體，把文化和社會地位的上層階級和下層階級區隔開來。諾曼人征服英格蘭就是一個典型的例子，他們基於種族的理由，把當地的地主和神職人員趕出去，以公爵從諾曼第帶來的手下取而代之。如此一來，原本靠搶奪戰利品來建立霸權的精銳侵略者，現在必須用嚴刑峻法來維持他們至高無上的地位（就像英國人在愛爾蘭的做法），也使得英格蘭東部沼澤地的赫里沃德（Hereward the Wake），以及羅賓漢與其黨羽在雪伍德森林的叛亂行為，不但得到了民間的支持，也塗上了一層浪漫的色彩。但時間久了，分割社會的界線會漸漸變得模糊、建立更好的文化交流，以及採行單一的語言（有時候是透過壓制一種語言

---

2　　我這裡引用1997年5月艾克桑慶祝建立地中海人類學20週年紀念的會議。

來推行另一種語言，例如在蘇格蘭被壓制的塞爾特語，或是相對在英國消失的法語）。不過這個淡化文化差異的過程（在許多地區都屢試不爽）當然不會把階級給消除，也未必可以把大小傳統的概念所指涉的那種文化區隔消弭於無形。

文化差異事實上代表的是對立（兩者之間的走向不斷改變）而不是斬釘截鐵的二分法，我想提出的是，文化差異的程度和極端階級化（radical stratification）的出現有關，這是青銅器時代的變遷所造成的結果，依據生產方式的所有權和取得管道，製造出深刻的階級分裂。直到過去一百年，識字和不識字之間的區隔，仍然是書寫社會（亦即後青銅器時代的生活）的一個重要特徵，在某種程度上也強化了這個階層制度。

當代大眾媒體和大眾消費的文化，終究是以大眾的工業生產手段為基礎，可是過去以青銅器社會的密集農業制度為基礎的前工業社會，則是名副其實的奢侈社會。也就是說，奢侈品雖然經常成為下層階級模仿的對象，但終究（不管是在本地製作或是從外國進口）是落在上層團體的手裡。同時也可能被社群的成員所排斥，哲學家、神職人員和道德家筆下的文章，對這種東西尤其不以為然。不妨想想羅馬的道德家和後來的基督教道德家，他們譴責人們使用香料、香水和從東方進口的絲綢，不管男女都一樣，不過後者更加嚴重，他們認為使用奢侈品會削弱（男性）羅馬社會的力量。中國哲學家筆下也發出了同樣的譴責之聲，他們批判富人使用奢侈品，支持窮人的理念。在這樣階級化的政體當中，連菁英階級對奢侈品的態度也是對立而矛盾的。也就是說，大傳統的成員可能會批判奢侈的行為，由哲

學家等人來構成一種自我批判，不過這些人之所以享有這種地位，靠的還是剩餘的累積，讀寫能力（所以是大傳統）、以及奢侈品和階級，都是拜剩餘的累積所成全和支持的。不管是華南、還是西歐及南歐的大城市，隨著重商文化的發展（包括各式各樣的藝術發展在內），奢侈品擴散到了中產階級。文藝復興時代輸入了印度的棉布和中國的絲綢及陶瓷，同時藝術和實用上的讀寫能力也不斷普及，歐洲的消費文化開始成形。不過由於生產制度驟然完全轉向工業化以及農業的機械化，消費文化的發展突飛猛進。接著奢侈文化轉為消費文化，物質商品和文化產品通常是由更廣泛的大眾來共同享用。

　　大量生產勢必造成大眾文化，雖然並非沒有例外（總是少不了抵抗和邊緣的孤立區），不過這種現象確實蔓延到每個區域，包括地中海沿岸在內。當然，不管先前的前工業化是什麼時候發生，都存在著這種文化的某些元素，例如紅色印有圖案的彌封器，這種用具的生產是在公元一世紀從阿勒索傳給葛羅佛桑克（馬奴）的高盧人，然後又在西元二世紀傳到北非，把整個地中海沿岸涵蓋在一個從不列顛北部延伸到印度南部（Whittaker and Goody，將有進一步說明）的商業活動中。這種生產主要是供應奢侈文化中的菁英消費之用。

　　從某些方面來看，從奢侈文化到消費文化是一種漸進式的轉變，主要原因是生活水準的普遍提升，而且拜遠洋航海和遠征行動所賜，過去所謂奢侈品的進口數量提升。歐洲的印度棉布就是這種例子，過去這些奢侈品的輸入靠的是走陸路的商隊，現在遠洋貿易取而代之，滿足17世紀急速成長的布爾喬亞

階級的需要，從海外取得的大量金銀，滿足了他們的慾望。

　　歐洲在18世紀初期，消費商品大量生產，為這個轉變的過程推波助瀾，並在18世紀末期促成了工業革命。即使如此，這些商品的消費還是有限的，但1870年代發生的第二次工業革命，使商品消費急遽提升。在這段期間，食物的工業化至少造成全國飲食相當程度的標準化。再加上資訊的大量生產，除了流通的報紙之外，最重要的是普及的教育，把男女識字率的差距拉近。識字率和讀寫能力的使用具有不同的意義，因為女性應該比男性更喜歡閱讀，尤其是小說，而女性寫出的小說也越來越多。

　　繼大眾化的報紙（以及新聞用紙的消費，閱讀群眾的擴大）之後，電影、留聲機、廣播、電視和各種大眾媒體的發展，再次使得文化進一步民主化。早期的文化形式並沒有被取代；電影很可能助長了劇場的發展，電視也很可能刺激了戲劇的閱讀。反而是增加了另一個面向，讓某些文化演出類型的觀眾群大幅擴張。

　　大眾媒體帶動了許多「文化」形式的全球化，所以塞特和伯明罕的電影院可以放映同一部電影，布日格和克拉克登的舞廳放著同樣的音樂。本土製作的表演和歌曲並沒有完全被淹沒，不過已經被邊緣化和民俗化。不再是地方文化的重心，所以年輕人不管想到哪裡都照樣可以非常時髦。可口可樂文化已經登陸了地中海沿岸和全球絕大多數的地方，當然有些地方對這種潮流格外抗拒，多少是為了宣示他們反對這種可口可樂文化。

　　渡假文化也是一樣，日漸成長的假日文化不但影響了地中

海沿岸諸國，氣候比較溫暖的地方多半都受到衝擊。過去在中世紀的時候，出國「休閒」旅遊多半是一種宗教活動，為了地方的朝聖活動（就像《坎特伯里故事集》[*Canterbury Tales*]），造訪遠處的修道院，或是為了進修（如遊方學者）。到了18世紀，有越來越多的貴族和中上階級到國外巡迴旅遊，拜倫的《查爾德·哈洛德》(*Childe Harold*)，或是小說家史摩里特(Smollett)，以及為約翰生(Samuel Johnson)作傳的波斯威爾(Boswell)的旅行，就是這種巡迴旅遊的縮影。這些基本上都是少數文化的菁英主義產品；下層階級只有入伍當兵，才能從英國被派到南非、蘇丹或印度參戰或擔任殖民地的職務。隨著鐵路和輪船（不管是何種面貌）的出現，壓低了移民或出國經商的旅費，使休閒觀光業開始擴展。不過里耶維拉剛開始只保留給貴族和中上階級使用，而知識分子則到多頓河作短程的旅行。一直到第二次世界大戰之後，大眾航空旅遊才發展到東歐（透過英國的約翰·布魯姆 [John Bloom] 之類的企業家）[3]，以及西班牙的貝尼東(Benidorm)之類的新觀光勝地，不但工會經常光顧，退休人士在國外也可以過著比家鄉更好的物質生活。1936年里昂·布拉姆(Leon Blum)主導之社會主義政府所實施的四週強制休假，以及英格蘭北部比較短程的傳統假期，這些策略都大力倡導歐洲旅行和假期的民主化，也代表了法國南部之類的許多觀光區（現在必須服務大眾而非菁英的市場）都已經相當飽和了。這一點改變了休閒區的整個基調，既然如此，中上階級就只好再另

---

3　他也大規模製造廉價的電器商品，為勞工階級提供新的津貼。

尋出路，或者使用那些以各種手段把大眾旅客排除在外的上等地點。結果讓接受的社會（receiving society）徹底改變了社會結構，不管是斯特拉福或邁阿密，這表示這些地方有大量的居民都從事迎合觀光客的營生，從平實的商業手法到公然的犯罪手段，不一而足。外地人和短暫的過客享受的待遇和街坊鄰居不同，不過往往會提升當地繁榮的程度和地方上的設施，因為觀光客需要博物館、好餐廳、奢侈品的商店，這些都是本地人原本用不著的。觀光業確實會擾亂生活，但也會帶來生計和更大的好處。

這個全面性發展過程的認知面，以文藝復興時代知識的復興和17世紀的科學革命呈現出來。這場科學革命有一個雙重效應：推廣日新月異的科技和鼓勵世俗化。這股推動世俗化的力量不只嚴重影響了一般對世界的概念，也衝擊到長久以來由教會所宰制的個人生活行為。在這個過程中出現了離婚、更親密的婚姻、節育和當代家庭生活許多的其他特徵。

同時原本屬於少數人的讀寫能力，也成為大眾所擁有的技能。可是從第二次工業革命開始，才有人推動讀寫能力的普及。儘管如此，讀寫能力的普及並沒有完全消除上層和下層傳統之間的鴻溝，例如各自對高級料理和平民料理（*basse cuisine*）、藝術歌曲和流行歌曲、或甚至對「大家閨秀」和「小家碧玉」的偏愛。雖然已經使得這兩極增加了交流、減少了障礙，並沒有完全生產生同質的文化；在文化活動方面還有一些重要的差異，就像李維斯和史諾（Leavis and Snow）針對「少數文化」和「兩種文化」做出了相當刻薄的討論，其中就提醒我們有些文化活

動確實是和正規教育，也就是大傳統，息息相關；李維斯的重要著作之一就叫做《大傳統》(*The Great Tradition*)，他認為這是由一派講英語的作者所建構的，而這些作者從某方面來說也受到大眾文化(小傳統)的陶養。階級的背景還造成了其他的差異，我們隨時可以用階級背景來介紹或仔細說明新類型的菁英行為，儘管在媒體傳播普及的年代，這些類別可能在相當短的時間裡迅速崩潰，需要不同形式的更新。這些發展形成了更具有侵略性的大眾文化，大眾觀光業(貝尼東現象)、大眾「文化」(特別是流行文化，從室內音樂會變成搖滾樂，從劇院轉為電影院)的成長，大眾文化包含了許多元素在內，暴力就是其中之一，這些對大布爾喬亞階級都是不利的。大布爾喬亞階級、大傳統，都是奢侈文化裡的夥伴。

　　我想強調下面幾個論點。首先，大小傳統之間的對立有其價值，必須用一個比較寬廣的角度來看待，而不是用這種二分法、也不能用書寫和口述文化的區隔，或者應該說是識字和不識字的人之間的區分，來隱藏社會經濟階級的影響，這兩者是不一樣的。其次，任何的對立都必須考量到這兩種傳統和牽涉其中的行為者彼此之間的互動，這種互動主要是由上而下，但也會由下而上。

　　因為互動通常牽涉到階層的面向，也就是支配階級和非支配階級之間的互動；不過後者當然沒有完全被壓制，因為不論是布爾喬亞文化或農民文化，都不可能永遠被貴族呼來喝去。不管是在中國或地中海沿岸諸國，布爾喬亞文化都相當獨立，對於共同的文化和他們自己獨特的次文化皆有相當的貢獻。在

書寫傳統方面尤其如此，統治階級往往極力要把他們自己和抄寫員、神職人員、和其他書寫文字的專業人員區隔開來、這些人屬於比較下層的受雇團體、卻也最可能對發展中的文字文化做出實質上的貢獻。最常見的中產階級則是劇作家、小說家、編年史家和詩人。

即使是完全用政治的眼光來看，階層制度也不是一成不變的——迴異於文化價值觀內部體系裡的歧異——而是會隨著時間而改變。在歐洲和其他的文化當中，布爾喬亞階級漸漸凌駕於貴族階級之上，後者自然也扮演了一個比較次要的角色。社會的動亂意味著文化的動亂。法國大革命就像先前的英國革命一樣，徹底改變了對於世界的主要信念和做法，這一點從自由之樹的故事就看得出來，從國王的森林砍下來的自由之樹，後來成為自由女神像；在法國鄉下的洛特河流域，不管在選舉勝利或是舉行婚禮的時候，仍然會豎起五月（mai，也就是過去五朔節的旗杆）。同時新的政治支配階級也採用了下層團體的衣著（或是英國議會派分子的服裝，不過把假髮給拿掉），不知道是為了自己意識形態的關係，或是為了融入群眾。剛開始還憑著一股破除偶像的熱情，把畫作給毀掉、把劇院廢除、把既有的宗教給推翻。這些改變多半都不會持久，但會留下些許殘餘。由於漸漸引進民主程序，讓大多數的人取得了對抗傳統菁英的權力，所以政客現在必須更加留意民眾的言論和行為，同時修正全面的階級關係，以及大小傳統承繼者之間的立場。任何地方一旦引進民主制度和多數投票，都會發生類似的轉變，廢除了辛巴威和南非的少數白人政府，打破了中非的圖西族的權力

獨占，並威脅非洲各國既有菁英的統治。這是殖民政權撤出所留下的定時炸彈之一，如今非洲的騷亂多半也因此而起，這些騷亂毀掉了菁英和平民文化之間既有的關係。這不是說他們的代表──也就是新的權力擁有者──不會模仿過去菁英階級的衣著和舉止。文化在這方面的連貫性不容小覷；即使在蘇聯或納粹德國也不例外，不過新手在適應這些行為的時候，也會做出修正，不管怎麼說，投票人藉著一次又一次的選舉，在民族傳統的惰性和民主體制兩方面，達到了強而有力的監督與制衡。

　　容我回頭談談我曾經討論過的三個領域中階層差異的議題，也就是葡萄酒、女性和歌曲。我要先討論最後一項，因為它是最直接了當的。所謂的歌曲，是把聲音和旋律用某一種節奏結合在一起，就像其他所有文化一樣，地中海文化也孕育出不少歌謠。在單純的社會，歌曲通常是一種共同的文化財產。在地中海的階級文化中，菁英階級的書寫歌曲和大眾口口相傳的歌謠（包括民謠和其他流行音樂）早就有所區隔。菁英音樂一開始多半是為宮廷而寫的，由擅長特殊樂器的專業音樂人來製作。隨著中產階級的力量日益強大，再加上教育的普及使具有讀寫能力的人大幅增加，這種音樂不再為金字塔尖端的人所獨享；雖然古典和流行音樂的傳統繼續引導著不同的生活，但個人在一生的過程之中，當然不可能完全認同其一而排除另外一種。兩者之間必然會相互影響。古典作曲家採集民俗音樂的主題；李斯特（Liszt）和巴爾托克（Bartók）之類的作曲家還以創作這種音樂著稱。16世紀末，信仰新教的德國作曲家普雷特流士（Michael Praetorius）把加佛羅特等舞曲放進他的創作裡。法國農

民也登上了德國的宮廷,至少他們的音樂得以在宮中演奏。同時書寫文化的某些層面也打入了平民階層,派瑞與羅德(Parry and Lord)就努力在他們許多張著名的唱片中,說明荷馬是一位口述詩人。

歌曲受到書寫傳統的階層區隔和影響,葡萄酒則在地中海文化中占有一個稍稍不同的地位。最先把葡萄酒文化引進法國的,應該是希臘的商人;葡萄樹是源自安那托利亞的一種來源不詳的植物,從東方傳到西方。不過由於不確定對人體到底有什麼影響,因此一直不敢坦然接受;這種物質會改變人們的意識狀態、降低自制力、尤其是會影響他們與上帝之間的交流,即使在某些狀況下,出神的分離狀態象徵著和上帝成功的交流,不過人們對葡萄酒的飲用還是抱持著些許的矛盾。從尚·庫西尼爾(Jean Cuisinier)所討論的保加利亞或馬其頓的史詩看得出來,和葡萄酒關係比較密切的是社會的尚武者,而不是女性或社群中比較聖潔的代表。對尚武者而言,喝酒代表著勇敢和男子氣概。教會也充分利用酒來達到世俗和神聖的目的,葡萄酒在聖餐儀式中代表基督寶血,不過喝酒又會使人行為放蕩或失控,造成家庭的貧窮和暴力,清教徒常常要面對這種矛盾,終於導致了禁酒運動,以及第九章提到那種全面性的排斥。

此外酒也是一種奢侈品,一種毫無用處的東西,而非必需品。由於這些不同的特性使然,生活在葡萄酒發源地的猶太人其實很少喝酒,阿拉伯人更是避之唯恐不及。他們反對喝酒主要是基於宗教理由。由於和宗教的關係深淺有別,地中海文化在喝酒的問題(以及更廣泛地說就是消費本質)上是一分為二

的：基督徒和異教徒喝酒，穆斯林和猶太教徒則敬謝不敏。不過喝酒一事（和其他的消費一樣）也會根據階級和宗教（以及讀寫能力）而分成不同的階層。這種情況在料理方面更是明顯。在非洲和歐洲沿岸，羅汀生（Rodinson）所分析的北非食譜和佛蘭德林所分析的歐洲食譜，不但用文字把菁英美食保存了下來，甚至還以書寫繼續發展。這種發展也適用於其他的文化。事實上有些影響力是橫跨了地中海兩岸。歐洲在中世紀從阿拉伯那裡學到了不少奢侈的特質：加了糖的甜味（糖從印度經近東傳到歐洲）、金色和許多香料；有些特別的菜餚同時出現在這兩個地方，例如變成當代一首英語童謠主題的黑鳥派，因為人們往往用自異國引進的包裝來表現奢侈。

葡萄酒剛開始也是如此。用雙耳細頸瓶裝好的葡萄酒從東方輸入馬賽，賣給當地的達官顯貴。最後葡萄酒在法國南部生產，向北方輸出，成為日耳曼部落首領最喜歡的奢侈品，而他們的追隨者只能喝本地釀造的啤酒。不只是這些日耳曼首領喝葡萄酒，後來非洲酋長也喝苦艾酒（撒哈拉沙漠以南沒有蒸餾酒），不過他們也像狄特勒（Dietler 1990）在他的文章所描寫的，「在酒的驅使之下」，輸入和飲酒有關的器皿。在北方，對啤酒忠心耿耿的當地平民文化，和喝進口葡萄酒的奢侈文化，一直是涇渭分明的。

不過葡萄酒也是一種階級化的酒類。有本地釀造的平價葡萄酒，甚至是農家生產的那種幾乎喝不下去的皮克酒（piquet），還有葡萄園釀造裝瓶的特級葡萄酒（grands crus）。波爾多這種貴族式的生產完全投入出口業，早在13世紀開始，就主要外銷到

英格蘭（後來甚至外銷到全球各地），改變了卡斯肯尼省的農村景致，因此也相對從不列顛輸入穀類食品和一部分的英國文化（包括英式橄欖球）。

最後我要處理三者中最複雜的問題，也就是女性也和男性一樣被階級化。不管是在前面幾章，或是研究地中海人類學的著作，都曾談到地中海親屬關係最重要的特徵之一，就是許多女性都會帶著嫁妝嫁人。我們向來用榮辱和性別的觀點來看待嫁妝這樣東西，這種考量當然是存在的。不過從一個比較寬廣的角度來看，我們發現嫁妝是所有主要歐亞社會的一個特徵，這一點和非洲完全不同，當地婚姻交換的一大條件是聘禮（bridewealth）。歐亞的主要社會找不到相當於聘禮的東西；這些社會一般所謂的聘金（brideprice），若非是一種反向轉讓（counter-transfer），就是低階層婚姻的一個特色，新娘間接由新郎的家庭給予一筆財富，而不是由新娘的娘家出錢。或是在阿拉伯或猶太人的社會裡（和後基督教的歐洲截然不同，離婚是司空見慣的事），這對妻子可能代表了一個經濟上的保障，預防她有一天被丈夫拋棄。

聘禮通常是依照標準的數額算出來的，但嫁妝則不同，嫁妝是從新娘父母的財富中撥給女兒的錢，所以基本上沒有固定的數字。嫁妝表現並創造了社會地位的差異，在我們所討論的後青銅器時代，嫁妝反映了經濟和文化實質上的階級化。非洲社會幾乎沒有這種經濟上的階級化（雖然在國家方面還有政治的階級化），男性和女性通常都和外族人聯姻；有時候如果是異族通婚的制度，還非如此不可。地中海沿岸諸國就和其他的歐

亞大國一樣，必須維持或甚至提高女兒和兒子的地位，因為這
不但是代表家庭的地位和聲望，也是為了維持原先（現在在文化
上有所區隔）的生活方式。因此我們發現了我所謂的分散移交
（diverging devolution），把父親和母親的財產傳給兒子和女兒，
不過分到的比例未必平等，也未必是在同時取得。女兒往往在
結婚的時候就先拿到財產，而不是等到父母過世的時候再繼
承。通常女兒得到的財產比較少，但有時候她們不但先拿到手
（這就已經賺到了），獲得的財產也比較多，據說歐洲地中海沿
岸是有這種情形（例如塞浦路斯）。

　　女兒獲得的財產不但在數目上各有不同，使她們多半都嫁
給自己的圈子裡差不多一樣有錢的男人，同族聯姻，同配生殖。
甚至連型態也不一樣。下層團體的女性可能必須靠工作和一段
時間的自我累積來積存嫁妝；也有人會得到慈善機構的提供，
就像那不勒斯狂歡節會捐贈嫁妝給20個窮人家的女孩（Scafolgio
1997: 42）；但還有人得到的是婆家而非娘家給予的財富，這種
間接的嫁妝通常就像非洲的聘禮那樣，是拿給新娘，而非她的
原生親屬。這是區隔不同女性的一個很重要的階級差異。這個
階層差異和大小傳統的存在並沒有什麼直接的關係，不過和社
會經濟的階級化息息相關。

　　做任何一個地區的社會分析，最怕的是集中尋找共同的特
質。這種共通性讓人覺得可以指定一個「文化地區」。地中海一
帶當然有一些重要的雷同，不過，若專注於尋找這些共通點，
很容易忽略了某些重要的區別，例如西元7世紀以後在地中海南
北兩岸之間產生的區別，可以追溯到基督教和伊斯蘭教各自對

親屬和婚姻體制的影響(Goody 1983)。這些不是邊際性的因素；而是在家庭和社會層次上深深地影響了財產的傳遞制度。如果強調地中海沿岸在物質統一以外的文化統一，表示忽略了北部沿海地區和整個基督教歐洲之間的聯繫，以及南岸與近東和伊斯蘭教的關係，這種做法其實是沒有什麼好處的。

雖然基督教和伊斯蘭教(以及從這裡發展出來的教育傳統)以各自不同的方式影響了文化階層的本質，但大傳統和小傳統之間的區分對地中海南北兩岸都很重要。不過我們絕對不能因為一份對菁英和通俗文化、大傳統和小傳統的分析，讓我們忽略了一些重要的社會經濟或階級差異，而這些差異和上述的文化及傳統，都有直接或間接的關係。從菁英文化轉變為大眾消費文化，這個變遷深深影響了階級關係和民族「文化」的本質。就階級而言，包括婚姻在內的交流增加，而距離縮短；後文藝復興文學經常以門不當戶不對的婚姻及主僕關係為主題，現在的創作文學已經不來這一套了；階級差異變得比較模糊，特別是在美國。不過我們不能因為這些修正就忽視了階級在原先奢侈文化中具有的文化重要性，以及它持久不變的特質。包括雷德菲爾在內的美國作者，特別容易輕忽階級的重要性，一方面是因為階級理論的鼓吹者往往(相當狹隘地)認同馬克思主義或社會主義對世界的詮釋，另一方面也因為在美國人對自我的思考中，平等的概念扮演了一個很重要的角色。不管在國外或國內，美國人反而常常強調生活方式的差異，或是大小傳統的區別，來掩飾階級的意義。研究印度的作家也強化了這種趨勢，他們認為種姓把階級排除在外，或者主要用宗教的角度來詮釋

階層制度。我本身其實很願意強調書寫傳統（和書寫傳統所附帶的教育）以及宗教因素的角色，並在檢視文化和親屬關係時試圖讓這些因素各自具有獨立的份量（見Goody 1983 and 1990）。如果我們和許多評論者一樣，認為這些因素是否定或取代了階級的階層制度，其實會有一定的誤導作用，即使是當代經過修正的階級形式，不過若是這樣看待第二次工業革命之前的歐洲，這種誤導就是無庸置疑的了。

# 第十一章

# 懷疑的核心[*]

　　我寫這一章,是應有關單位的邀請,為文讚揚赫胥黎(T. H. Huxley),他的父親是一位不成功的教師,也是一派知識分子的先驅。我們之所以記得赫胥黎,一方面是因為達爾文與威貝爾佛斯主教(Bishop Wilberforce)1860年(《物種源始》)出版一年以後)在牛津對演化展開辯論時,他是站在達爾文這一邊。這場辯論代表著一次重大的公開宣言,宣告科學從此脫離神學而獨立,而早在伽利略和更早以前的時代,這個分裂就開始漸漸形成了。事實上,我想提出的是,我們在更久遠之前,就對上帝和神在人類事務中所扮演的角色抱持著懷疑和矛盾的態度(以及對世俗事務的懷疑),這種懷疑和矛盾的產生不完全是來自科學,或甚至狹義的自然主義,而是從人類的情境本身對神的角

*　這篇文章在許多部分都是仰仗詹姆斯・索羅爾(James Thrower)對無信仰和另類傳統的研究,特此致謝。此外對於喬・麥德莫特(Joe McDermott)及馬爾康・梭菲爾德(Malcolm Schofield)的評論,筆者亦深表感激。

色燃起了一種橫向的懷疑主義[1]。其他看待世界的觀念也有類似的現象，例如我在這一章所要討論的主題，也就是創造和演化的概念。

赫胥黎是專門進行南海探險的響尾蛇號（HMS *Rattlesnake*）上的助理外科醫生，本身在科學生物學界具有舉足輕重的地位。至於達爾文和一般的人類學，王權統治提供了一個機會來擴大歐洲對世界的了解，就像商業帝國主義之於當代強權國家一樣。但赫胥黎不只是一個自然科學家而已，他成為種族學協會（Ethnological Society）的主席，以及倫敦南區工人學院（South London Working Men's College）的榮譽校長，第一倫敦學校委員會最重要的委員，並擔任其他許多職務。

他極力主張用科學、經驗主義的角度來看待問題，使他和國教產生衝突，但他並沒有因此完全否定超自然的力量。「不可知論」（agnosticism）這個名詞正表現出他個人對宗教的態度，他在1869年一次形上學協會（Metaphysical Society）的會議上，首度用這個這個名詞來和諾斯底主義（gnosticism）及諾斯底主義者相對照，「這些人佯裝非常了解我一無所知的事物」（Flew 1974: 312引述）。"agnosticism" 這個英文字或許是赫胥黎發明的，但希臘人早就有了*agnôstos*的觀念。對鍊金術派的哲學家來說，上帝本身就屬於這個類別。人類的靈魂本身就是上帝的一部分，我們唯有透過向內省視靈魂，才能了解上帝（Besançon 1994: 80）。雖然這個字最早是用在宗教的脈絡中，後來列寧（1908）卻套用在

---

1　橫向，並非舉世皆然，但普遍出現在各種文化中。

休姆（David　Hume）和康德的理論上，指涉一個啟蒙運動的理念——事物本身的本質或甚至存在（也就是超越外表的真實）的不可知性。

19世紀下半期有不少作家紛紛討論這個議題，麥考西（McCosh　1884）比較休姆和赫胥黎的不可知論，渥德（Ward　1899）從1896年到98年的紀福講座（Gifford　Lectures）都在討論這個主題，還有劍橋考古暨種族學博物館（Cambridge　Museum　of　Archaeology　and　Ethnology）的創辦人凡‧休格爾男爵（Baron　F.　von　Huegel）留下的一些文學遺作，談的也是這個概念（1931）。其他人也提出了鏗鏘有力的論辯（見Cockshut　1964及Lightman　1987）。史卓生（Strawson）之類的哲學家和思想史學者，也都研究過這個主題，不過這些討論幾乎完全以純粹的西方觀點出發，彷彿其他人不曾有過類似的懷疑似的。

不可知論不同於無神論，無神論主張世界上根本沒有上帝，所彰顯的不是懷疑，而是直接了當的否定。不可知論則比較接近懷疑論，只是它把更多的重點放在認清人類知識的局限，以及經驗研究的必要性；如此一來，和不可知論有淵源的不只是科學的探究，還有孔德的實證主義，和維也納學派的邏輯實證論（或是邏輯經驗論）。孔德和維也納學派都是啟蒙運動的傳人，因為他們除了宗教之外，也質疑其他形式的知識；也就是說，其中隱含著對傳統信仰的懷疑論，也在某種程度上懷疑這些信仰的有效性。

因此不可知論並不是在19世紀突然冒出來的，不過確實是在這段時間發揚光大。不可知論早已存在，特別是以懷疑或懷

疑主義的形式呈現。我有意探究懷疑主義的概念，原因是作為
人類其他認知能力發展的典範，懷疑論在人類社會中的存在非
常重要。那麼，懷疑論最早是什麼時候出現的？包括許多哲學
家在內的某些評論家，已經看出「傳統的」和「現代的」思考
模式之間的大分水嶺，只有後者彰顯出懷疑主義、理性或邏輯。
像基斯·湯瑪斯(Keith Thomas)這樣的史學家早就認為巫術是
在16世紀沒落的。像韋伯這樣的歷史社會學家也在同一段時期
看到了世界的除魅，以及主宰世界的西方理性如何隨之發展。
像厄尼斯特·葛爾納(Ernest Gellner)和哈伯瑪斯之類的哲學人
類學家，認為這個變化和啟蒙運動有關。啟蒙運動可以追溯到
笛卡兒，孕育了休姆，最後甚至影響了康德；有人早就把懷疑
主義(特別是無神論)視為啟蒙運動的產物。這兩個時期顯然都
有過重要的發展，不過有人繼續往前追溯。阿姆斯壯宣稱，在
宗教改革時代，回歸典籍，也就是以如實而非象徵或諷喻的角
度來看待宗教(例如因為哥白尼和伽利略的太陽中心論和聖經
有所牴觸，就加以全盤否定)，其實是為科學進步及抨擊上帝的
存在鋪了路(Armstrong 1993: 334 ff.)。拉斯列說過，在這些時代
以前，我們的祖先都是相信上帝的；上教堂是一種應盡的義務，
宗教也是普世的價值[2]。

　　這個想法也受到其他史學家的挑戰。伍頓(Wootoon 1958:
98)已經指出在西元1540到1680年間，「存在著一種前後一貫

---

2　對於16世紀中期，拉斯列寫說，當時「英國每一個人都是既相信又
　恐懼的基督徒，同時不由自主地加入國教。」(Laslett 1965: 176-7)

的、口述和文字的，通俗及(最重要的)知識的反宗教文化」，他認為這是由絕對論所培養出來的。前啟蒙運動懷疑主義(也就是無神論)的一個典型的人物是劇作家馬婁(Christopher Marlowe)，他是大學才子(University Wits)的一員，這是一群疏離的年輕人。他的朋友湯瑪斯‧基德(Thomas Kyd)不堪痛苦的折磨，說出馬婁一度曾經「譏笑聖經」。在政府單位任職的理查‧拜恩斯(Richard Baines)也提到他「藐視上帝的話」，還有他說過「耶穌是個雜種，他母親是個不貞的女人」，那12個門徒則是「一無智慧、二無價值的下流胚子」，還有「宗教一開始只是讓人們害怕」(Wat t 1996: 30, 引述Kocher 1946)。換言之，我們必須再往前追溯這個分水嶺的源頭。事實上，許多古典人文主義者都認為西方理性的源頭早在古典時代即已出現。如塞克斯都斯‧恩比利克斯(Sextus Empiricus，西元第二及第三世紀)之類的懷疑論者，挑戰一切超越直覺經驗的知識。也就是說，啟蒙運動的懷疑主義傳統，不只可以追溯到文藝復興時期對古典知識的復興，而是要更進一步回歸到希臘和羅馬懷疑主義思想的發展[3]。就在所謂的(書寫)哲學剛萌芽的時候，我們就發現色諾芬(Xenophanes)和赫拉克利圖斯(Heraclitus)等人對以前神的觀念提出批評。此外在早期的愛奧尼亞哲學家之間，有一派獨樹一格的自然主義(見Lloyd 1979)。最偉大的城邦美里塔斯(Miletus)的文化被描述為「人文主義和唯物主義的」文化(Guthrie 1962: 30)。美里塔斯的「物理哲學家」對大自然有莫大的興趣，企圖

---

3 對於蒙田在文藝復興時期對懷疑主義的復興，見Popkin (1964)。

穿過可見世界的多重性，尋找隱藏在背後的唯一。他們的論著
直接釀成了下一個世紀的原子論；用這種角度來看待事物，世
界當然可以是突然之間創造出來的，因為構成世界的小分子可
以用各種不同的方式結合在一起。德謨克里圖斯（Democritus）等
人的想法排除了一般所謂神的概念。根據這幾位作者的說法，
人們向神明祈求健康，但健康其實是掌握在他們自己手中。

詭辯家也把宗教當成是人為的產物而加以排斥，他們主張
的是「一種人文主義的不可知論」（Armstrong 1957: 23）。根據
普洛達哥拉斯（Protagoras c. 485-c. 410 BCE）的說法，「人是萬物
的尺度」，而在《關於眾神》（Concerning the Gods）中，他發現
這方面沒有足以讓人下定決心的證據；因此他和這個另類傳統
當中的其他人一樣，被指控為不敬神。西元前五世紀的劇作家，
特別是尤里皮底斯（Euripides）和索福克里斯（Sophocles），也對他
們的神展現出相當大的矛盾情結。同時醫學作家也在悄悄地追
求一個類似的自然主義說法的傳統，大多揚棄了柏拉圖所鍾愛
的目的因（final causes）。雖然蓋林（Galen）堅決主張目的因的觀
念，他們的論著和柏拉圖的一樣，繼續主宰歐洲許多的思維，
直到西元17世紀。在史學方面也是如此，修昔提底斯
（Thucydides）試圖不用超自然的原因來解釋已經發生過的事
件。因此希臘時代興起了包括伊比鳩魯學說和懷疑論本身在內
的種種相互競爭的哲學。對前者而言，神既沒有創造世界（伊比
鳩魯接受德謨克里圖斯唯物主義的立場），也沒有在人類的事務
中扮演任何的角色；「神」根本不存在，靈魂既非不朽，大自然
也屬非目的論。懷疑論者延續著過去希臘思辯哲學的思潮，認

為理解世界是一件太困難的差事。這些學說對中期學院(Middle
Academy)產生了重大影響,尤其是在呼籲「延緩判斷」的阿斯
西老斯(Arcesilaus, c. 316/315-214 BCE),以及卡尼底斯
(Carneades, c. 213-129 BCE)領導之下,兩人都對有神論的信仰
提出批評。然而,神的正當性是由風俗習慣所認可的,學院懷
疑論者一向所挑戰的其實未必是對神的信仰,而是質疑為什麼
要花這麼大的力氣來證明或說明神為何非存在不可。這些哲學
家對羅馬作家西塞羅(Cicero,他在《論神性》[De Natura Deorum]
III, 6-9當中對這個立場做了一個經典的說明)、盧克萊修
(Lucretius)、老蒲林尼(Pliny the Elder)發揮了相當大的影響[4]。
羅馬帝國初期最重要的哲學是帶有柏拉圖主義精神的斯多葛學
派,換言之是一個有神論的系統。不過古代的古典宗教有不少
同時以行為和信仰為核心,如果用儀式無法滿足希望,就可能
興起懷疑主義。索菲爾德(Schofield)表示,西塞羅並沒有變成一
個現代所謂的懷疑論者,他不是一個無信仰的人(unbeliever)。

> 應該是說,他贊同學院的想法,認為不管一個人抱持
> 著什麼哲學觀點,都不要把它當成是一種堅決的信念,
> 而是他當時在全面研究和比較兩邊的論證之後,所能找
> 到的最好的觀點。(Schofield 1986: 47-8)

---

4　西塞羅和神性的問題,因為關係到預言,對懷疑主義的思考尤其重
　　要,見Schofield (1986)。Bottéro認為這方面的研究是科學探討的先
　　驅。

就是因為有這種懷疑的核心，才有必要延緩判斷；西塞羅認為贊成或反對占卜的論證都很有力。他「針對每個論點提出問題，往往是猶疑而缺乏自信的。」(Cicero, *Div.* Bk II, 11:8; Schofield 1986: 59)

這些想法促使人們對宗教抱有一種犬儒主義的心態，而皇帝馬卡斯・奧里歐斯(Emperor Marcus Aurelius, 121-180 CE)的著作，就是這種心態在政治上最重大的表現，他被譽為「不可知論的聖人和典範」。這種看法可能稍嫌誇張。因為他是一個受到柏拉圖理念影響的斯多葛學派奉行者；雖然他在宗教上的態度有些「模糊不清或曖昧不明」，但仍然宣稱「神也是如此；我一次又一次體驗到神的力量，並從中了解到神確實是存在的，而我對眾神也非常尊崇。」(M. Aurelius, Med. X II, 28; Rutherford 1989: 209)他對神既非相信，也並非不相信，在神祇和原子之間擺盪猶疑[5]。

我一直想證明這些理性化的種種過程(我比較喜歡這種說法，把理性化視為一連串持續不斷的改變，而不是突然發明了理性這個東西)多少和傳播方式的改變有關。瓦特和我都曾經提出，書寫的引進，尤其是希臘人發展出完全的字母文字，讓人類有了一種簡易的「抄寫」方式(雖然原因也沒有這麼簡單)，因此帶動了懷疑論思維的發展和懷疑主義傳統(Goody and Watt 1963)。由於書寫讓口語和思想在某種程度上去脈絡化，因此激

---

5　本段之前的參考資料，見Thrower (1980: 222-3)，引述F. W. Myers and T. R. Glover.

發了懷疑論思維的發展。我們所舉的例子是希臘神話的書寫。
由於神話剛出現的時候和社會有密不可分的關連，當社會隨著
時間的流逝而變遷時，書寫下來的神話有了不同的「真理」的
地位。當社會出現了新的價值觀，這些神話就顯得格格不入。
按照色諾芬的說法，神話就被矮化為一種「古人的寓言」，或者
像幾百年後的文藝復興時代那樣，必須以寓言的角度來重新詮
釋。占卜結果的書寫一定也會引發類似的效應，這些記錄會記
載負面和正面的結果，然而我們通常比較容易記得好事而忘了
壞事。這些書面記載的程序會激發懷疑論的心態，但向外流傳
的當然不只是懷疑論而已；書寫本身就會締造新的占卜形式，
例如占星術，和新的宗教形式，亦即聖經的宗教。不過除了宗
教傳統之外，書寫也有助於建立一個長久的懷疑主義傳統，使
兩者之間的緊張關係在赫胥黎的時代達到最高峰。提供了一把
新的量尺，來建立一種世俗的「真理」。

　　這種概念顯然早在後啟蒙時代之前就相當普及，並非後啟
蒙時代的專利。有些古典人文主義者認定像這樣以不可知論或
無神論的形式把懷疑直言不諱地表達出來，一直是希臘傳統的
特徵，這和他們尋找證據的懷疑主義研究模式有關 (Lloyd
1990)，而瓦特和我都認為這是因為希臘人使用字母書寫使然
(1963)。

　　我們前面的說法之所以有問題，是因為我們把這種懷疑主
義的傳統局限於字母書寫，也就是希臘人(也就是亞利安人，歐
洲人)的文化遺產。這實在是過分種族中心的歐洲中心觀點。在
其他的文字文化中，也有相當於理性思想的觀念，而且發展得

相當成熟。我已經談過，以亞里斯多德最重要的論證程序為例，
美索不達米亞就出現了三段論法的雛形、在印度、中國和日本
則發展得更為成熟，而伊斯蘭教很早就把亞里斯多德的邏輯納
入其中，要比西歐早得多了(Goody 1993b, 1996a)。

　　在這些地方同樣也發現了井然有序的懷疑論。100年前，狄
倫(Dillon)提出提出了《舊約聖經的懷疑主義》(*The Sceptics of
the Old Testament*, 1895)的論述。也就是說，這個猶太教和(比較
不算是)基督教的主要宗教典籍，骨子裡還是有懷疑，甚至不信
仰(disbelief)的傳統。

　　聖經〈創世紀〉精心打造出一個看待世界創造過程的特殊
觀點，因為猶太教的一神論暗示神和自然是天南地北，扯不上
關係的。自然是唯一的上帝所創造的，但得不到任何宗教的敬
畏或崇拜。這個完全超驗的上帝同時禁止創造「泥塑木雕的偶
像」，當然也禁止崇拜任何人類自己建構出來的東西；「詆毀所
有人類的價值觀和價值觀的再現，並加以相對化」(Thrower
1980: 235，引述H. Cox)。這種超驗的存在可能也會使宇宙去神
聖化，讓人類更自由地去探索世界，不必理會任何神的干預。

　　〈箴言篇〉、〈約伯書〉和〈傳道書〉的智慧文學，還有更
明確的不可知論和懷疑論，彰顯出和埃及、巴比倫和希臘類似
的傳統之間密切的關係。聖經記載一位宣稱「我不相信上帝」
的亞古珥的觀點。雖然引用他的話只是為了加以駁斥，仍然證
明了《聖經》中確實有這種想法。〈傳道書〉不可知論的色彩更
為鮮明，以致於某些神學家質疑這麼悲觀而宿命的文本怎麼會
被納入猶太教或基督教的典律中。不過其中也有比較正面積極

的成分，鼓勵人類享受生命。「你只管去歡歡喜喜喫你的飯。心中快樂喝你的酒……就是神賜你在日光之下虛空的年日，當同你所愛的妻快活度日。因為那是你生前在日光之下勞碌的事上所得的分……」(Ecclesiastes 9: 7-9)。

某些巴比倫的典籍，包括《吉爾格美什史詩》(*The Epic of Gilgamesh*)在內，也出現了這種態度。埃及的智慧文學也有相同的發現，《史密斯莎草古卷》(*Edwin Smith Papyrus*)之類的醫學典籍，同樣也是依據這種刻意偏向自然主義的角度來探索世界。

所以不管是對宗教世界觀的批評，或是自然主義思想的建立，兩者的根源都早已存在於歐洲文明的古典時代，以及比較籠統的近東地區。不過在基督教皇帝查士丁尼一世的統治之下，提出這些觀點的「異教徒」哲學學派逐一告終。直到西元560年代，雅典的異教徒教授「支配了文化階級的知識生活」。不過到了中世紀，西方的思維完全服從教會的有神論世界觀(Brown 1971: 177)。隨著西元12世紀古典知識開始復興，並在義大利文藝復興之後的18世紀達到最高峰，這使得教會有神論至高無上的控制權受到了挑戰，這有一部分要歸功於拜占庭帝國，因為古典的菁英能夠在拜占庭生存，因此不必經歷同樣重生的過程。

我所堅持的是，不管當時還有什麼其他的成就，懷疑主義、不可知論，就和理性一樣，並非源起於歐洲的啟蒙運動。要看待當時世俗化的成長和世界的除魅化，多少要以先前基督教理念的霸權為背景，不可知論和懷疑論一千多年來的正式表達，大多都遭到基督教的壓制，和知識大幅成長的古典時代不可同

日而語。

同時我也想表示，這些發展不但比啟蒙時代更早，而且根本不是歐洲的專利，亞洲其他的文字文明也有同樣的傳統。我們發現，伊斯蘭教的某些教派也傳達出懷疑論的訊息，尤其是托缽僧所屬的蘇菲派，不過這種懷疑論質疑的是理解神的方式，而不是神本身。特別是什葉派兄弟會所吟唱的詩篇，有時候對伊斯蘭教的儀式，甚至是典籍和寺院，都非常嚴苛：

> 接近宗教信仰虔誠的人，丟掉了《可蘭經》，
>
> 這本書不會引領你的靈魂得救，
>
> 阿拉真主是個謎，祂不在房子裡，
>
> 那些跪拜在牆前的人都是傻子，
>
> 目的只為消遣而非朝聖。

(Zarcone 1993: 453)

就是這樣的懷疑主義，才使得特菲克(Riza Tevfik)之類的作者試圖藉由同理心來讓文明的蘇菲教派和現代西方哲學能夠彼此相容，這是東亞和中亞的急進分子等現代主義者普遍採行的運動。

印度的情況尤其發人深省，因為這是一種迥異於希臘、歐洲及甚至近東的傳統。不管是亞洲人或歐洲人，有不少認為印度這塊次大陸受到宗教世界觀極大的影響。按照賴德克利許能(Radharkrishnan)的說法(1953: I, 21,Chattopadhyaya 1959: 3引述)，「印度思想的特色在於它注重人的內心世界甚於外在世

界。」這是許多人類學家的看法。不過索羅爾(Thrower)所謂「另類」屬於庶民的傳統，是「打從骨子裡的唯物主義」，被稱為順世派(Lokāyāta)，這個字似乎是衍生自「自然世界」(*loka*)以及「基礎」(*ayatana*)。我們無從追索這個傳統是否已經形成了一個相當一貫的哲學，因為我們之所以知道有這個傳統的存在，完全是透過反對者的評述，例如14世紀摩陀婆(Madhavacarya)的《攝一切見論》(*Sarva Darsana Samgraha*)。這位作者說道：

> 順世派認為除了當下的知覺之外，任何知識的來源都不具備有效性。因此除了感官的事物之外，完全否認任何現實的存在。沒有神，沒有靈魂，人一死便灰飛煙滅。這樣一來，順世派人士自然否定任何宗教和道德的價值，只在意感官的歡愉。(Chattopadhyaya 1959: 9)

換句話說，他把這些學說視為「那些對人類存在的更高價值欠缺瞭解的粗人所風靡的玩意兒」。

索羅爾對不信仰的歷史做了相當豐富的紀錄，首先是神秘宗教世界觀和自然主義世界觀的二分法，而最後是後者成為主流。自然主義的世界觀遍布在人類的各個文化當中，他理所當然地質疑這種思想是啟蒙運動，或甚至是希臘人孕育出來的？他認為印度的吠陀本身就有根深柢固的「懷疑論、不可知論和自然主義的特質」。下面這段經文就同時包含了懷疑和信仰：

> 不知的我請問聖賢知者，

如無知者渴求知識，

是什麼唯一的神，以尚未誕生的形象

建立並確定了這些世界的六境。

(*Rig Veda*, Book I, hymn 164 v. 6, translated Griffith 1889)

索羅爾表示，這個「古人在歷史上最早的思辯」，和禁慾主義日漸盛行有關，禁慾主義出自對知識的渴望，奧義書(Upanishads)揭露先前的吠陀教信仰正是因此而崩潰(Thrower 1980: 38)。巴沁姆(Basham 1954: 247)說〈無有歌〉(*Nāsadīya*)是「史上留傳下來最古老的哲學性懷疑的紀錄之一」，從〈無有歌〉即可看出，不可知論是吠陀讚歌固有的一部分：

那時，既沒有「無」，也沒有「有」：

既沒有空氣，也沒有它外面的天，

什麼被包含著？在什麼地方？在誰的庇護之下？

是否有深不可測的水？

……

沒有人知道造化在何處形成；

是不是由祂創造：

祂在最高的天國眺望，

只有祂知道，或許祂也不知道。

(*Rig Veda*, Book X, hymn 129, translated Macdonell 1922: 18)

　　馬克斯・穆勒(Max Müller)把這種說法叫做「無天神主義」
(adevism)，亦即對天神的懷疑，構成了整個印度宗教史中的一
個次主題。雖然正統的宗教把這種思想視為魔鬼(Asuras)，也就
是奧義書中的惡魔，但這些想法代表了許多人內心對於神祇在
世上的角色所抱持的懷疑。按照商羯羅(Śakara)的《攝一切悉檀》
(*Sarva-siddhānta-sagraha*)的說法：

　　是誰畫孔雀？或是誰讓杜鵑歌唱？
　　除了大自然，沒有任何原因[6]。

　　自然主義代表那些再現中的懷疑、不信仰所造成的結果，
人類不能直接感覺到神，自然很容易質疑神的存在。連崇拜祖
先也逃不過懷疑者批判的眼光，順世派的教義中有這麼一條，
「沒有不朽的靈魂，身體死了以後就什麼都沒有了」，所以輪迴
本身就是一種幻象(Tucci 1926; Thrower 1980: 86)。他們認為「祭
司」不但有錯，更有詐欺之嫌，倡導世人對根本不存在的力量
奉獻，並鼓勵他們相信虛假的死後生命。他們堅持禁慾主義的
價值，不過就像古代戲劇《知識之月升起》(*The Rise of the Moon
of Intellect*)裡的唯物論者所言，這種思考也有其局限：

---

6　*Radharkrishnan and Moore* (1957: 235)，出自 Cowell and Cough
　　(1904)的翻譯。

　　這些傻子都給騙人的聖書訛詐了，被灌輸了許多希望
的誘惑。可是乞討、禁食、苦修、在烈日下曝曬等這些
會讓人消瘦的事情，哪裡比得上有一雙大眼睛，雙臂擠
壓著豐滿胸部的女人銷魂的擁抱？(Taylor翻譯1911: 20
in Radhakrishnan and Moore 1957: 248)

　　這樣的享樂主義和希臘傳統中的伊比鳩魯不遑多讓，恰托
巴底亞耶(Chattopadhyaya)認為這和崇尚*deba-vada*信仰(自我就
是身體)及神秘宗教行為的秘宗有關，而且秘宗強調性愛享樂，
在正統婆羅門眼中，確實是罪大惡極。

　　在許多摩訶婆羅多(Mahabarata)或聖經這樣的偉大神話，以
及許多的史詩中，都包含著懷疑的核心。裡面會出現一個角色
來質疑英雄或支配團體的概念。有時候就由魔鬼本身來扮演這
個角色。這樣的質疑不管在藝術或意識型態的層面上都有其結
構的必然性，要是沒有障礙可以克服，又無須面對絕望的深淵，
朝聖的天路又有何歷程可言？就藝術上來說，這樣一個角色的
安插，創造出一種必要的張力；在意識型態方面，主流的思潮
受到質疑，便可以克服懷疑。不過懷疑並沒有這麼容易消除；
反而繼續存在於許多信徒的心中，他們必須說服自己相信神的
力量，卻走向了懷疑主義。不管接受或是拒絕，基本上和信仰
都是對立的，這樣所造成的矛盾情緒未必存在於每個人的心
中，但有些人心裡確實有這種念頭。不可知論和諾斯底教派對
立，不管懷疑的對象是超自然力量的概念化、再現、或是這些
力量對奉獻和禁慾主義的要求，其中都包含了不可知論。

這樣的懷疑在書寫宗教中是非常明顯的，懷疑甚至在其中構成了自己的另類傳統，就像是中國的儒家，印度的順世派可能也是其中一種。西元6世紀時，順世派成為一種明確的哲學派別，印度在當時產生了大量的自由思想，這可能是因為字母書寫的引進造成讀寫能力的普及，這樣的發展自然帶來了比較大的反射性(Thrower 1980: 62)[7]。

中國也有類似的懷疑史。佛教從南亞傳向東亞。早期南亞的佛教徒有些共同的行為，例如拒絕殺生祭祀和否定階級。他們否定神的存在(雖然他們未必否認超自然的事物)，不過在輪迴的主題上卻有歧見。對懷疑者而言，「沒有任何人……曾看見意識從一個人轉移到另外一個人的身上」。但中國也有自己的懷疑傳統。早在佛教出現以前的春秋時代(西元前722-481年)，《左傳》就有這方面的證據，證明有人已經不相信超自然存在，甚至是「天道」。「天道遠，人道邇，非所及也。灶焉知天道？」(Legge 1872: 671, Thrower 1980: 106引述)。後來用陰陽所做出的解釋(西元前4世紀左右)透露了一種和神學的宇宙觀截然不同的自然主義宇宙觀，融入了道家的許多思想中。這個所謂中國本土宗教的始祖老子，後來鼓吹所謂的「泛神論自然主義」，主張整個大自然的秩序就是道。不過中國人通常避免對「自然」這樣的絕對價值或觀念做任何抽象的思辯。今生和來世也沒有什麼絕對的區隔，所以不能把信仰和無信仰過度尖銳地對立；

---

7　亦見Morris (1990)，他認為僧佉派的哲學是把通俗唯物主義做學術性的表達。由Kapila所建立，他排斥最高存有的概念；他的想法似乎影響了佛教。

這兩者可以在同一個人身上並行不悖。

雖然孔子承認怪力亂神的存在，但仍然堅持李約瑟所謂的「心繫世俗社會」，而且不管是對超自然的事物還是自己的知識，都抱持一種不可知論的態度。他的興趣基本上在於俗世，也是我們最能瞭解的部分。按照韋伯的說法，除了邊沁的理論以外，儒家是世界上最理性的倫理體系。近來中國和其他的知識分子往往非常贊同這個看法。不過這樣看待孔子的理性（還有西方的理性），當然不盡然正確，這多少是因為神聖和世俗領域的切割不像後來的西方那樣清楚。孔子探討的是儀式的行為（包括祭拜祖先的儀式），而不是宗教信仰；和古代的希臘和羅馬一樣，祭祀的儀式經常無法實現的希望，必然會帶來某種程度的懷疑。

除了孔子以外，許多具有批判性的人也都秉持這樣的看法，其中最傑出的可能就是王充(27-97 CE)，他所抱持的普遍懷疑論削弱了占卜和神與人溝通系統的整個基礎。天與地都不聆聽人們的祈禱；也不會回答問題。有許多人把他的思想路線一直延續下去。就像李約瑟所說的：「在後來的整個中國歷史當中，懷疑主義的傳統不曾終止過。」這種知識反文化的延續非常重要。宋朝(960-1279 CE)的某些理學家發展懷疑主義，以對抗佛教和庶民宗教的力量，此外還有不少具有科學傾向的人，也在懷疑主義上有頗多著墨，一直到中國在17世紀接觸到西方科學，只不過把西方科學傳入中國的，居然是耶穌會的傳教士。

因此，雖然「不可知論」這個名詞最早出現在19世紀的歐洲（其實是英國創造出來的字），卻可以回溯到希臘時代，這個

名詞所體現的懷疑精神，也並非局限在後啟蒙運動的西方。不是韋伯所謂「西方理性」和世界除魅的專利，也不是專屬於從希臘傳承下來的歐洲文化遺產。這個高度發展的傳統，也出現在其他主要的文字文化中，補充這些文化的形式理性。這不是說懷疑主義適用在任何時間，任何地點的任何議題上。即使是在當代社會，還常常有人對其他人狂熱信仰的東西保持懷疑（認為是不理性的）。這是多元文化的本質。有些人認為不管在政治、宗教或心理學說方面，所採用的懷疑主義還不夠。有些人則默許既有的信仰。雖然從歷史上看起來，「理性」、懷疑、懷疑主義和不可知論的界限不斷延伸，就算未必能影響日常生活的行為，至少已經延伸到日漸擴大的知識領域，不過對立總是存在的。

　　我前面所談到的另外一個主題是，雖然文字社會已經把懷疑主義發展成為一種另類的長久傳統，我並不認為只有這樣的社會才會產生懷疑論。在我們原始的論證中，瓦特和我並沒有否認口述文化確實具有某種程度的懷疑主義，只不過我們想強調它是如何在文字文化中大放異彩。書寫的主要功能之一就是化隱為顯。如此一來，懷疑主義的傳統（或反傳統）就會出現在書寫文化中，然而在口述文化裡，每一代的人多半都會把這種懷疑的思維默默吸收（並更新延續下去）。不過情況和某些觀察者膚淺的看法完全相反，口述文化其實和都鐸時代的英國差不多，並不是每個人都是聽到什麼就相信什麼。一般人往往認為在無文字文化裡，每個人一定是相信地域性的神祇，就像他們自然而然就會各自說著不同的地域性語言。這是習俗的一部

分,是我們成長經驗中根深柢固的因子,不但蒙田這樣說,佛特斯 (Fortes) 也以贊同的口吻如此提醒我們。涂爾幹連帶 (solidarity) 的概念,特別是機械連帶 (mechanical solidarity) 的概念,也加強了這種觀點,在單純、沒有區隔的社會,超乎正軌的觀念會在一種體內平衡的過程中被消除,口述記憶就藉此抹去不受歡迎的因素 (Halwachs 1925; Bartlett 1932; Goody and Watt 1963)。不過他們確實會懷疑神祇是否有效,甚至是否存在。澳洲北領地一首原住民的歌謠,用愉快的口吻顯示連狩獵採集者都有這樣的懷疑:

> 神人說死了就升天
> 穿越河水流過的珍珠之門
> 神人說死了就升天
> 就像老鷹、飛鷹和烏鴉——
> 或許吧,或許吧;我不知道。
> (引述Flew 1974: 312)

這首歌謠顯然深受基督教的影響,但仍展現出一種剛剛萌芽的懷疑主義,我的意思是說,由於書寫的欠缺,這樣的懷疑並沒有體現在一個獨立的思想傳統中,反而很容易都被淹沒在每一代的支配性意識型態模式之下。

這種狀況是比較普遍的,雖然表面看起來完全相反。人類學家常常自詡是信仰系統的專家。他們記錄對今生和來世的想法——不管是神話還是神話學(後者是非正式的表達[指社會上

對神與人類的種種說法，是觀察者所做的綜合性收集]，前者是
正式吟誦出來的文本）——用來回答他們的探索性問題。許多研
究某某民族宗教體系的書籍，就是以這些資料為基礎。結果就
表現在一篇研究某個團體、某個文化的宗教如何作為全體共同
的信仰和行為體系的專題論文裡。

　　這個研究取向有兩個問題。首先，宗教信仰並非完全以社
群和國家為界限。沒錯，「原始的」宗教——也就是口述文化的
信仰——很容易被地方、族群所界定，然而書寫文化是用書寫
傳統來界定宗教，也就是各個不同的民族所閱讀、並獨立流傳
的一套典籍。佛教、伊斯蘭教和基督教都不是「部落的」宗教。
其中包含了信仰的改變、變遷，以及因而對前一套信仰和行為
的揚棄和廢止。口述非洲宗教也拋棄了某些過去的信仰和行
為，不過是在一個比較偏向單一主義的層次上。人們可以拋棄
對一間巫醫神祠（medicine shrine）的信仰而轉向另一間巫醫神
祠，我也說過，這樣的轉移是非洲宗教長久以來的一個特色，
不只是一個「接觸情況」（contact situation）的結果，不過和西方
的接觸無疑是額外增加了一個面向（Goody 1957）。

　　我們很容易用種族的角度來看待和界定這些信仰。只有阿
桑特人奉行阿桑特的宗教，其他人都不信。不過客觀地說，信
仰未必總是受到這樣嚴格的限制，因為巫醫神祠可以跨越邊
界，周遊在各民族之間，顯示他們在兩邊被接受的程度，除此
之外，到鄰近社群遊歷的人也瞭解及接受占卜或祭祀的各個面
向。再者，外界的觀察者可以感覺到西非對大地、祖先、野生
物、神、雨和太陽的信仰和行為有許多相似之處，更別提在象

徵和敘述方式上的雷同（參見Parrinder 1961）。這些宗教並非南轅北轍，迥然不同，除非我們選擇要這樣界定。我們常常做這種事，因為觀察者通常是和某個特定的團體合作，採用他們對差異的感覺，符合他們的認同。

以種族來界定宗教，等於是根據規範性陳述，來確立羅達迦人的信仰。我們採用這些陳述、這些對我們的質疑所做出的回應、或是這些正式儀式情境中的聲明，建構出一個信仰和行為的完整體系，一個正面主張的結構。結果在個人對信仰的投入方面，單純社會的信仰體系和那些文字文化或「現代」文化往往大相逕庭。在啟蒙運動中，懷疑和質問被認為是理性固有的一面，許多哲學家把單純社會的世界觀和啟蒙運動的世界觀加以對照，最能看出兩者之間的對比。事實上我們也看到，某些學者認為西方的理性肇始於啟蒙運動。我在別處曾經表示（1993b；1996a；chapter I），這種對理性的概念太過種族中心主義。亞里斯多德式的形式理性原本就是一種文字的理性，但並不局限於字母文字，自然也不局限於西方傳統。我相信文字文化和口述文化有相當大的差別。這不表示口述文化中就沒有非形式理性或邏輯、或運用連續性推理的能力。這些當然是有的。同時其中也存在著懷疑和質疑的元素。不過這種逆流未必都會出現，因為民族誌者對風俗、規範性情況、習俗是採取整體論的研究取向，很容易誇大事情的另一面，對於不在當下的事物、失敗、懷疑，總是視而不見。

超自然的力量未必都能達到人們的期待，這種感覺尤其讓人們在心中產生了懷疑。不管是單純或複雜的社會，都有無法

盡如人意的神。在西非，有些神廟就會因此而被信徒淘汰，他
們到別的地方去朝拜，也造成了神明的輪替。就西非來看，被
更換的不是主要的神明，而是比較小的神明，也就是所謂的巫
醫神祠。像占卜這種很容易出錯的體系也是如此。伊凡－普瑞
特查德等人已經談過如何面對令人無法接受或錯誤的占卜結
果——不把預言當一回事、竄改神喻、再找一個占卜的人——
不過他們多半會認為信仰體系本身是不會動搖的，其公信力也
會繼續維持下去。但事實未必盡然，因為整個占卜的體系是會
改變的，新體系比舊體系的可信度更高（見Goody 1975）。換句
話說，裁決真理（羅達迦人所謂的*yel miong*）的手法是會被取代
的。在羅達迦的部落裡，這種手法往往和野生物（*kontome*）有關
係，不過就像巴格雷的神話所講的，這些野生物可以隱藏和揭
露真理。有時候會把占卜的結果弄得模糊不清，於是在吟誦神
話向神祈求的時候，巴格雷的神被稱為「說謊的神」。我所記錄
的第一部黑色巴格雷的中心主旨之一，就是這些野生物已經讓
人們偏離了神的道路，朗誦巴格雷就是為了把人類帶回神的正
軌（Goody 1972a）。

在討論阿贊德人（Azande）的時候，伊凡普瑞特查德（1973）
談到信仰已經有了懷疑主義的色彩，而路易斯（1986: 18）也很有
睿見地討論過「最重要的是一個個具有懷疑思想的資料提供
者，對既有的情況多少有些局外人或事不關己的味道，可以往
後退一步，用比較冷靜，也就是我們所謂比較『客觀』的觀點
來看待所發生的事情。」我不會只把懷疑主義視為局外人的觀
點而已；對我來說，懷疑論是宗教信仰本質上固有的一部分。

　　我曾經提過,在西非被否定和取代的多半是次要的神祇,然而懷疑可以進一步延伸,甚至上達至高的神(high god)本身。在近東地區的宗教,和神溝通的方式就是祈禱並懇求滿足人類的需要。非洲的神是無為的神(*deus otiosus*),創造天地萬物之後就不再主動參與世上的任何活動。不過一個創造世界之後即不再插手塵世的造物主,表示永遠存在著改變的可能,就像神能夠幫助人類,只是未必會這麼做。這兩個概念都包含了相互矛盾的成分,可能讓人們因此懷疑或甚至改信一個完全對立的信仰。以非洲而言,人們可能會直接請求神行使他之前所展現的力量。我觀察到的一個例子就是這樣,一個朝拜小神明的新教派正流傳到羅達迦族和鄰近的團體,表示神可能回來掃除世上的邪惡,特別是巫術,使原本普及的概念架構出現裂痕(Goody 1975)。同樣的,近東地區那種全能的神也未必總是選擇要施展自己的力量,這就有可能讓人們心中產生疑慮,懷疑他是否真的具有這些力量,可能也激發不可知論,甚至是無神論。

　　事實上,每個社會都存有對神祇的懷疑。在多神論的思想架構中,人們可能會因此尋找新的教派,然而在一神論的宗教裡(也就是聖經的宗教),唯一的選擇是離開而非表達意見,把忠誠轉移到其他的對象,雖然其實也可以改變教派、換個新的守護聖徒、或者歸咎於自己的信仰或神職人員,而不是神明。然而儘管如此,懷疑只會不斷蔓延。一個「反文化」的傳統於焉產生。

　　在本文的討論中,我已經提出了幾個長期發展的大路線。其中之一是和希臘科學的發展密不可分的亞里斯多德邏輯,雖

然其他地方也有類似的思維。現代科學的出現當然也是一條路線；雖然這和歐洲及其他地方在中世紀的研究有關聯，然而研究、證明和學術傳播的新標準已經建立，這多少也是因為使用了活動的鉛字來印刷字母文字。

口述文化原本就存在著某種程度的懷疑，讀寫能力在過去已經利用這種文化的某些元素，促成了一個比較持久的懷疑主義研究傳統的發展。由於人類學研究的本質使然，這種成分多少被隱藏起來，不過真正傑出的民族誌者不會隱藏這些元素(例如Siegried Nadel對努佩[Nupe]宗教所做的分析)。這種研究尋找的是存在而非不在的元素，而人類學家因為預期心理和程序使然，可能尋找的是虔誠的信仰、規範和確定的事物(和當代生活不確定性比較大的情況不可同日而語)，特別是在宗教的領域。這兩個因素都引起了某種方法學和觀念上的怠惰，只有把赫胥黎的後達爾文懷疑論(也就是他的不可知論)完全納入考量，才能反制這種怠惰。

對超自然力量的懷疑(不可知論)和我在其他的再現形式(如圖像再現)中所察覺到的認知矛盾有什麼關係(Goody 1996b, 1997)？超自然的力量當然是心智、言談、書寫和圖像中的再現。宗教圖像有時會遭到禁止，正顯示出用物質來再現非物質的事物，可能面對什麼壓力。不過在處理有關神祇的文字時，也會出現某種程度的壓力。為什麼全能的神選擇不去行使他的全能？為什麼良善會釀成邪惡？祭品和禱告是如何傳達的？宗教教派如何轉變？這些有關理解世界和理解我們本身的問題，可以產生好幾種結果。自然神論觀有其困難或複雜性。唯物主

義也是一樣。我們之所以懷疑任何一個解答的有效性，往往是因為其中所牽涉到的認知矛盾使然。這樣的矛盾出自於人類的處境，就是必須用語言來再現對世界的經驗和個人對世界的參與。神是用語言創造出來的；對神存在與否的懷疑亦是語言的產物。不管是神，還是對神的懷疑，都非常普及，就算不是普世的文化特質，也是橫跨各個文化的一個面向，這不是內含的過程所造成的，而是肇因於會說話的人和周遭的社會及自然環境之間的互動。

質疑其實是人類情境所固有的元素，使用語言的動物在其中把存在物模擬再現，以協助應付人類在知識、社會和心理上的需要，這些存在物的地位很容易受到懷疑。把超自然存在給概念化，本來就存在著認知(以及其他的)矛盾，我們也只能從這些超自然存在可能的效果，來推測它們的存在。這種兩難的困境包含了懷疑和教條；不可知論是人類用語言為自己創造出來的社會世界的一部分，以一種改頭換面的方式來再現經驗，永遠包含著一顆懷疑的核心。

# 第十二章

# 人與自然世界：對史學和人類學的反思

我剛進入社會科學領域的時候，人類學一直希望和史學劃清界限。而如今在我協助編纂的叢書裡，動不動就會看到包含「歷史」這個兩字的書名。我們必須瞭解這種改變是如何產生的。

人類學和史學在早期之所以會分道揚鑣，並不是因為馬林諾斯基(Malinowski)及其他的功能主義者、結構主義者、或結構功能主義者都同意亨利‧福特(Henry Ford)的看法，認為「史學是騙人的胡話」。他們關注的有兩點。第一點牽涉到他們的許多前輩對過去所賦予的關注。用泰勒(E. B. Tylor)一本書的書名來說，所謂的進化論者是專注於研究《人類早期的歷史》(*The Early History of Mankind*)。像住在紐約州，羅契斯特的摩根(L. H. Morgan)等律師，也對人類早期的歷史很有研究，他們所完成的長期社會生活的重建，後來還被馬克思主義的作家所採用，尤其是蘇聯的馬克思主義者。這種對「長期」(la tres longue duree)的興趣，也是赫柏特‧史賓賽(Herbert Spencer)等社會學家的一

個特色。廣泛地說，這顯然是受到了後達爾文時代考古學和生物學的發現所影響。

後來的許多人類學家排斥這種研究取向，是基於非常明確的理由。首先，缺乏可用的證據，表示這些對早期社會生活所做的重建往往是猜測出來的，使用的是欠缺系統的比較方法，並以原子論式的觀點來切入人類社會。因為這些都是理論派的人類學家，對社會如何運作，以及他們手上所掌握的資料是怎麼拼湊起來，以及為什麼拼湊不起來，可以說一無所知。由於達爾文學說的成功，他們往往會在毫無根據的時候，帶入或強加上「演化」或進化的解釋。例如大家都知道他們想要解釋那些顯示女性抗拒婚姻的習俗，而英國過去抱新娘過門檻的婚俗，就是其中一個典型。這些普遍流傳的風俗被解釋成過去搶新娘的婚姻型態所留下來的做法。功能主義者提供的另一個觀察角度，是用成年女性結構地位的變遷來看待這種行為，認為這是女性不願意遷居的一種（必須讓別人看到她心不甘情不願）體制化的展現，特別是在她走進一個從夫居的婚姻，依照男方的地點來決定住在哪裡的時候。後來從事田野調查的結構功能主義者，把這些早期的解釋視為偽歷史，斷然予以駁斥。美國的人類學家鮑亞斯曾為某些沒有文字的民族重建晚近的歷史，有時稱為人種歷史學，所受到的反對聲浪是前所未見的。儘管如此，把研究的方法轉變成到其他文化中進行專業的田野工作，代表現在研究的重點集中在風俗習慣的運作方式，而不是這些風俗是如何形成的；分析的是在眼皮底下進行的事物。還有，由於這種專業田野調查主要在沒有文字的民族中進行，即

使是在追溯過去的時候，也偏重於對過去的概念在神話、傳說、系譜學(也就是行為人對過去的觀點)中如何被操弄及再現，而不在於學術性的敘述歷史。另一方面，對許多史學家來說，人類學若非和其他的社會科學一樣太過籠統，就是專門處理所謂的「原始人」，這些人不在歷史研究的範圍之內，自然索然無味。

以上這個簡短的背景介紹，說明了史學和人類學如何分道揚鑣。但兩者之間的鴻溝並不很深。因為總有些人類學家撈過界，尤其是受到馬克思和韋伯的影響、以及有志於研究長期變遷的人類學者。在史學家眼中，摩根所提出的婚姻及親屬關係發展綱要因為恩格斯而產生了影響力，他約略描繪出他對人類社會大致發展的概念，尤其是他對於包括性財產(sexual property)在內的私人財產的看法。摩根所提出的基本模式因此影響了婦女及家庭研究的早期發展，只不過家庭史恐怕更應該歸功於恩格斯自己早期的作品《英國勞工階級之狀況》(*The Condition of the Working Class in England*, 1845)。在另外一個議題上，布洛克(Marc Bloch)的《國王神蹟》(*Les Rois thaumaturges* ,1924)引用弗雷澤爵士(Sir James Frazer)在《金枝》(*The Golden Bough*)一書中針對神聖親屬關係(sacred kinship)所做的討論。後來的史學家引用社會人類學家的作品，在處理宗教狂熱、社會運動、嘉年華會(說得比較廣泛就是儀式)等現象時，增加了一個面向。包括家庭和讀寫能力在內的其他議題，也可以看到人類學家和史學家通力合作，產生了重要的影響力。幾年前我在巴黎布洛克所創立的法國史學研究重鎮工作，現在稱為法國高等社會科學研究院(l'Ecole des Hautes Etudes en

Sciences Sociales)。該校所宣傳的歷史學課程當中，三不五時就會出現「民族誌」或「人類學」的字眼，甚至已經到了氾濫的地步。不過這個機構創立時，原本就有意往社會科學方面發展（尤其是人類學），打算把政治性和敘事性記述的強勢傳統，漸漸修正為年鑑學派所偏好的社會文化記述。

一百年來，人類學的重點正在逐漸改變，歷史學也不遑多讓。藉著社會史的再興，史學逐漸把原本在國家的文獻檔案中比較不重要的人物——特別是下層階級、沒有受過教育的人、貧民、少數族群、以及其他受到忽視的團體，如婦女、兒童、以及同性戀——的事務納入研究範圍。為了創造出包含上述所有人的歷史，不得不調查過去的學者所忽視的資料，甚而援引口述傳統和田野調查，使得史學和人類學的做法更為接近。

西方的史學研究從本地和歐洲的過去跨越出去，開始研究整個世界的歷史，也必須這麼做。歷史學術向外拓展，把其他幾個主要的文明囊括在內（印度，尤其是中國），代表某些研究者必須更嚴肅地研究其他的文化，亦即其他的社會生活形式。要研究印度，就必須瞭解種姓制度，要研究中國，必然少不了宗族和婚姻的比較。不過在史學研究擴展到非洲撒哈拉沙漠以南和太平洋的新國家時，歷史學和人類學的關係變得更是密切，畢竟這些國家的結構不同，在書寫傳統上的深度也和歐亞的主要文明不一樣。基於這個原因，學術界對這些國家的過去多半置之不理；必須用其他的方法來創造。非洲史的發展主要還是歸功於非洲本身的建樹，在獨立時期前後，新成立的大學和既有的中等學校（在政治人物和人民的帶領下）要求要有自己

的歷史。接著非洲史延伸到世界其他國家的課程中，這個過程
也為各種重建過去的方法提供了正當性。那些通常只留意書寫
文字的學者，在非洲不得不收集並評估口述及文字記載的資
料，同時研究口語的陳述和書面的文本。

　　使用口述資料並不是什麼太新鮮的事，多半是老把戲。（希
臘的）史學之父修昔提底斯在他的《伯羅奔尼撒戰爭史》(History
of the Peloponnesian War)當中，已經採用了個人的回憶。但科班
出身的史學家後來只專注於研究文獻資料;只有民俗學、社會學
和新聞報導，才會採用口述資料。此番非洲史學研究法的改變，
也影響了歐洲。湯普遜(E. P. Thompson)採用了民俗資料；那些
研究20世紀，尤其是研究俗眾生活的學者(例如拉斐爾・沙穆爾
[Raphael Samuel, 1981]所從事的研究，和艾倫・羅斯[Ellen Ross]
等學者的對倫敦東區的研究)，也開始收集口頭陳述。如此一
來，研究的重點很快就從有讀寫能力的中產階級轉移到讀寫能
力不高的勞工階級身上，也就是印度所謂的賤民歷史(subaltern
history)。激發這股風潮的是人類學家奧斯卡・路易斯(Oscar
Lewis)對墨西哥所謂貧窮文化的研究。

　　這些努力的結果就是把歷史學術擴展到艾瑞克・伍爾夫
(Eric Wolf)所謂的「沒有歷史的民族」身上，這裡的歷史兩個字
指的是文獻歷史；因為口述文化雖然常常把過去和現在糾結在
一起，但其實沒有一個社會真的像人類學家鮑亞斯筆下的愛斯
基摩人那樣，據說是把世界上所有的事情都看成現在。每一個
社會都有歷史感，而檢視一個社會的歷史感，是人類學家的重
要任務。

這樣的經驗自然在幾個方面拓寬了歷史學的格局。研究非洲這種區域的史學家，免不了要評估考古學、語言學、和民族學的報告，並設法瞭解有關無文字社會的分析。事實上，在法語系國家，對在地國詳細的史學研究，以及對過去比較籠統的研究（例如研究奴隸制度和福利），不少是由橫跨兩個陣營的人士擔任：德雷（Terray）、梅舒（Meillassoux）、裴洛（Perrot）、塔迪茲（Tarditz）、伊扎德（Izard）等人。

反之亦然，當代的人類學家基於各式各樣的理由，開始著手探討史學的問題。想要對還沒有被「世界體系」淹沒的所謂傳統社會進行實際觀察的研究，面臨著越來越多的難題。北美洲的人類學家很清楚，要重建人類過去的體系，不但要有觀察的技巧，更要懂得「研究古籍」。此外，無論理論觀點為何，現在非洲的研究者可以取得晚近的行政文獻（有整整60年的檔案），這是前代的學者所沒有的。再者，這些對當代的興趣甚於「傳統」的人類學家，往往關注的是發展的過程、社會的變遷，這促成了另一種不同的研究，不過因為這是把A時間的情況和B時間（可能是未來）的情況加以比較，所以這種研究仍然著重在時間的面向。而且，近代變遷的速度往往對行為者，亦即人類本身，（在意識的層次上）具有深刻的意義，影響了他們的日常生活。要看待人類存在的這個層面，就必須更加著重於記憶、個人對其經驗的回憶、以及個人的經驗，這些題材構成了近代某些「文化人類學」的焦點。

我們之所以必須瞭解這個面向，是基於好幾個不同的理由。不管是東方人還是隔壁鄰居（甚至是自己家裡的其他人），

我們必須隨時提防自己對其他人做出任何失實的再現。我們恐怕沒辦法完全避免再現失實。但這不是怠忽職守的藉口，尤其是無論我們怎麼想或怎麼做，這個再現他人的過程都會延續下去。學童在學校要上歷史課，大人要對其他的文化做出判斷。確保在我們能力許可的範圍之內，讓學生讀到最好的課本，讓大人做出最好的判斷，自然是大學等機構責無旁貸的工作（或工作之一）。我們不應該和某些人一樣，認定除了舉雙手投降以外，就只能沈迷在純粹虛構或個人化的陳述當中。這或許是一條出路；但不會帶領我們向前走。

　　現在我應該暫時放下學術研究的歷史沿革，來思考我心目中的**一條**向前走的路——這當然不是唯一的路。我所引用的例子，自然和我近年來的興趣有關，也就是比較對大自然不同的態度，以及這些態度和長期的發展有什麼關係。

　　近年來，人類學以各式各樣的形式來討論大自然。首先，結構主義者把自然和文化以二分法區隔開來，就是一個耳熟能詳的例子，也常常被認為是每個社會或大多數社會的特徵。自然和文化的對立又以各種不同的方式扣連到男／女的二分法及其他的二元範疇。我個人並不認為這種研究取向讓我們增加了多少分析的工具；事實上，我早就說過，這些去脈絡化的對立（例如黑[=黑夜、巫術]與白[=白晝、開放]）已經嚴重誤導了我們對象徵用法的理解，使人們沒辦法在不同的脈絡下充分運用這些象徵、刻意顛覆並玩出新鮮的雙關語、以及討論我所謂黑即是美的問題。

　　其次，許多研究著眼在不同的文化如何分類大自然的物

體，透過相同關係和其他的階級連起來，或視其為畸形。這些論述起源於涂爾幹和莫斯對「原始分類」的研究，瑪莉·道格拉斯有關《純淨與危險》(*Purity and Danger*)的重要論述，便是其中的一部分例證。

第三，有人以生態學的角度來探討文化對環境的剝削和適應，這在採集者和狩獵者的相關研究中是非常突出的一環。這種研究讓我們對這些民族的謀生方式有了深入的瞭解，相較於我們自己對大自然比較具有破壞性的侵害，這些民族對自然的尊敬隱隱得到了不少讚賞。

這些研究只是很粗略地處理了人們對大自然的態度，靠著滔滔不絕的口述傳播，不容易斷定這些態度到底是什麼;如果選幾篇書寫的文本作為分析的基礎，例如吉柏特·懷特(Gilbert White)的作品和華茲華斯的《抒情歌謠集》(*Lyrical Ballads*)，自然就容易得多了(雖然未必比較容易做出適當的評價)。再者，除了史考特·阿特藍(Scott Atran)探討自然史上的分類，以及法國民族學家對平民的農村與都市花園所做的研究之外，幾乎沒有多少人把這些研究和現代社會的大量相關資料整合起來。如果我從一個很不一樣的觀點來探討這個問題，從一個比較廣泛的文化比較出發，這是因為受到了關心歐洲發展的史學家所刺激，尤其是湯瑪斯(Keith Thomas)，他的著作就叫做《人與自然世界》(*Man and the Natural World*, 1983)。

那些在浪漫詩人作品的薰陶下長大的人，自然而然地認為英國在工業革命的時候，培養出一種特殊的自然觀。事實上，他們認為「惡魔般黑暗工廠」的出現，和威廉·布雷克(William

Blake)對英國「綠草如茵的歡樂大地」的歌頌息息相關。先前在18世紀的時候，對大自然的欣賞有一部分是導向於農莊田地這種田園風格的炫耀，同時貴族人家的園丁想辦法修改文藝復興和復辟時代(前者是義大利的影響，後者則是受到法國的感染)那種中規中矩的園藝設計。他們所在意的不是大自然本身，而是大自然的文化轉型。

湯瑪斯這本書大大提升了我們對大眾觀念精確的理解。而我想做的是提出一些想法，看看如何藉著把相關的討論推展到其他的社會(包括無文字社會)並回溯到早期的社會，從而擴大或修正他的論點——換句話說，就是從比較史學和比較社會學(或人類學)取經。我之所以這麼做，一部分是因為我認為這會引發一個問題：西方在現代化(或是工業化或資本主義)過程中的「獨特性」。除了對學術性的跨文化研究以外，如果要瞭解今天世界的真相，這仍然是最重要的一個議題。我以湯瑪斯的作品為主軸，一部分是因為這本書的人類學背景(他受到了伊凡普瑞特查德的影響，特別是在他過去的一本書《宗教與巫術的衰落》[Religion and the Decline of Magic]裡面)使然，同時它至少在兩方面都和我不謀而合，包括擴大史學問題的思考格局，以及把這些問題放在比較寬廣的架構中來看待。

湯瑪斯這本書的副標題叫做「英國心態的改變，1500-1800」，他解釋說這些改變的具體表現，就是有越來越多的人「發現到人類對自然的優勢，在道德感和美感方面都讓他們越來越覺得罪大惡極。」英國社會在這段期間所採取的方向，表示市鎮的居民對鄉村產生了新的渴望，因為「這些新的感受

和人類社會的物質基礎之間的衝突日益嚴重」，才會擊敗了都鐸王朝時代的英國充滿自信的人類本位說 (Thomas 1983: 300-3)。雖然湯瑪斯表示先前幾個時代普遍認為自然是為人類而創造的，他還是看出在英國的中世紀藝術、以及更早在亞里斯多德的作品中偶然出現的自然主義，都明顯呈現出不同的觀點。儘管如此，他表示，早期現代的自然主義者「發展一種很新鮮的觀點，一種新的分類體系，從而改變了這些以人類為本位的心態」(p. 5)。

甚至在現代之前，我們就發現除了一些自然主義的元素以外，還有另外一種重要的反對浪潮：「只要掀開表面看看，就會發現人類對待動物的態度，有許多罪惡、不安和自我防衛的痕跡。」歐洲人，甚至是古代人，也知道耆那教、佛教、和印度教多麼尊敬動物的生命(雖然這些觀點常常被大惑不解的人嗤之以鼻)。這裡指的當然是比較早期的書寫文化。即使是在歐洲當地，早期畢達格拉斯、摩尼教、卡塔爾教派、羅拉德教派、甚至本篤會的僧侶，都普遍反對肉食。此外，湯瑪斯發現到早在都鐸王朝時代，有些「過度敏感的人」對於動物的權利就採取了不同的立場。

湯瑪斯不但看出了這些反對的態度，還察覺到一種情感和態度全面性的轉變。他認為早期現代「所產生的一些感情，會讓人們越來越難接受人類用來鞏固其物種優勢的一些強硬手段，」(Thomas 1983: 302)。這些感情被稱為「新感性」(new sensibility)。他也發現在17世紀初期的神學爭議當中，漸漸發展出對野域自然的一種「新態度」、「新嗜好」，當時英國人正

是「將自然神聖化」的先驅者(pp. 259, 261)。有人控訴說給這樣的發展畫出年表，看起來未免像是「維新黨企圖找到地球之友在知識上的源頭」(pp. 15-16)，但作者極力為自己辯護，駁斥這種說法。他真正要做的其實是「重建一個過去的精神世界」。不過呢，雖然他這樣否認，而且還引述反證，事實上他還是用某種編年式的角度切入，包括用向量的概念來看待這些想法長久以來在哪些地方發展。既然他討論的是最積極把大自然神聖化的英國，像這樣的發展觀，自然和英國在這時候開始被當成第一個「現代」、資本主義和工業國家脫不了干係。

我們碰上了一個分析和智識上的難題。一方面英國人在心態上確實產生了戲劇性的轉變；但湯瑪斯表示，另一方面也不乏證據來證明對「人類社會的物質基礎」存在著矛盾的情緒(Thomas 1983: 302-3)。其中有些心態產生了轉變，有些想法延續了下來，問題在於如何把不同的元素加以分門別類，並界定其性質為何。我想說的是，湯瑪斯指出早期對人定勝天這種想法的疑慮，基本上是非常正確的。在這樣的領悟之下，他應該會對現代史學家提出修正，不要再老是以為對這些問題的現代思維起源於文藝復興時代。這不是否定人們在心態上的轉變，而是我們除了回溯到過去的文字社會之外(他從中舉例說明)，更應該回到口述文化，去尋找證明人類生態意識的證據。也就是說，我們很懷疑這些關於「將大自然神聖化」的普遍心態，或是對人類處理大自然的方式所抱持的疑慮，是否可以扣連到英國、歐洲、或甚至是文字的文明。造成這些懷疑(以及相關的心態的逆轉)的根本困境，在於人類的處境本身，以及這種困境

在人類心中所造成的認知矛盾。針對這一點,容我求助於人類
學的證據。

　　許多人類學家喜歡對比,顯示在比較簡單的文化中,人類
和自然是統合的關係,在工業社會中則是敵對的關係。在這樣
的關係裡,統合或敵對的程度顯然各有不同,不過其中某些差
異似乎密切關係到人類在不同的時期對所支配物質財產的需
求。每一個社會都必須和大自然搏鬥。不管在比較簡單的社會
或是複雜的社會,都會有野生動物毀滅、森林剝蝕、地質侵蝕
的現象,因為這些關係到社會的「物質基礎」。這不表示古代
存在著以人類為本、唯我獨尊心態;自然往往被擬人化,至少
在宗教方面是如此。擔憂自然世界受到剝削,並不是現代人的
發明。事實上,我們可以把所謂的泛靈論或是崇拜自然的宗教
(我刻意採用19世紀的說法),視為和大自然之間的一種針對自
然本身的對話(E. Goody 1994)。舉例來說,務農的羅達迦人和
非洲的許多民族一樣,在人和神之間插進一種有生物類別,叫
做*kontome*,我把這個名詞叫做翻譯成「野生物」(beings of the
wild),西非的英語則往往稱之為「妖精」(fairies)。羅達迦人的
神話故事內容非常豐富,叫做巴格雷,其中對人類及其文化的
起源有長篇大論的記述,這些生物被視為人和神之間的中介
者,因為早在人類發展耕作農地之前,他們就在山丘、河流和
森林中居住。他們和野生動物群居,從森林中採集食物。但他
們也懂得文明的技藝,並教人類的始祖(兩兄弟其中的一個)煉
鐵、製鋤、種穀、射殺動物、和搏鬥的技巧。人類一直沒有完
全弄清楚這些文化的取得是怎麼回事。如今這些野生物(這麼說

或許很不可思議，不過這些野生物就像那些被我們現代人當成巨人或侏儒置之不理，供奉在迪士尼樂園的歐洲生物）只要殺死幾隻人類飼養的牲畜，或是毀損了他們幾棵樹，就可以勒索到人類表示懺悔的祭品。這樣的殺生祭祀對個人來說或許負擔沈重，卻無疑可以被視為一種生態學上的報償，懲罰人類毀壞了這些野生物的棲息地，以及和他們群居的野生動物。

　　我剛到羅達迦人的社會不久時，當地的一個朋友斥責我不該打死一隻無害的昆蟲，讓我大感吃驚，他的理由是這隻蟲子也是神創造的萬物之一，不過他並非不屑用暴力的手段把他認為有害的東西毀滅。這種態度往往比較不容易一目了然。我曾經說過，對羅達迦人來說，即使是在戰場上殺敵這種光榮的殺人行為，都必須正式舉行儀式來得到寬恕（Goody 1962a）。而且氏族不准吃某一種野生動物，對其他的動物卻照吃不誤的禁忌（可能也是某一種的圖騰崇拜），也具有類似的功能，每個氏族保存某一種生物，藉此來對殺生表示歉意。羅達迦人只有把馴養的動物殺生祭祀才能吃肉，殺害體內留著血液的生物，這種行為可以說因此而神聖化了。

　　我們不但要對消滅動物的生命再三思索，不要忘了近東地區對為死而復活的神殺生祭祀，弗雷澤爵士在《金枝》討論過，因為收割被認為是殺死了玉米神，所以必須舉行祭祀。就連收割農作物也是對植物的屠殺，必須得到某些精神上的補償。因此收穫時舉行的祭祀不只是一種感恩，更是一種道歉。從這種角度來看，這很像是猶太教和伊斯蘭教用儀式化的方式屠宰肉類，不過現代西方往往反對這種做法。我們宰殺動物的方法比

較理性、世俗化、「人性化」，至於應該要表示的道歉和要表達的疑慮，都留給我們人類當中日漸增加的素食者去做了。

這種矛盾的心態雖然非常普及，卻未必舉世皆然，而是會依照時空的差異而有不同。這並非文化或種族的基因中根深柢固的因子，而是出於人類行為者在接觸大自然時的情境使然。在某些時代和某些地方，就像是印度那些宗教的信徒，這種心態的發展甚至早就遠超過現代素食化的西方。在某些西方人眼中，這就是那些宗教教條的魅力所在。

換句話說，希臘作家波菲里（Porphyry）的《論禁慾》（*De Abstinentia*）──這本小冊子有一部分是批判基督教的雜食習慣──所表達出來的對動物的態度，就是明顯的例子，說明了人類和大自然的關係，普遍存在著矛盾的心情。在不同的時間和不同的地點，會依照特定的文化脈絡和長期的趨勢，而以不同的形式來強調這種矛盾的某一個極端。這些面向的相對比重是多少，要靠學者去研究出來。不過要把歐洲或英國晚近的改變稱為「新感情」（new feelings）（談不上什麼「新」「心態」），很可能忽略掉其他民族的矛盾心態，把太多的功勞歸於西方的現代性，尤其是謬讚了英國對現代性成長的貢獻。

我目前已經談過了古代和其他文化對剝削大自然的矛盾態度。我們還要更進一步探討直接欣賞大自然的問題，這常常被看成是後文藝復興時代的發展。舉例來說，對野域自然的態度，特別是對山岳的看法，被認為是隨著佩脫拉克（Pertrarch）在1336年造訪隆河河谷，攀登1912公尺高的馮度山而改變的。這樣把一種全新的心態完全歸因於一個人，不但忽視了過去羅馬人對

大自然的關注，也棄比較宏觀的文化史觀於不顧。在唐朝的中山水畫中，我們看到畫者基本上不以人類為中心的態度來看待荒野，尤其是山岳。在道家聖山的概念鼓舞下，山林被看成是一個歸隱的地方，從此不問世事，尤其是政治上的事務。據說有些道家煉的丹藥造成了強迫性的慾望，讓你不斷想走路或爬山;甚至還有人說藥癮和早期中國自然詩的發展有關(Hawkes 1989: 47)。德效騫(Dubs)認為以寫實的手法描繪山水，是受到羅馬人對一幅漢朝戰爭場面的影響，其實這可以回溯到更早以前，在河南開封南關一個陵墓裡的陶磚，還有西元前三百年的一個銅瓿，上面描繪著狩獵和海戰的場面。

　　儘管東方的山水畫家和西方的風景畫家有顯著的不同(前者被稱為是展現了「一種充滿了靈性的簡化寫實主義」，後者則是「明顯的自然主義」)，不管在當時還是日後，兩者之間很可能相互影響(見Sterling 1931; Cart 1960)。繪畫藝術在西元15和16世紀傳入沙法維王朝波斯的伊斯蘭文化，這當然多半要歸功於蒙古人進軍西亞，帶來了中國的影響。這種傳統可能轉而感染了西歐描繪伊甸園的畫家(Goody 1993a)。歐洲在16世紀也出現了靜物和風景這種特殊類別的發展。在這之前，低地國家已經出現了靜物畫，一部分是來自有圖案裝飾的書本在書頁邊緣的插圖。其中所包括的許多「東方的」特色，透過東方的貿易傳到荷蘭，使荷蘭成為古玩珍品的一個主要中心。風景繪畫從哥德藝術曲折繁複的背景，發展到後來16世紀比較寫實的風景畫。這個過程很可能是被東方所影響，和前面提過的羅馬輸入東方正好相反。好幾位藝術史學家都指出此時東方和西方在

構圖上的相似，也有人說過文藝復興時期的西方藝術，可能受到了從14世紀開始就輾轉流入西方(Lach 1970: 73-4)的東方陶瓷、織品和漆器上的繪畫主題所影響。阿爾欽博弟(Arcimboldo, 1527-1593)著名的組合人像(tetes composees)，用自然物體來構成人物的肖像，可能就是從莫臥兒幻想動物畫(fantastic animals)中得到的靈感(Lach 1970: 77)。這些都只是猜測而已，但文藝復興的開展當然不只是羅馬的再生而已；而是體現並發展了來自其他文化的主題，這一點在木版畫和雕刻的歷史，以及更早的織品設計上，顯得特別鮮明。

從西元3世紀到7世紀，波斯薩森王朝的織布工把亞洲的設計傳入歐洲，影響了拜占庭和西歐的織品(見Lach 1970: 96)。在古代後期，「北歐每座大教堂都掛著拜占庭的絲織品……把聖徒用波斯絲織品做的裹屍布下葬，上面全是祆教神話裡的怪獸和伊朗高原的異教徒國王百步穿楊的圖案，顯得很不搭調。」(Brown 1971: 158)養蠶織布的知識已經透過中亞索格納丁(一個從屬於伊朗的社會)的中間人傳到了查士丁尼大帝那裡，一個世紀之前，也是他們把羅馬製造玻璃的技術賣給了中國的皇帝。「中國織品裡面的龍、鳳和花卉的圖形……使歐洲的圖案更加豐富，並讓仿羅馬式的裝飾品有了一種節奏化的特質」，只不過這種律動因為伊斯蘭教的興起和後來哥德藝術的盛行而暫時劃下句點。但無論如何，西元12世紀，歐洲最早的絲織工業在巴勒摩建立(儘管伊斯蘭教統治下的西班牙早在西元10世紀就仿製了埃及的織品)，1300年之前是在義大利本土，13世紀則是在盧卡，織布工都直接借用中國織品的主題，包括飛鳥、

蓮花、瀑布、岩石、風格化的雲形、還常常借用整幅山水畫來織「轄靶布」。這種東西方圖像的雙向交流，表示雙方在切入的角度和條件上都有廣泛的雷同，而不是一方支配了另外一方。長期來看，就像李約瑟在他偉大的叢書《中國的科學與文明》(*Science and Civilisation in China*)所分析的各個科學領域，傳統的進程大致上是平行的，除了西方的知識體系在古典時代之後大幅衰退，後來又在15世紀振興。

我個人對這個議題的興趣比較特殊，不過還是跟東方與西方，以及南與北的問題有關。因為我發現，相較於印度及峇里島，非洲對花卉的使用是相對**欠缺**的。在養殖花卉使用上的差異，其實並不難解釋，因為照非洲已經達到的農業經濟發展過程看來，要等到下一個階段，我所謂的美學園藝學(有別於實用主義的園藝學)才會出現。非洲大陸確實已經使用了金屬，但還沒有發展出青銅器時代早期第二次農業革命的許多技術，所謂的第二次農業革命，指的是密集農業，必須管理犁田所用的動物能量和灌溉的用水。非洲的生產力一直很低，由於潛在的剩餘有限，人們(尤其是菁英分子)自然沒辦法留意美學的事物。不過問題並沒有這麼簡單，因為比起葉子、樹皮和樹根，非洲連野花的使用都是少之又少的，這有一部分是為了要保護花朵，因為花朵是果實、穀物或漿果的先驅，同時這也是一個道德的問題。

亞洲和非洲則有天壤之別。亞洲人栽種花朵來作為獻給神明的供品，常使人聯想到繁榮富庶的節慶裝飾品、也是活人身上的點綴。在中國和日本偉大的美術傳統、還有家具、和佛寺

的雕刻上，花朵的再現都占有舉足輕重的地位。雖然現在時代改變得很快，但我從來沒有看過非洲有任何一個傳統的場合，會把花卉用在這些目的上。當地獻給神明的祭品是食物、酒、或是殺生獻祭，印度的宗教卻完全用花卉把這些祭品取而代之，代表拒絕殺害動物的生命，這種想法表現在亞伯拉罕的祭典中，就是拒絕故意用人命來祭神。

　　把歐洲及亞洲對栽種花的使用，和非洲大多數地方(除了受到亞洲影響的東非海岸之外)完全不使用栽種花的現象相對照，我赫然發現，儘管我們以為全世界的人都喜歡花，但事實上不只是非洲人對花卉興趣缺缺。連歐洲和亞洲對花卉的喜好也有某些矛盾，有時候還會排斥不用。舉例來說，古代地中海沿岸，特別是羅馬的密集花卉栽種，許多道德家都認為有嚴重的瑕疵。首先，這是一種奢華的文化(這和為了取得食物而剝削大自然是很不一樣的)，所以也是一種區隔的分化(有錢人可以享有花朵，種花的窮人則連飯都吃不飽)。其次，花卉的生產，尤其是溫室的花卉，被認為是強迫大自然走上不自然的途徑。

　　這些趨勢在羅馬時代並非主流。不過確實存在，而且獲得基督徒的大力支持，他們也接受這個猶太教的觀念，認為異教徒才會把花獻給神明或凡人；全能的上帝不需要物質的禮物，信徒只要祈禱就好了。

　　由於這種意識型態的改變，以及隨著意識型態的改變而引發的經濟因素，歐洲花卉的栽種在黑暗時代大幅度減少。除了以宗教為目的的種植和使用以外，連世俗生活中的花卉文化都受到影響。不管在真實生活或再現的層面上，花卉的使用都大

幅度下滑，甚至也影響到了植物學的發展，和當時在許多方面都比較先進的東方比較起來更是明顯。一直到中世紀盛期，這種情況才有了重大的改變，哥德式雕像和教會儀式重新採用花卉裝飾，後來15世紀德國的植物學家也再度開始發表有關花卉的論述。

　　不過後來的宗教改革運動再度排斥花卉，其中又以清教徒為甚，他們恢復了早期基督教會的許多做法，限制花朵的使用，而且不只是在禮拜堂和墓地而已，這個排斥花卉的傳統一直延續下來，而且不只是在以清教徒為主的新英格蘭而已。造訪歐洲的人常常會被緊湊、絢麗、遊客不斷的義大利墓園和北美洲廣大、荒涼的都市墓地強烈的對比給嚇一跳。此外，基督教會深入日常生活，就連五朔節的花柱(1637年5月，一個叫湯瑪斯‧莫頓[Thomas Merton]的人[《新迦南》(*The New Canaan*)的作者]在麻薩諸塞州的瑪莉山所立下的)也被普里茅斯殖民地的總督貝德福(Governor Bradford)比喻成犯了大罪的以色列人獻給金牛犢的祭品。至少一直到不久之前，美洲除了花卉以外，在其他方面也一直是個儀式簡單而不繁複的國度，教會在其中扮演了相當的角色。

　　儘管在宗教改革和其他的某些革命運動中都出現了倒退的情形，但從文藝復興時代開始，歐洲社會的花卉文化大幅度擴張。而且還在繼續向外發展。隨著海外的征服，新品種的花卉被大量帶回歐洲，使得他們的分類圖表、以及花園和象徵的結構，都變得非常精細(Atran 1990)。世界霸權把這些特色輸出到全球其他地區。隨著交通運輸日漸便利，發展出全球性的切花

市場，所以現在波哥大、哥倫比亞的紅玫瑰可以連夜運送到美
國和荷蘭，再從這些地方分銷到全歐洲，甚至是亞洲。如今花
卉的生產已經從西方主要大城市郊區的溫室轉移到了熱帶國家
的農地，北方的花卉工業在寒冷的季節需要用化石燃料才能維
繫，熱帶國家則省了這筆花費。沒錯，有些批評家對花朵確實
表現出矛盾心態，甚至表示反對，他們比較喜歡看到人們種五
穀雜糧，而不是栽培天竺葵。但這些顧慮並沒有阻止花卉這種
商品的使用繼續向外擴張，而且第三世界顯然已經蒙受其利。
套句馬提雅爾（Martial）的格言：「你們拿我們的穀物，我們拿你
們的玫瑰花。」

在歐洲，花卉的使用從中世紀末期開始，就不斷以一種很
像維新黨的方式向外擴張，也和現代化有關係。甚至還有些史
學家把英國的花園和對花卉的熱愛（這是比較晚近的現象）看成
一個指標，顯示出一種有別於歐洲大陸或其他各大洲的「心
態」，甚至是一種對大自然的新態度。他們還心照不宣地把這
樣的成就（例如浪漫詩人的創作）和英國成為「第一工業國」、
現代性先鋒的潛力扯在一起。不過英國、歐洲和整個西方雖然
出現了花卉文化的重要發展，我們在詮釋這些現象的時候，仍
然必須把對照的背景放大，參考花卉文化在羅馬時代以後的大
衰退。當時的衰退更讓我們感覺到現代在文化上的戲劇性提
升，不過事實上，花卉文化之所以迅速蓬勃發展，有一大部分
是為了趕上東方的文化，其實也就是歐洲地中海沿岸諸國昔日
的風光，當時還沒有因為早期基督教的管制而對花卉的使用產
生疑慮。把這一波的蓬勃發展對照歐洲過去的歷史，我們可以

說歐洲已經出現了一個對花卉的「新」態度。不過這不是任何一種全球性的新態度、新心態、新自然觀。不管是對花朵的熱愛，或是對花卉的矛盾情結，早已出現在其他的奢侈文化當中，後來才進入晚期的工業富裕文化及大眾消費文化。我們發現中國也出現了類似的疑慮，包括了憂心貧民的哲學家、擔心破壞自然的民間傳說、以及文化大革命期間對奢侈文化的批評，和對農民吃不上飽飯的憂慮。

　　回到湯瑪斯的《人與自然世界》這本書，我曾經表示，人類學和史學因為無法考慮另外一半在幹什麼，因此所有的努力都大打折扣。人類學家往往認為比較簡單的社會把自然和文化的關係看得太過和諧，反而忽略了矛盾情結或甚至是罪惡感的證據，因為一般認為這些是後來的社會才出現的。現代史學家多半以為，對大自然的新感情出現在他們所選定的時代，然而不管過去或是現在，比較簡單的社會對於像控制和剝削這類根本問題，多少還是心裡有數。我在討論花卉文化史的時候，還提到了第二個論點，許多史學家認為他們對發展或甚至進步的觀點，和啟蒙運動、資本主義密不可分，所以十之八九就是英國、歐洲或西方的概念。文藝復興以後的大事都發生在英國和歐洲。不過就像我在討論花卉的問題時所主張的論點（用這個論點來看待西方對自然的態度可能更加正確），在地人眼中所謂走向現代的快速進展，有一部分其實只是想趕上其他的偉大傳統，包括出現比較早和流傳比較廣的傳統。如果我們在看待東西差異的深層結構時，一直固守著韋伯、馬克思主義或民族的觀點，就沒辦法瞭解現代世界，尤其是東方，到底是怎麼回事。

這些誤解或許不會直接影響我們所有的論述，卻會產生間接的影響，因為培育我們的學術傳統總是擺脫不了種族中心主義。

在看待花卉的態度上，尤其可以看出矛盾的情結，在農業進步、階級化、書寫和奢侈文化的社會裡更是明顯。就像反對人類食用動物一樣，在某些環境之下（不管是宗教或是革命、清教徒或社會主義），反對使用花卉可能成為社會主流。這些矛盾情結都兼具了連貫和變化的面向；因此我們沒辦法直接從心態改變的角度來描述。只有在特定的脈絡下，這些才算是新感情、新情緒或新態度，如果從比較廣泛的比較史學、社會學或心理學來看，就根本不是這麼回事了。東方的文明不但具有這些矛盾情結，而且也表達了出來，如果說這些情結和市場的成長、勞力的分配、生產的工業化（我們稱之為資本主義的發展，認為這關係到西方的崛起，也就是西方的獨特性）有關，其實只是看到了表面而已。

在情緒結構之外，還有**其他**在使用、象徵和行銷上的改變，都牽涉到這些經濟及社會方面比較廣泛的發展。比較史學和比較人類學（或社會學）有責任把它們搞清楚。但這不能只從一時一地的觀點出發，也不能只從一個學科切入。要確定西方的獨特性，首先必須嚴肅地看待**他人**和我們自己。

# 第十三章

# 創造與演化

　　我受邀到弗雷澤講座發表演說的時候，一位傑出的前輩向我表示，演講時最大的問題就是要找到足夠的優點來讚揚他的研究，好湊足一個小時。這對我從來不是個問題。或許因為我的世代和弗雷澤有所間隔，而不是緊接其後，所以在我眼中，弗雷澤是個慈祥的老爺爺，而不是權威主義的父親。或許因為我是藉由文學研究(艾略特的偉大詩作《荒原》的註解)才認識了他，畢竟弗雷澤對比較廣泛的知識界所造成的深刻衝擊，後來英語世界的任何一位人類學家都無法與之相提並論。艾略特說有一部作品「已經深深影響了我們這一代；我指的是《金枝》……」。這本書和但丁、波特萊爾、韋伯斯特、奧維德及其他許多人並駕齊驅，成為意象和典故的源頭。由於這句話的關係，後來我就開始閱讀這本書，或許因為看《金枝》的時候我正淪為戰俘，它也是影響我回大學修人類學的因素之一。不管怎麼說，我一直把弗雷澤看成一位重要的學者，對他的研究也常常很感興趣。我前輩的那個世代，還有後來的許多人，對「比較方法」往往嗤之以鼻，除了弗雷澤以外，連其他學者的

比較方法也無法倖免於難,他們比較喜歡做密集的田野調查,暗中悄悄地對照,而不是正大光明地進行比較,或者可能認為他們那個部落的相關研究,可以回答合理的範圍內的所有問題。那是田野調查者獨裁主義的時代。我非常非常喜歡田野調查,但如果一味地說這是研究人類社會生活的唯一途徑,不但損害了人類學這個學術事業,更傷害了它和外在世界的關係。

近年來,偶爾有人會說我本身從事的是弗雷澤式的研究,這句話通常是輕蔑的意思,原因有二:第一,表示人類學家應該專注在田野調查的工作上,就像史學家不應該逸離自己的文獻。這種建議對某些研究來說或許可以形成有效的忠告,不過其價值為何,還是端賴於眼前所面對的問題而定。舉例來說,如果問題關係到人類認知的本質,那把對理性行為的研究局限一隅,會造成絕對的困難。無論如何,要說採用一種方法(密集研究)就表示排斥其他的方法(廣泛研究),如果是為了在某個特定的時間點上變更學術權力的平衡,這種辯論或許還說得過去;如果作為一種累積知識的秘訣,那就糟糕了。

另外一個批評的方向,是來自對所謂的弗雷澤的「理智主義」取向的反應。自涂爾幹之後,許多人都排斥這個研究取向,而以象徵的角度來詮釋人類早期的信仰,追求深層的結構或意義,把表面的意義斥為「荒謬」。我再強調一次,我不反對追尋所謂比較深刻的層次。但對行為者的意義,也就是這些信仰在理智上的意義,才是理解這些信仰的一個基本成分——事實上是最主要的成分。因為口述社會和我們一樣,經常出現「為什麼」的問題,只是比較不會打破沙鍋問到底罷了。

近年來，我們看到心理學家採用弗雷澤對交感巫術
(sympathetic magic)的分類，某些人視之為思想的法則(Ruzin and
Nemeroff 1990)。弗雷澤下一代的許多人類學家對這些觀念非常
鄙視，這下可是大逆轉。我用不著去考驗或改造弗雷澤。從他在
文學界、民間和學術界所發揮的影響力，就知道他的重要性是不
言而喻的。我要堅持的是，即使到了今天，他的著作中還是有很
值得繼續進一步探討的觀念。

　　在「理智主義」方面，鐘擺顯然也已經開始往回擺了。弗
雷澤所提出的這些認知問題，涂爾幹式的社會學硬是置之不
理。這個領域已經受到了很大的限制。佛特斯(Fortes)讚美瑞德
克里夫－布朗(Radcliffe-Brown)看待1950年代儀式研究所採用
的取向，指出他著重的不是信仰在象徵、知識的意義上到底表
達了什麼，而在於信仰如何界定了社會結構；重點不是「圖騰
儀式表面上的目的……這些我們知道是無效的……而在於儀式
如何促進了『宇宙秩序的維持，而人類和自然是其中相互依賴
的分子』」，也就是說「維持『在井然有序的社會生活中把個
人連結起來的社會關係網絡』。」(Fortes 1955: 27)照施里尼華
斯對庫格人所做的研究(1952)顯示，即使是分析「比較崇高的
宗教」，也可以擺脫「神學、形上學和歷史語言學所加諸的那
些成事不足、敗事有餘的束縛，納入社會科學的領域中」。他
認為這個研究取向讓宗教研究不必求助於概念史，也不用「對
一個假設的野蠻人的心智和感情的運作提出毫無根據的預
設」。他繼續說，這不表示其他的架構不重要。不過把這些架
構混為一談，只會造成混淆，而且不管怎麼說，他所主張的研

究取向構成了「對每一個社會中儀式的風俗和體制進行科學研究時不可或缺的第一步」。或許是吧。不過這時候當然應該進行接下來的步驟,而且也很欣慰地看到斯波伯(Sperber)、阿特朗(Atran)、布伊(Boyer)等法國學者採取了後續的做法,重新開始探討認知的「普遍現象」,並用廣義的杭士基(Chomsky)的方式,把這些普遍現象解釋成人類心智中與生俱來的。我在這裡想提出的研究取向和他們有些不同,不過只能用來處理某些問題,不是這些作者所面對的那種與生俱來的普遍現象,而是和我所認定的某些普遍的矛盾有關,這些矛盾並不是心智中與生俱來的,而是出自使用語言的動物所處的情境,有些是普遍性的,有些則只產生在某些社會(例如我所謂的奢侈文化),這些矛盾會讓某些行為者對某一個信仰或程序產生懷疑的核心,矛盾的情緒,有效地促使他們尋找另一個信仰[1]。這些文化變遷的種子就埋在內化的文化當中[2]。

　　要找出這種認知元素的分布情形,就必須仰賴比較研究。馬努爾斯(Manuels)作了一份廣泛的研究,《西方世界的烏托邦思想》(*Utopian Thought in the Western World*, 1979),一開始就表示所有的文化都有極樂群島(Blessed Isles)之夢。如果此言屬實,這倒是人類文化、理解世界的能力以及可能是人類心智上

---

[1]　有關奢侈的概念,見Marx選集中的不同資料來源。

[2]　我在這裡所說「矛盾情節」和「矛盾」,並不帶有任何心理動力學(pschodynamic)或黑格爾式的意涵,雖然我認為和那些用法是有關係。張力有時候比矛盾更貼切。矛盾情結可能暫時由悖論或其他的方式解決,但改變的潛能在情境中根深柢固。

很有意思的一個地方，有些人也許希望說這是人類與生俱來的特質。顯然我們只能用比較的研究（喜歡的話，可以做弗雷澤式的研究）來測試這個命題。密集調查一個村落、一個團體、一個社會，好做「一個關鍵性的實驗」，其實沒有什麼作用，因為不管在上述何者出現，都沒辦法告訴你這個概念在所有人類社會中的分布情形。只有統計調查才能辦到。

我們從這樣一個調查中所發現的，很可能不是普遍性，而是這個概念廣泛地分布在某些地區或某種類型的社會。這種分布可能出現中斷。以這個例子來說，似乎沒有幾個非洲的團體有烏托邦的概念；嚴格來說，這些比較像是青銅器時代（或後青銅器時代）社會的特徵。所以這個現象（雖然可能被認為是屬於比較廣泛的一個帶有普遍性意義的信仰類別）的解釋問題，既不能採取共相（非文化）的形式，也不能是單一主義（地域文化）的形式，畢竟這樣的社會似乎還不少。任何解釋當然必須從潛力和環境的互動著眼，這是指認知的潛力，亦即根據某些文化及物質環境來理解這個世界的潛力。

在《舊約聖經的民間故事》（*Folklore in the Old Testament*, 1918），弗雷澤開啟了許多議題，討論一些吸引了許多後輩人類學家（包括Schapera、Fortes、Leach and Douglas）的題材。我認為他談「雅各的婚禮」那一章深具見地，也讓我們從這裡開始檢視近東地區婚姻、財產和繼承之間的關係，特別是在婦女的議題方面（Goody 1990, chapter II）。我在這一章想談的是他對所謂的「原始民族」如何看待世界源起的討論，然後再從我自己的田野研究，以及理解（understanding）的認知過程出發，來討論這

些比較廣泛的資料。

弗雷澤把一大堆講述世界源起的故事分成兩類，一類講的是「創造」，另一類是「演化」。他認為這是解釋人類如何出現的兩種方法。人類這個獨立的物種可能是突然間在巨變中創造出來，再不然就是從其他的生物循漸進式的分殊（differentiation）過程而產生。他的結論如下：

> 前面的例子或許可以證明原始人對自己的起源所抱持的兩個截然不同的觀點，這些觀點可以分成創造理論及演化理論。一個理論主張人類是被一個偉大的工匠塑造成現在的樣子，不管這個工匠是神還是英雄；另外一個理論則主張人類是從比較低等的動物或甚至植物，循一個自然的過程演化而來。粗略地說，文明世界還是被這兩大理論一分為二。每個陣營的支持者可以爭取很大的共識來支持他們的觀點；如果真相為何是取決於兩種共識哪一個比較有份量，把創世紀和《物種源始》放在天平的兩端來衡量，等最後把天平調整好了以後，兩者可能是不多不少，剛好平衡的。（Frazer 1918: i, 44）

事實上情況並不像他講得這麼平衡，因為演化的趨勢並沒有他講得這麼清晰。在弗雷澤拿來證明演化信仰的30個故事裡，只有5個表示這個觀念適用於整個部落、民族、主要的指定團體。在剩下的故事裡面，只有特別特殊的氏族或單系的繼嗣群才會以動物為祖先，也就是一種圖騰崇拜。事實上，這個宗

族的追溯是為了把氏族和社會中其他類似的團體各自區隔開來，而不是像演化理論所說的那樣，和其他的人類聯結在一起。或許書中所提到的某些部落（種族團體）確實用某種動物來建立認同，藉此把自己和鄰近的部落加以區隔。這種聯結可以採用很簡單的形式，例如禁止殺害動物或吃動物的肉，也就是狩獵或食物的禁忌。這樣一來，猶太人就藉著禁食豬肉而樹立了一個鮮明的社會宗教團體，不必牽涉到任何繼嗣的概念。早期有一位主教宣稱，不吃馬肉是基督徒最鮮明的特徵（第七章）。

氏族這種區隔性的禁令（distinguishing prohibition）往往只有很簡短的敘述架構，就像許多動物的特徵常常被插進一個解釋性故事的架構裡，一種**就這麼回事**的故事。我們或許可以用繼嗣或友誼的角度來看待社會團體和動物之間那種獨特的聯結；就友誼而言，人們有義務幫忙保護一個曾經幫助過祖先的生物。在羅達迦人當中，父系氏族有各式各樣的禁令。解釋禁止獵殺動物的故事，是敘述氏族原始的祖先如何遭逢困境，然後受到這種動物的協助。這是西非「圖騰」信仰常見的一個主題。但有時候我也聽某一個氏族的成員宣稱動物本身就是他們的祖先或「兄弟」，以親屬的用語來稱呼。

不過要注意一點，認為自己是動物的後裔，和相信人類是一位至高之神所創造的，這兩種信仰之間並無矛盾。換句話說，弗雷澤的兩個選項其實並不是非此即彼的，因為這些信仰可能在不同的脈絡下同時存在，事實上也經常是如此。除了羅達迦人以外，在非洲的許多地方，「圖騰」性的信仰同時也是一種創造理論。弗雷澤的參考架構假設人們渴望同性質的世界觀，

只有在這個架構下才有所謂根本上的矛盾。這兩種信仰可以共存，不過卻可能引發認知矛盾的問題。

弗雷澤自己就提出了這些信仰在澳洲原住民之間共存的例子。他寫說：

> 從某方面來說，阿龍塔人(Arunta)對自己來源的猜測，就像是薩摩亞人(Samoans)的一則類似的神話，可以說是結合了創造理論和演化理論；雖然根據他們的再現(representation)，人類是從比較簡單的生命形式發展出來的，但他們也同時認為這種發展受到兩個強大存在物的力量所影響，我們目前姑且稱之為創造者。(Frazer 1918: i, 43-4)

事實上，就像希臘哲學家恩貝多克利(Empedocles)所說的，弗雷澤認為澳洲中部未開化的阿龍塔人和西西里島已開化的希臘人有著「相似的」理論。「兩者都表述過去黑暗深淵中人類心靈的分類；兩者或多或少都是對現代演化理論的某種古怪的預知。」(Frazer 1918: i, 44)

我和弗雷澤相反的是，我沒有假定對創造和演化的信仰是非此即彼的選項，反而認為兩者背後的概念，儘管會引發認知問題，仍然還是社會的基本特徵，即使是口述社會。每個文化都必須對人類的出現提出某種解釋，因為人們一定會問這個問題。這是艾略特口中的「出生然後交媾然後死亡」的過程所提出的問題。要回答這個問題，必須認知到人類在某些地方是和

動物世界分不開的。猴子跟我們長得很像；其他動物和人類的行為類似，反之亦然。牠們都屬於同一類的生物，通常適合用擬人化的角度來看待：牠們吃，我們吃；牠們走路，我們走路。而且人與馴化的動物之間有共生關係。除此之外，還有啟發許多動物愛好者的準神話概念。海克維爾德(Heckwelder)在1819年曾經這樣說過美洲印地安人，不過這其實是一種比較籠統的態度，「生氣蓬勃的大自然，無論程度如何，在他們眼中都是一個偉大的整體，他們從來沒有嘗試把自己獨立於自然之外。」[3] 這是涂爾幹和瑞德克里夫－布朗所強調的圖騰信仰的特色。

心理學家曾經表示，我們有一種與生俱來的能力，可以辨別不同於人造物的生物，我前面所提到的幾位重量級認知人類學家也接受這個說法。當然，人類與動物的關係已經得到了廣泛的承認。人和獸類的親緣關係是不言而喻的。而且不止西歐的神學家思考過動物到底有沒有「靈魂」的問題。同時，人的社會組織比動物複雜得多，所以從這個角度來看，人的生命是屬於不同的等級。這種等級的差異程度如此之大，以致於人類可能是由一個全能的存在物單獨創造出來的。依照前達爾文時期社會的結構，最好是存在著兩套信仰，一個是對創造的信仰，一個是對演化的信仰，各自在不同脈絡下運作。

---

3　Rev. John Heckewelder, "An Account of the History, Manners, and Customs of the Indian Nations, who once inhabited Pennsylvania and the Neighbouring States", *Transactions of the Historical and Literary Committee of the American Philosophical Society*, Philadelphia, 1819, pp. 245, 247, 248, quoted Frazer (1918: I, 32).

　　強調人和動物的差異，是許多文化的特徵 (Ruzin and Nemeroff 1990: 216)。所以人類把動物的名稱當成各式各樣罵人的話 (Leach 1964)，「禮儀」的發展則被認為是壓制所有的動物性 (Erasmus 1549; Elias 1994)。不過其中還是存在著一種矛盾情結。在我羅達迦族的朋友甘達 (K. Gandah) 的回憶錄當中，提及自己看到鮮血從垂死的弟弟身上流下來的時候，嚇都嚇死了，然後說，「可是我們都是動物」，這句話同時表達了差異和同一性；他的弟弟無疑是人類，不過，血液卻是在每一個動物的血管中流動，並賦予生命 (Gandah 1998)。

　　還有一種人類經驗，也鼓勵我們思考創造和演化的問題。在個人的層次上，我們發現這兩種概念彰顯在個人的生長上。人類從童年**演化**到老年，是一個連續的過程，這是生長週期的基礎 (Fortes in Goody 1958)。不過小孩的存在好像是藉由生產這個神奇的行為突然間創造出來的，文藝復興初期的許多畫作描繪聖母馬利亞崇拜自己的創造，就是最鮮活的例子。

　　這種二分法及隨之產生的矛盾 (既差異又相同) 不只是口述社會的特色而已。雖然當代的歐洲人大多都接受自己和類人猿的親緣關係，但還是極力強調人類的獨特性 (也就是人類的「人性」)，這是「文化」的研究本身根深柢固的概念。社會人類學家在定義「文化」的時候，就試圖把動物社會排除在外。想想許多學術界人士不但反對社會生物學，同時也極力反對所有生物學的說法，對於有關動物社會的資料，甚至連看都不願意看。他們強調人類和動物之間的分界線，只不過我們根本看不出他們的判斷標準 (經學習獲得的行為、甚至是語言的使用和工具製

作)真的只能適用在人類身上。哲學和心理學許多關於心智和意識的思考，依循著常見的身體／靈魂二分法的路線，似乎也可以歸咎於同樣一個問題。有一天，我和一位著名的動物學家談話，我把猴子標準化的手勢說成一種手語。他馬上指正我，「如果猴子沒有意識，我懷疑能不能用這個說法。」他的話或許是對的。無論如何，其他社會所面對過的二分法，深植在我們的情境結構中，我們自己也不能置之度外。理性主義和科學沒辦法克服這個問題。某些脈絡中還存有同一的問題，某些脈絡則有分離的問題。

　　弗雷澤不願意去思考一個可能性：亦即這兩種觀點都屬於同一個團體對世界的理解，是同一個社會或個人潛在的認知矛盾。他尋找的是同質而非分歧的意識型態，如果可能的話，這些意識型態最好同出一源。他引述其他社會的例證，提議重新編排〈創世紀〉裡上帝創世的故事，讓上帝給人們兩個選擇，是要吃生命之樹（永恆）還是死亡之樹（其實也就是會導致死亡的知識）。他認為經過這樣的修改，比較符合「人類墮落原始的真實故事」，讓造物者顯得「親切許多」，褪去了〈創世紀〉當中的「羨慕與妒忌的嫌疑」。若不是這麼理想主義，才不會這樣極力尋求一個同質化的版本；我們所看到的歧異，是基於人類情境中的認知矛盾，加上神話的創造性潛力使然。

　　且容我從自己的田野資料來繼續追索這個主題。迦納北部的羅達迦人在漫長的巴格雷會社（Bagre society）入會儀式中所朗誦的一段文字，必須陳述他們的世界是如何創造的，也就是他們的文化詞（cultural word）。儘管也有些元素會反覆出現，巴

格雷朗誦文不是一份「固定的文本」。常常出現變異，造成各個版本的歧異。我和甘達一起做了幾份錄音、轉譯和翻譯，相關的細節都列在下面的一覽表當中，讓讀者瞭解這些資料是怎麼回事。巴格雷朗誦文必然包含白色巴格雷（主要是儀式的陳述）和黑色巴格雷（人類文化的起源）。羅拉巴格雷（Lawra Bagre）的形式就迥然不同。

## 各種版本的巴格雷

Chaa Bagre, 1972 [Goody 1972a], Oxford (dictated 1951) Black/White

Chief's house (Naayili), 1981 [Goody and Gandah 1981], Paris (recorded 1969) Black/White

Baaperi (Naayili), unpublished (recorded 1969) White (3 versions)

Lawra Bagre, unpublished (recorded 1974/5) White

Yikpɛ̂ɛ̂(1) Bagre, unpublished (recorded 1974/5) White

Yikpɛ̂ɛ̂(2) Bagre, unpublished (recorded 1974/5) White

Gomble Bagre, unpublished (recorded 1978/9) Black/White

Biro Bagre, unpublished (recorded 1974/5) Black

Ngmanbili Bagre, unpublished (recorded 1978/9) Black

　　加入巴格雷可以提供醫療上的好處。除此之外，在入會式的第一個階段，剛入會的人必須服一副藥死去，然後再用這種藥讓他們復活。既然藥物克服了死亡，就可以保證他們脫離塵世的煩惱和死亡。不過到了入會式的第二個階段（黑色巴格

雷），就發現這些對人類做出的保證都是假的。不管人們怎麼做，世上還是會有生老病死。這副藥帶來的抒解不完全是一種幻象，因為即使服了藥，我們還是必須繼續做和我們祖先相同的事(唯恐產生更糟糕的後果)，而我們的命運也沒有什麼改善的可能。這裡又出現了矛盾，因為我們同時發現了幻象和幻滅。此外也認清了不是每個人都會接受那段說給新入會者聽的故事。在1974年的羅拉巴格雷當中，在巴格雷舞蹈(Bagre Dance)當天(第二天)的早上，主講者宣布：「這裡吵吵鬧鬧的都是些傻瓜，他們說這根本沒用。但我們知道這是我們的傳承。」(Lawra Bagre, I. 277)不管相不相信，我們都要表演，因為這是我們的文化或習俗。他們也承認對神本身的懷疑：「他們稱為神的那個人，有誰見過他到這裡來？」(Lawra Bagre, I. 315)

　　其中甚至還有一個傳承、傳統、文化傳播或傳遞內容的問題。祖先把這些傳給了我們，由現在的長者來代表他們，以主講者的身分朗誦神話。在黑色巴格雷(1982)當中，當人類始祖有了麻煩的時候，巴格雷神叫他去跟長者商量：

> 長者在哪裡？
> 已經變成了蛆，
> 鑽到地底去。(II. 25-8)

　　換句話說，長者或像是長者的人都不在了，我們自己必須盡最大的努力，儘管怎麼努力都不夠。恩曼畢里巴格雷(Ngmanbili Bagre)(黑色巴格雷)是這麼說的：

從前的事情
誰能知道？
唉，唉，
是神
創造了我們
懲罰我們。
我們祖先的事情，
誰能知道，
誰能坐下來就知道？(p. 20)

一個人不可能什麼都知道，這種絕望和不可能，代表著其他人必須來幫忙朗誦：

我能夠知道
神的事情嗎？
一個人
不可能
無所不知
知無不盡。(pp. 26-7)

主講者靠朋友幫忙，不過最重要的是仰賴對這些事情瞭解得非常清楚的前輩——不過即使是這些前輩，也不可能什麼都知道。所以他的版本一定不完美。畢羅巴格雷(Biro Bagre)(黑色

巴格雷)的主講者承認說：

> 我沒辦法知道，
> 但還是不斷摸索著，
> 因為他們不是無所不知。

　　即使是主講者這種專家，也只能摸索古時候的事，摸索傳統的知識。剛布巴格雷(Gomble Bagre)(黑色巴格雷)的開頭也很類似：

> 他們知道這件事
> 然後有一天，
> 他們變成了蛆，
> 鑽進了地底，
> 然後把這件事留給了孩子。
> 孩子們繼續下去
> 摸索著。
> 他們在這裡，
> 我會告訴你們，
> 我沒辦法無所不知。(II. 15-24)

　　儘管是由人類演出，通篇巴格雷都堅稱，

> 上帝的事(*naangmin yelo*)

誰也沒辦法知道 (*nir ka bi*)。

關於人類問題的奧秘，仍然掌握在神的手裡。巴格雷神本身被視為至高之神的後裔，是他在巴格雷前夜的典禮過程中來造訪巴格雷之家和神祠。他們在儀式中也是遵循神的道路 (Naangmin sori)。

另一方面，神的道路向來不是一清二楚的，不只人類不清楚，連其他超自然的力量也不是很明白。在最早出版的巴格雷 (1972)當中，野生物企圖讓人背離神的道路，並因此遭受批評。至高之神多少可以免於這一類公開的批判，但他的「子女」可沒有這種特權。人們對其他神祇的態度也往往明顯比較矛盾。那個版本一開始就祈求巴格雷神，「起初有了神⋯⋯」，然後這個神祇就被稱為

偷竊的神，
說謊的神，
煩人的神。(II. 8-10)

在1981年出版的版本裡，神再度受到侮辱。

我譴責他，
是說謊的神 (*ngmin gagaara*)，
偷竊的神。(II. 10-12)

神對這種待遇提出抗議的時候，主講者的口吻改變了。

> 於是我讚美他，
> 是豐饒之神，
> 農作之神，
> 「入會者身上畫的」十字記號之神，
> 善心的神。

　　換句話說，不只是人類要向神求援；神自己也會惹麻煩。他們對自己做不到的事一口答應（說謊的神），要求我們為儀式的舉行提供大量的食物（偷竊的神）。

　　這種懷疑的核心導致了重大的變異，因為這表示有必要尋求當時情況下或許已經存在的其他可能性。這個懷疑的核心之所以存在，是因為不管是造物神，還是其他可以幫助我們的神祇，這樣的概念和人類的經驗背道而馳，儘管有善良而全能的上帝，苦難依舊繼續存在。換句話說，神學所無法擺脫的邪惡的問題，也一樣困擾著羅達迦和許多類似的文化。這不只是一個智識的問題。疾病持續的存在，迫使我們放棄過去已經證明無用的方法，尋求其他的解決之道，讓我們一直不斷探索下去，繼續追尋這個世界和下一個世界的奧秘。

　　我先不談巴格雷裡面所透露出的這些矛盾現象和矛盾情結。回頭說說創造和演化的問題。巴格雷不能算是一個創世的故事。它並沒有說明自然世界、動物的創造或者從某一個觀點來解釋人類的創造，因為這個故事一開始就是人類遇上了麻

煩。在其他的地方，人們會說「Na-angmin ir ti, 神創造了我們」，用的是陶工用黏土製陶的動詞。同樣的概念也可以用來解釋河流、超自然生物以及世上的萬事萬物。不管怎麼說，巴格雷是專門講述人類文化的創造，包括關於生育的(生物)知識。

在1972年的版本裡，人類的兩位始祖(兄弟？)當中比較年幼的那一個，苦惱不已而踏上了探索之路。他來到一條河，有個野生物(水的精靈)教他怎麼過河。在河的對岸

> 有一個老人
> 帶著笛子。(II. 106-7)

還有他的狗。老人問他要什麼。他回答說

> 神的事情
> 深深困擾著我。(II. 122-3)

要注意這裡的神指的就是至高之神，不是開頭所講的巴格雷神，從後面說的話看起來，老人似乎就是神，他問：

> 「我能做什麼？」
> 神的事情
> 帶來莫大的痛苦。(II. 1126-8)

野生物便把這個比較年輕的人類始祖召喚到樹林裡，教他

如何把高粱做成食物，如何生火，然後煉鐵礦，打鋤刀，以及
如何農耕。大地和雨水共同讓樹木生長，野生物叫他在蜘蛛和
蜘蛛網的協助下，攀登到神的家。蜘蛛是非常重要的意象，是
人類和神之間的中介者，在非洲的許多民間傳說裡，蜘蛛網都
是做為梯子之用。他在天堂（也就是神的國）看到了神。

> 這老人
> 躺在那裡，
> 他們看見他
> 躺在一塊牛皮上。（II. 505-8）

他周圍是

> 一隻大狗
> 與一隻豹子
> 和一頭獅子，
> 和一頭大象
> 和一隻小羚羊
> 和一頭河馬
> 在一個小池塘裡。（II. 513-19）

　　神把我們的祖先叫過去，拿了一些泥土，壓緊，召一個少
女過來，叫她去拿一只鍋子和一些秋葵。秋葵裡面含有像精液
一樣濃稠的流體，他嚼碎之後吐在容器裡面（容器代表陰道）。

他要少女把流體倒在地上，然後這個男的必須把左手(陰莖？)插進去。一隻雄蠅和雌蠅在上面拉屎，過了兩天，又有一隻雄貓和雌貓在地上挖，挖出一個孩子。這是創造，但也是生育。因為這個男人和少女開始爭吵孩子的所有權。我們接下來就會看到，這是個人財產和性的再生產(sexual reproduction)之間的衝突，要有一對配偶才能進行。

　　神的妻子是一個「智慧的老婦人」，被召來幫助這少女處理生產後的工作，包括排出胎盤。這女孩後來便得知這孩子是從她的肚子出來的，顯然駁斥了是神創造孩子的說法。這孩子(一個男孩)漸漸長大，但是少女又繼續跟孩子的父親吵架。所以老婦人把他們雙雙帶回到神的面前，神要他們做一個顯然充滿了性別歧視的試驗，把尿撒到一根管子裡，用這個方法來決定孩子的所有權。這種試驗對男方有利，女人無疑比較難辦到，後來男人企圖告訴孩子說他沒有母親。不過孩子不肯接受這個答案，再次強調親子關係的二元性，反對父親或父系的所有權，他說：

　　你見過哪個人
　　沒有母親
　　卻有個父親的呢？(II. 1442-4)

　　後來野生物繼續他們的教育，教他如何製作弓箭，如何射箭，這是所有文化的起源，來自於外在的超自然力量，而這些源頭最後還是回歸到神身上。野生物

出來帶走他

領著他

走進樹林裡，

他們在樹林裡

教他許多事情，

他們什麼事都教了

除了死亡以外。（II. 3024-30）


然後走上探索之路的這個比較年輕的人類始祖，又教會了我們其他人

怎麼鋤地，

教我們

怎麼吃東西，

教我們

怎麼釀酒

教我們

怎麼種高粱

教我們

怎麼殺野生動物。（II. 3035-43）


但我們確實透過野生物來向神學習。

在1981年的版本中，對萬物來源的記述又截然不同了。這

段朗誦一開始是說一男一女因為沒有財產而吵架。雙方相互指
責，最後打成了平手：

> 「哪一種妻子
> 既沒有水壺
> 也沒有葫蘆？」
> （女的回答說：）
> 「什麼樣的男人
> 沒有鋤頭
> 沒有斧頭？」(II. 41-7)

　　他們決定蓋一棟房子，男的做弓箭到市場上賣。接下來，
聽眾聽到了所有基本的文化過程，釀酒、燒製容器、狩獵動物、
製作銅飾品。男人蓋了一個鍛冶場，製作木炭、煉鐵；他織墊
子、做毒藥、造船。1972年版本剛開頭的地方說，他到河邊去
(I. 1798)，遇到了幾個奇怪的人（「可能是紅髮的野生物」）。在
前面那個版本中扮演重要角色的野生物，在這個版本裡只提過
這麼一次。事實上，前往神之家的整段情節都消失了，只有幾
個地方稍微提了一下。男人渡河（這應該是分隔生死兩界的死亡
之河）之後，馬上遇見了一隻雄貓，在前面的版本中，這隻貓挖
出了「神的孩子」：

> 這隻雄貓
> 有了牠的小貓，

你看到他，

他走過去

看看牠們。

牠向上一躍，

躍入天空

背上揹著小貓。(II. 1824-31)


　　他看到雄貓有了小貓，就把小貓抱起來，帶著牠們「來到」
他遇到野生物的河邊(I. 1857)。這就是這個版本中唯一提到的天
堂之旅——這裡的天堂之旅就是上上下下，但沒有提到神，或
是神在創世中所扮演的角色，也沒有討論野生物的角色。我在
前面提過，有些版本以神為中心的程度遠超過其他版本。這裡
所有非人的動作都被邊緣化(除了巴格雷的朗誦本身所包含的
動作以外)。在這個版本裡面，「人創造了自己」。沒有外生的創
造過程。我要補充一句，朗誦文在有關儀式本身的部分(白色巴
格雷)其實是非常相似的。不過黑色巴格雷在這些基礎上則有所
不同。事實上，在巴格雷當中，我們沒有看到對神祇的角色有
什麼特殊的爭議，只是切入點的不同，在其他的情況下，許多
人會解釋說這種差異代表的是不同的發展階段。韋伯把宗教分
成以神為中心和以宇宙為中心兩類；兩者在這裡交替互換，沒
有任何長遠的發展上的意涵。
　　這些差異的存在，必然會修正我們對這些文化信仰之固著
性的想法，要如何解釋這些巨大的差異呢？我要指出開頭的幾
行很像是探索之旅的概念，亦即尋求羅達迦人生活、飲食、農

耕、狩獵、工藝和(在最早出版的版本中)繁殖所必須的重要技術、基本知識。不過採用的方式卻很不一樣。在前面的版本中，人類始祖從神和野生物那裡尋求知識，而野生物本身也是由神所教的。他從野生物那裡學會了技術，從神那裡學會了如何創造生命本身，儘管這一點表現得相當曖昧。儘管生命的創造顯然是由神教給人的，不過這仍然是一種人類的活動，森林裡的蛇後來獨自教會了女人如何以塵世的方式繁衍下一代。

畢羅和剛布爾的朗誦文(1978/9)在內容方面非常雷同，只不過後者的長度是前者的兩倍(內容轉譯之後的長度分別是49頁和23頁)。這兩段朗誦似乎結合了世界之創造和人類之發明的層面。各自以同樣的方式展開序幕，分別提到天空的星星(就我所知，羅達迦人只有在這個脈絡中討論了這些事物)、動物的王國以及神送給已經在地球上生活的男人和女人一把鋤頭。神之所以送這個禮物，是因為這對男女沒有屋頂遮蓋，下雨時就在雨中睡覺，非常寒冷。他們用這把鋤頭蓋了一棟房子，這個過程有鉅細靡遺的描寫。神也給了他一些蘆葦(p. 7)，可能是用來做墊子的。總而言之，在一番爭吵，爭執誰應該到誰那裡之後，兩人在墊子上交媾，這似乎惹惱了神，可能是因為他們所進行的創造行為原本是神才可以做的。不管怎麼說，這個女的後來否認她有參與性交，男的也羞愧得垂頭喪氣；兩個人都「毀掉了」對方(就像是通姦)。後來生下了一個孩子，這個新媽媽就在一個老婦人的教導下學習怎麼當母親。就像1972年的版本一樣，父母親後來為孩子的所有權而爭執。這女人釀了酒，還給她兒子一把弓，可是沒有辦法射箭。所以父親另外做了一把弓，

強調他在性別分工上的角色。

在黑色巴格雷的這兩個版本中，神不斷降臨到地上。在第一個版本，這對被認為缺乏基本維生工具的男女，得到神賜予一把鋤頭；在剛布爾朗誦文當中，是以比較性別化的方式，把鋤頭給了男人（雖然女性確實有時候也會有種菜用的小鋤頭）。沒有天堂之旅，而且男人為自己做了很多事。

創造（就像繁殖）的其中一個面向，就關係到性別的問題。男性和女性的角色之間出現了困難。在很多社會裡，許許多多的社會事務都是由男性所支配，包括政治和戰爭的領導權，這不只表示神是男性的，更顯示男人是第一個創造物。在希伯來文的聖經中，夏娃是後來用亞當的一根肋骨所創造的。不過人類最重要的問題在於，男人是祖先，卻沒有生育或以肉體來創造生命。這是女人的角色。所以也必須轉移男與女，創造與繁殖之間在性別（gender [engendering（發生）]）上的重要性。我們已經看到1972年的版本談到一開始為什麼會有兩個男人（可能是兄弟）。按照刻板印象或老套的公式被稱為「纖細少女」的女人，並沒有參與第一個創造孩子的行為，這是神用含有黏土的混合物創造出來的。這件事男人也一樣沒有參與，雖然男女雙方都象徵性地涉入其間，也為了創造出的孩子應該屬於誰而爭執。後來需要更多的孩子，人類才直接參與其中。野生物把女人帶到森林裡去，她在林子裡看見蛇正在交媾。讓她知道該怎麼交配，然後她就回去跟丈夫解釋這是多麼歡愉的事，於是兩人開始製造一個家庭。文中不斷強調親子關係的二元性和父母的責任；即使男性在文化取得的其他方面都扮演支配性的角色，在

這個創造、繁殖的行為中,男女雙方必須平等參與。

對於宇宙最初是如何形成的,有大霹靂(創造)和膨脹的宇宙(演化)這兩個說法,同樣的,人的文化也可以被認為是由神所給予的,或是人自己發明的。我想提出的建議是,不管還能怎麼詮釋,這些說法都必須用「認知的角度」來理解,也就是說,作為理解世界的方式,這些說法都提出了一個問題。就像某些結構主義者所說的,這些說法強迫我們尋求一個深層的結構(雖然可能還有其他的理由可以解釋我們為什麼應該這麼做),並不荒謬。我們要檢視的第一個重要層面是表面上的意義,也就是對行為者的意義。而且表面的意義並不是單一的。我所討論的這些版本,都是出自同一個相鄰的團體,而且彼此相距不到幾年時間。雖然大多數的記述都顯示了神話的長壽,也就是不朽,但我在別處已經討論過神話會如何隨著時間和空間的轉變而有所變化。我在這裡要強調的,是這些不同的記述所展現的各式各樣理解世界的方法,而每一個版本所呈現出的問題和矛盾,可能會讓人們採取或產生另一種立場。

我認為從某一個觀點來看,這種多樣性是人類和宇宙的互動中很重要的一個部分。至於文化到底是神的賜與,還是來自人類的發明,普遍的經驗告訴我們,人類能夠創造工藝品(例如用陶土),以及在其他方面,人類也面對早已經創造出來的事物(例如語言),還有人類可能無法自己創造的東西,像是栽培植物。這一點觸及到先天繼承的及後天獲得的財產及知識的差異。不同的立場在巴格雷的不同版本中成功表現出來。人類是要倚靠神祇,不過也必須獨立自主。

　　我們在這些記述中還發現了其他處理起源這個問題的做法。在1972年的版本中，神為人類的始祖創造了一個孩子(比較年輕的那個男人和他的妻子)，而野生物則教他明白人類為了生存所必須知道的其他過程。在其他的朗誦文中，神就像是一種力量，宇宙的終極力量，他給了第一個男人和女人一個蓋房子的基地。但其他方面就沒有做什麼了。儘管他無疑就是造物神，不過對於他創造的是什麼，還是有不同的看法。在其他的版本中，人類是因為找到了正確的道路才自我成就的；換句話說，這些版本採取的是一個發展或演化的文化觀。這只是這些版本的其中一種差異而已——它們所說的故事還有其他許多方面的不同，不過都是以萬物的起源為主題，特別是人類文化素養的起源。

　　在某個層次上，這些變異必然關係到漫長口述朗誦的傳遞和創造的本質(這兩個過程事實上永遠是同一個)。不過不同版本的不同內容所顯示的，不只是一個主題的變奏，而是存在著對議題不同的切入點。創造和演化是同時存在的，神則扮演著多樣化的角色。知識雖然完全來自於神，人類卻不能完全理解，總是處在訊息不完整的處境中。所以即使是我們不得不相信的事情(例如巴格雷)，也是騙人的知識，和其他的神祇一樣愚弄我們。野生物欺騙我們，巴格雷神也一樣，是個說謊的神。

　　我認為口述文化的這個特點，應該讓我們重新思考對這些文化的看法。在理性和認知上，這些文化比一般所認為的更活躍許多；黑色巴格雷各種版本歧異的程度(相較於和外在的儀式程序有關的白色巴格雷)就充分說明了這一點。這個情況一直被

掩蓋，多少是因為田野調查往往讓人們只能用片段的時間、一次儀式的舉行、一次朗誦來勾勒所謂的文化，但文化必然就是長期存在的。長時間重複的觀察，加上錄音機的使用，已經使這種情況完全改觀；創造和演化是同時存在、互相替代的兩種可能，未必同時存在於一個版本裡面，而是出現在長久以來所朗誦的幾個版本中。其他認知的概念也是如此。

用這種觀點來看待神話和簡單社會的世界觀，和霍頓(Horton)看法相抵觸，更是違背了哈伯瑪斯的思想，前者認為簡單的社會是封閉而非開放的，後者則以為由於簡單社會統攝一切的力量，根本談不上什麼有效性主張(validity claims)。檢驗是現代科學的特徵，信仰確實不必接受檢驗(我們自己的許多信仰亦然)。對矛盾的容忍度也比較大(這多少是因為口述文化比較難偵測出矛盾)。但矛盾確實隱含其中，有時候一看就知道，這就會釀成問題，然後帶來文化的改變。沒有社會是完全封閉的，只不過開放的程度不同罷了。神話極少會像哈伯瑪斯所說的那樣統攝一切；總有些實存或潛在的矛盾來打開出路。此外，有效性主張可以應用於超自然力量，事實上也是如此；神祇有的成功有的失敗，人們可能會捨失敗而就成功之神。神話世界觀或文化標準化的世界觀，也會受到內部的批評、「以溝通所達到的理解」、「理性探討」、反射性的評估及教條主義所影響。

哈伯瑪斯以神話的世界觀為題材，韋伯的宗教分析也是從這裡出發。譚布魯克(Tenbruk)表示，宗教的理性化過程就是以這裡為起點，循一條演化的軌道發展。超自然的力量剛開始是存在於萬物之內，然後這些事物背後的存有出現了；接著又演

變為個人的存有，然後是一神教的至高之神，接下來是審判的神，後面跟著的是使者的預言，最後演變成新教徒的命運預定說(Habermas 1984: 196)。除了新教把種族中心主義發揮到最高點以外，這個順序(很容易令人想起泰勒在《原始文化》[*Primitive Culture*]書中的企圖)應該很難照表操課。就算不是百分之百，至少大多數的宗教都是以一個造物神的概念出發；幾乎沒有什麼證據可以支持這個演化模型基模的存在。

經過這番重新思考以後，對文化傳遞的過程本身也要再加以省思。我認為有一點是很清楚的，不管我們對固有因素賦予多少重要性(這些因素都必須個別加以證明)，都必須考量典型的文化再生產，及其內含的問題、擔憂，這些會導致人們採取其他不同的態度。換句話說，世界觀包括了懷疑的核心，創造出對任何一個解答潛在的矛盾情結。這個矛盾情結可能源於某種文化的信仰(或類別)；可能源自某些社會當中的處境，例如產生自我批判的奢侈文化；或是源於人類處境本身——就像殺人可能被認為是威脅生命，也可能是防衛生命；或是世界的起源，和創造或演化、善與惡、人或神的不同層面。

讓我回到認知的共相的問題。我已經表示支持要恢復理智主義的方法，把認知意義交給行為者。我也已經主張要把需要解釋的跨文化特徵指出來，包括普遍性的特徵在內。演化的解釋很容易做得太過頭，把從經驗的角度而言毫無效用的發展順序強加上去。另外一個方法就是把共相(或普及因素)視為固有元素(或是固有限制的結果)。雖然不否認普遍性特徵的存在，但就我的觀點而言，許多重要的特徵都是出自使用語言的人所

處的情境。某些這一類的情境引起的命題、態度、信仰,都含有內在的矛盾,或是展現出有關指涉對象的矛盾。於是引發了行為者心中的矛盾情結或懷疑核心,並可能釀成信仰(就像意象)的轉變,或是把這份矛盾情結納入儀式(就像殺人)和脈絡化的信仰(就像創造和演化)中。

最後一點,弗雷澤從來沒有從事田野調查,他那種比較研究也已經不流行了。我的老師們也反對所謂的比較方法,然而他們全都做了某種形式的比較。無法掙脫自己的自我質疑和互動之親密感的後現代主義者,有其他的反對意見。不過所有人都進行了某種形式的比較,即使僅僅是因為他們用英文來呈現耆那教和阿桑特人的觀念。就像田野研究當中的許多問題都要求我們要思考比較長期的現象(未必是針對每一個研究者,而是針對團隊),所以在地知識和比較知識也必須有互動。因為文化不是專屬於一個社會而已,而是每個社會的現象,要研究文化的許多面向,就必須公開承認個別和全體之間的相互作用。田野研究必須在一個比較大的脈絡裡進行,這個脈絡不一定是比較性的研究,但必須問出比較性的問題。

# 第十四章

# 從比較的觀點看公民社會

　　「公民社會」，存在嗎？作為一個西方所發展出來的觀點，當然是存在的。這個觀念最早出現在古希臘，在啟蒙運動時期開始有了詳盡的論述，以正面的方式來描述自己的體制（或社會），和其他人的體制加以對照。「其他」的意義各不相同，不過包括了蠻族和專制君主。在18和19世紀，這些「不文明」的社會相當於過去的獨裁者和當時的東方人，東方人的社會被認為沒有能力像西歐那樣發展。這個名詞被忽略了一段時間，最近才又回鍋，重新出現在政治論述當中。

　　在目前後冷戰的適應期，「公民社會」和以前一樣，背負著一個高度規範性的負擔。這是我們西方人的體制，而且希望看到這個體制不只在東歐發展，還要更普遍地出現在東方。就像民主和代表，法律和自由除了在概念上相互連結，在實際的應用上更是如此，一般認為東方是因為欠缺公民社會的概念，才會阻礙了現代化前期的過程，即使到了現在，也仍然限制了人權的行使。我們可以把公民社會在當代的角色視為一個口號。但除了代表西方政治思想的一個主題之外，在政治制度的比較

性分析中，公民社會是否包含著不容小覷的重要性？

　　我想簡單討論公民社會這個概念，不過不是從政治哲學的角度，而是從社會學、人類學和歷史學的角度出發。然後思考（儘管被用來中傷另一種社會）在分析西方、早先和後來的東方、或甚至是（考慮到條件很不一樣的）非洲時，會不會達到什麼有用的目標。不過首先讓我說明幾件事。

　　社會與國家統一，或者是公民與政治社會統一，這個亞里斯多德的觀念，一直和現代初期公民社會與國家的分離形成對照。亞里斯多德認為公民社會是「地位同等的人聯合在一起，以相互溝通的方式公開建立行為的目標和規範，並透過正義的原則來規範彼此的互動，其中不包含支配。」(Cohen and Arato 1992: 122, in Honneth *et al.* 1992)這段敘述中的每一句話都需要大量的說明，所以很難和任何社會事實結合。我們只能說，這構成了一種高度理想主義的民主控制的理想型態。

　　現代初期的概念，被認為是強調多元主義的規範性整合，或是要求個人主義、功利主義的行為方式。涂爾幹等人屬於前者，新保守主義者屬於後者。就像國家法律一樣，這兩種概念都面臨時間的問題。許多人認為這個理論是源於17世紀；李維史陀等人則發現早在亞里斯多德的學說裡就有這個說法，只不過是阿奎那將其與「公民社會」完全劃上等號。從「觀念史」的角度來看，這就是公民社會這幾個字的發展背景。我們應該再加上另外一個起點，這是和當代波蘭團結工會等當代的「社會運動」有關的知識分子所發展出來的。「公民社會」就和人權一樣，本來就是獨裁政權沒有的一樣東西。而為希臘人、啟蒙運動和今天

的西方所擁有；也就是古今中外的專制政府所缺乏的。

　　公民社會這個概念的現代初期面向，一直被認為和當時的歐洲社會有關係。哈伯瑪斯

> 以公民社會(*Zivil societat*)或只以社會這種古老的名稱，簡述一個介於私生活和公共權威之間的新領域如何在18世紀出現[1]。這代表著一種新型態的公共性(publicity/*Offentlichkeit*)，原則上是以自由平等的個人自主的志願性結社(voluntary association)和經過詳盡論述的溝通為基礎。(Cohen and Arato 1992: 129)

　　這種活動定位在社會的層次，這個公共領域透過議會的原則滲透國家，瓦解了專制主義者的國家秘密(arcana imperii)。這也成了洛克研究新政治形式發展的題材。換句話說，「公民性」首先是透過志願性結社和詳盡論述的討論居中干預，然後以議會為媒介來修正國家單一的權力，藉此進入社會和政治生活。換言之，這個概念少不了政治及社會生活關係長期的「公民化」，這一方面是肇因於「非政府組織」的壓力，另一方面則是輿論的施壓。

　　如果特地註明這些討論是西方政治理論、西方哲學和西方

---

1　馬克思對「公民社會」的用法指涉的是黑格爾和啟蒙時代：「生活的物質條件，黑格爾遵循英國人和法國人的例子，全數以『公民社會』之名來加以結合，不過對公民社會的剖析要從政治經濟著眼。」(Marx 1958: 181)

社會科學根深柢固的一部分，實在是多此一舉。這些討論體現
的是西方思想史的進程中發展出來的概念，往往作為政治工
具。不過我們先談幾個問題，這些問題所針對的不是這個觀念
的思想史，而是它可能被當成分析工具，以達到比較的目的。
我首先要提出一個籠統的說法，這個說法關係到公民社會這個
概念的使用本身所隱含的社會和政治體制（polity）的分離。按照
帕森斯的模型，政治體制和社會既非各行其是，也沒有完全重
疊；就社會制度的角度來說，政治體制是一個比較廣泛的整體
的一部分。另外一個說法則肇因於某些專家比較不嚴謹的使
用。例如經濟學家就把在他們特定的架構下沒辦法分析的事
情，一律稱之為「社會的」或「文化的」；「社會」有時候會恣
意地代表「剩下的」或「其他的」，就像是經濟與社會、宗教與
社會、家庭與社會這幾個詞組一樣。對帕森斯和大多數的人類
學家來說，政治體制是社會制度的一個次要系統，雖然這個次
要系統在實際武力的控制、在立法和比較廣泛的政府方面、以
及（因為國家在領土關係方面的角色使然）在社會生活上，展現
出某種支配性。但不是所有的社會都具有中央集權的體制或這
一類的國家組織。從其他這些例子看來，要說政治體制指的是
國家，可以和社會的概念分離，那根本就是胡說八道。

　　「公民社會」這個概念所包含的西方導向，當然未必會妨
礙這個概念的使用。自然科學就是在西方的基礎上大展宏圖
的。不過在社會科學和人文科學方面，這種種族中心主義的用
詞確實會引起嚴重的問題。我前面已經提過公民社會這個概念
的兩個主要應用：簡單地說就是希臘和早期現代的用法。哈伯

瑪斯認為啟蒙運動時出現了決定性的轉變，也就是說，除了民主政治(「平等自由的個人之間的溝通」)之外，也由於理性的進一步發展，因為這種溝通必須是「經過深思熟慮的」。換言之，既然提出這種論證，必然是認為西方發展出一種理性的新形式，韋伯稱之為「主宰世界的理性」(rationality of world mastery)。其他人(例如Gellner 1992)則不把這種發展看成一個全新的理性，而是把一種已經存在的理性做了比較徹底的運用，這種理性承襲自亞里斯多德，而笛卡兒那句名言「我思故我在」，則把這種理性發揮到了極致。不過無論如何，這種理性都被認為是啟蒙運動的肇因，促成了現代知識系統的發展，特別是在自然科學方面，不過這種理性也採取了一種資本主義、工業化、現代化的發展所不可或缺的經濟形式。

我並不否認長期向「文明性」進展(甚至「進步」)的啟蒙運動觀念，在西歐，艾里亞斯已經在吐痰和其他身體機能的層次談過這種進展。不過這種節制和「禮儀」的發展，並不僅限於西歐，而是更為多樣化，也不像這個名詞本身所暗示的那樣，深植於心理和社會中。「文明的」(civilized)這個詞比較適合作為一個技術性的考古學概念，而不是一個道德觀念。我們用不著在記憶庫裡翻箱倒櫃，也會想起那些奉歌德和貝多芬為文化始祖、從過去到現在都以公民性自豪的人，在50年前做了什麼遺臭萬年的事。或者比較晚近以吳哥窟的偉大高棉文明之名所犯下的滔天大罪。或是當代巴爾幹半島文明中心塞拉耶佛的居民，又做出了什麼暴行。所有公民和文明社會，尤其是帝制、

殖民和移民社會的歷史[2]，都爆發過類似的血腥。不可能就這麼直接脫下「不文明」的外衣。

　　過去300年來，西方在議會政治(以及選擇代表的選舉制度)的重要性、世俗化知識和經濟上都有重大的發展。不過若是著眼在民主政治、理性或公民社會之誕生的層次，我們很難描述或解釋這些歷史事件。不管是雅典或啟蒙運動，情況都是如此。就以民主政治為例。和一般人的看法正好相反，某種類型的代表制度早已存在於其他許多形式的政府當中，可能每一種形式的政府都不例外，包括18世紀的海盜船和部落酋邦。只不過後來這種代表制度首先是在西方(雖然不包含殖民地在內)民族國家當中被擴大、精緻化、及形式化，然後遍及各地。代表制度的形式和功效當然有許多差異；現代西方大量削弱了對權威的服從(這種服從顯然是一個變數)，不過這種差異是程度的問題；人民利益的代表制度並不是從啟蒙運動開始的，不過確實在當時擴大了。

　　理性在經濟和「文化」活動上的應用也是一樣的，從經濟和知識系統的發展就可以看得出來。就經濟發展而言，印度和中國參與了古代的東方海上貿易系統，自然必須應用「理性的」技術。在知識系統方面，顯然也是利用類似的技術創造出中國宋朝的百科全書，就像中世紀歐洲的知識大全。東方具有執行「理性」行動的生物和文化能力，是因為西方的短視，才用這

----

2　我無意表示這些恐怖行為在重要性、強度和意識型態上沒有差異，或是大屠殺和種族滅絕沒有什麼特殊的地方。我只是說，堪稱為「文明」的社會相當有限。見Geras (1997)談Mandel和大屠殺。

種家父長制的眼光──或者應該說沒有眼光，就像那些從未受
到啟蒙運動影響的民智未開之輩──瞧不起全世界。這種短視
也可以套用在公民社會的概念上，西方也宣稱這是他們在某個
（受到爭議的）時刻發明出來的，其他人則不曾或沒有能力發
展。因為選擇了某個在世界史上很重要的西方歷史情境、再把
一般性的特質歸於這個情境，這種想法又再次在西方生根。公
民性、理性和啟蒙，這些特質都被認為是對所謂的歐洲奇蹟有
所貢獻，而且必然為西方所獨有，但事實上，這些概念都被附
加了某種道德的評價。這種取向促成了一種種族中心主義及令
人懷疑的社會科學，不但沒辦法釐清對當時確實發生的成就所
做的分析，反而要根據古希臘，甚至是早期美索不達米亞、阿
拉伯近東和中國唐宋的成就來看待。在每一個時代，解釋成就
的時候，不能歸因於其他人應該沒有的永久普遍特質（例如心
態），因為成就所代表的頂多是一個暫時性的優勢，日後是會失
去或被趕上的，因此對成就的說明，必須根據一個比較明確的
基礎。換言之，不能把「理性」當成獨一無二的特徵，藉此說
明這些時代的成就，反而可能要歸因於「理性化」，亦即和前後
脈絡的關係比較深的某些邏輯操作的技術。

　　然而在西方的思想當中，無論理性被認為是發源於古希臘或
後文藝復興的西方，總之本來就是歐洲的產物，然後再傳到世界
其他地區。韋伯認為西方的理性是「主宰世界的理性」，就像哈
伯瑪斯和其他許多人都認為，對照啟蒙運動之前的時代和其他根
本無法重新改造的非歐洲社會，理性這個特質是出現在啟蒙運動
時代，可以用來解釋當代西方的成就。

公民社會這個概念的第三種用法，出現在「社會運動」當中，承載著類似的道德評價，同樣也讓公民社會成為天使的同路人。在社會運動裡，公民社會的概念可以被視為「弱勢者的重大武器」，讓個人和團體得以和「國家」對抗。不管政府形式為何，世界各地對這個可能性都樂觀其成(不過政府本身當然不會歡迎，對他們來說，這一類的政治行動可能是「反革命的」或者就是令人困擾，也就是說會造成干擾)。於是公民社會就被附加到公民自由、人權的概念上，體現在「自由、平等和博愛」這種公式當中，革命的社會運動對此身體力行，而國家(即使是革命的國家)傾向於拒絕或至少妥協。這麼一說，公民社會的概念又再度成為西方的特徵，因為我們不認為東方的「專制社會」會允許這種反對立場的發展。

這些觀念的運用顯然和19世紀(以及更早之前)對「其他」那些社會的討論有關，這些社會都展現出「傳統的」權威型態，還有專制主義的政權，甚至是亞洲那種不容對統治者的決定有任何干涉的支配形式。許多論及靜止、停滯、專制、獨裁政府的說法，背後其實是對亞洲政權抱持著這種愛麗絲夢遊仙境「發神經」的觀點。有這種想法的不只是馬克思和韋伯而已。在18世紀前期，歐洲人有時候還用東方來宣揚烏托邦的觀念。泰西塔斯(Tacitus)以前就是這樣描述德國人，耶穌會修士用的是中國，英國人則是把印度的村落說成是烏托邦。無論如何，知識的迅速成長和工業化的開啟，在東西之間劃下了一道鴻溝，導致後者徹底貶值。這已經不只是單純的種族中心主義或仇視外族的問題了；而是在知識系統和經濟上明顯的優勢，必須提出

詳細的說明才行。

歐洲對印度政治體制的許多討論，都奉行著一個概念：統治者至高無上的權力造成了妨礙，實際上應該說是扮演了毀滅性的角色。18世紀中葉，英國一位作者兼行政首長勞柏·歐姆(Robert Orme)討論到統治者的專制權力，尤其是在法律領域上的權力。他說政府是「專制的」，多少是因為對土地永久占有權的誤解。他聲稱，「王國所有的土地都屬於國王」。事實上這種做法和歐洲君主的要求差不多，指的是某些統治者所擁有的某些高於一切的政治權利，和他要求徵稅及獲得勞力服務的權利，有密不可分的關係。其他人則把印度沒有發展出資本主義制度的原因歸咎於君主操弄的權力，外加上財產隨時會被充公的商人沒有安全感，地位也不高，他們因此比較喜歡把財產換成珠寶，而不是投資生產；事實上許多耆那教徒(一個很重要的商人團體)是基於宗教的因素才不願意把錢投資在印度的農業土地上，因為農耕會殺害生命。國王對生產和交易是有一定的干預，但歐洲也有這種現象；舉例來說，1505年葡萄牙國王就宣布由皇室獨占香料貿易。西方的封建政府在羅馬帝國衰亡之後比較偏向地方集權，相形之下，東方政府的確是比西方更中央集權。不過西方學者這些論證的基礎，有一部分是基於亞洲社會沒有「法律」概念；專制政治高興怎樣就怎樣，這有損法律的可預期性。沒有法律，就成了霍布斯的自然狀態(state of nature)，商業和工業都無法蓬勃發展，而且和「公民社會」的秩序背道而馳，不過我們還要補充一點，對其他像洛克和盧梭這樣的作家而言，自然狀態並非暴力，反而是非常和平的。再

者，東方統治者的貪婪和獨裁經常被誇大，而西方則被輕描淡寫地交代過去。印度確實發展出大量的貿易，商人團體早就大發利市，他們從西元前六世紀開始極力支持佛教和耆那教，就是最好的證明。

至於印度的法律環境，歐姆(1805: 403)寫道：「一個完全仰賴一個人的意志，沒有其他原則的政府，不可能把任何絕對律法(absolute laws)納入憲法；因為這往往會妨礙他的意志。」「絕對律法」的概念必須普遍適用在全體公民身上。不過在此同時，公民社會和自然法本身的理念，也必須像人權一樣，可以適用在每一個社會。這種極端的普遍性不只和極端的文化相對論(認為不同的法律和社會制度基本上不能相提並論)衝突，也不認為某些地區、發展水平或社會的種類適合不同的法律或權利義務的安排。後面這個觀點不會狹隘地認定代議制度或甚至民主政治必須採用西方所發展出來的某一種形式，才能名副其實。新加坡的前任總理不久前提出了相反的論證。他抱怨因為亞洲人對美國的貿易順差，使他們受到不少壓力，舉例來說，在新加坡決定對走私毒販處以絞刑或對歹徒處以鞭刑的時候，就受到特別多來自人權團體的壓力。他描述這些抗議是「有點棋高一著──『我們是比較優越的文明，提升到我們的標準吧。』」不過他堅持「人權沒有什麼普世的標準。我們會隨著時間改變，但西方的規範也一樣，因為這些規範也不是普遍性的。」(海峽日報，1993年11月29日)法律雖然不是千變萬化，但如果要談全球適用性，也不能說是絕對的。

東方社會不只是和西方不同，而是有根本上的差異，妨礙

了它們的「現代化」，馬克思把東方政府和東方停滯不前的生產
模式連在一起，無疑是這個想法的結晶。魏復古(Wittvogel)在
著名的研究著作《東方專制主義》(*Oriental Despotism*, 1957)當
中，仔細地探討了這個主題。韋伯認為這些社會的共同特色是
「傳統的」權威，以及欠缺西方官僚制度的法律理性。我們不
必敘述他們論證的細節。可以確定的是他們所承襲的對東方的
概念，還停留在權威的專制本質上，無論是君王或是家長，和
以多元主義、監督制衡、平衡體制、議會及代表人民的陪審團
為特色的西方「民主」制度形成對比。事實上在更早的時代，
大約西元前600到321年之間，印度除了正統的君主政體之外，
還有一系列的「共和」體制。這些共和政體據說是出自「部落」
(可能是沒有首領的民族)或是從王國逃出來的難民。王國往往
是在肥沃的恆河平原興起，共和政體(或是「部落」)則多半出
現在山區。他們在山區選出領袖，設立選舉程序(被佛教徒模仿)
和集會；脫離印度教和種姓制度的耆那教及佛教的異端宗教運
動，就是在這些地方誕生的(Thapar 1966: 53)。

　　就連國家也沒有西方想的那麼專制。只要看看歐姆的說
法，就會發現他也感覺到其中有一個矛盾。因為「如果專制權
力的臣民在每個地方都很悲慘，那印度斯坦的人民因為這個權
力沒辦法控制一大片的領土，反而痛苦倍增。」(Orme 1805: 400)[3]
所以傳播模式的局限壓抑了專制政體的實行。因而在私領域和

---

3　其他的紀錄採取了比較同情的路線，包括受到耶穌會的報告所影響
　　的17和18世紀中國的紀錄，不過這是後來的西方社會理論所追求的
　　路線。

公領域之間，還有很多自由、多元的空間。

　　中國的情況也是一樣的。我們常常聽現代社會科學家談「國家的管轄範圍」、「村子裡的皇帝」。印度在政治上是比較分裂的，在中國，國家權力滲透和影響的地區都比較大。從政治和籠統的「文化」觀點來看，書面文獻深深滲透了每一個地方。中國的政治體制刻意控制了宗教系統，並且鼓勵世俗書寫的傳統，然而反觀印度，宗教和政治（婆羅門和剎帝那）的對立比較直接，對長期在伊斯蘭教統治之下的印度教徒而言更是如此。儘管如此，中國的國家力量也和印度一樣有其限制。其中一個跡象就是從14世紀末到1893年，皇令禁止海外的遷移和旅遊。但即使是這樣，這段期間還是有數百萬中國人跨越南海岸成家立業（Wang Gungwu, introduction to Ng 1983）。「專制」統治並沒有阻止他們在南海周圍一帶的南洋定居。

　　早期對東方專制政體的看法已經有了修正，不只是因為國家不可能長期擁有絕對的影響力，這只是操作上的原因。史學家和其他社會科學家近年來的研究，揭露了東方社會公民性的特質。這些研究在專家之間流傳，但對西方社會理論幾乎沒有任何影響。後者緊抓著韋伯傳統世襲權威的觀念不放，這些看法完全符合有關西方獨特性的種族中心主義的民族模型。新的資料挑戰了這些既有的想法。舉例來說，史考特（Scott）研究的「弱者的武器」、對權威的反抗，是東南亞進步農業社會的普遍特徵，這些研究是在東南亞進行，後來再向外普及。史學家已經在亞洲的許多地方研究反抗權威的集體運動，因為權威絕對不可能不受任何挑戰。我在這裡關注的焦點不是反叛的行為，

而是我們在閱讀17世紀日本的江戶、13世紀末馬可波羅時代中國沿海城市杭州的相關記錄時，所看到的對多元性和市民性的肯定，有一位近代的評論者是這樣說的：

> 城市中的慈善機構和娛樂場所都非常為人稱道。有公立醫院、托兒所、養老院、免費的公墓、對窮人的幫助、還有官員得到的福利比窮人還多的國家機關。有時候富商會以私人的慈善事業來幫助窮人，想用做善事來得到美名。(Balazx 1964: 99)

　　慈善事業及其附屬機構不是西方的特權；這同樣也是都市社會之生活的一個社會經濟階層化特徵。

　　這時候杭州是中國南方的首府，人口大約在100萬到150萬之間。漢口市(或武漢)的發展則晚了許多，不過也引發了公民社會的問題。西方對於現代化的討論，是承認都市在這個過程中所扮演的關鍵性角色。認為這種特殊的都市生活形態提供了所需的條件，才出現了自由的理念、法律之前人人平等以及財產自由讓渡。在歐洲，一般認為這些發展加速了封建制度的消逝，帶來了政治和知識上的重大結果，不過產生這些理念的不只是歐洲大陸而已。

> 在政治上，留下了民主政治的遺緒……以及公司型態的政治體(corporate political body)的觀念，在預算會計和專業公務人員方面，有劃分清楚的公共部門。在知識上，

不管是對法律程序、還是投資回收之可預測性的經濟焦
點，都以理性為首要原則──用韋伯的說法，中世紀的
都市居民已經成功地「邁向經濟人 (*homo oeconomicus*) 的
角色」……為早期的資本主義奠定基礎。(Rowe 1984: 3)[4]

西方的社會理論家認為鼓吹這種發展的都市型態，最早出
現在中世紀的歐洲，首先是西元11世紀出現在義大利北部的一
些相當獨立的自治市 (*commune*)。這種行政體制很快蔓延到法
國、德國和低地國家。這是皮欒 (Henri Pirenne) 研究《中世紀城
市》(*Medieval Cities*, 1925) 的主題，構成了韋伯《城市》(*The City*,
1968) 這篇文章的基礎。像這樣的自治市不只是一個都市聚落
(urban settlement) 而已；按照韋伯的說法，其特徵在於貿易商業
關係的優勢、法院至少有部分自治的法律、政府有些許獨立運
作的空間。因為居民需要某些自由。

韋伯認為東方的市鎮都無法符合這些判準，尤以中國的城
市為甚；11世紀以前的歐洲城市也做不到。兩者都沒有成功地
建立從傳統通往理性的道路。在政治上，他認為沈重的中央行
政部門根本不容許多少自治權；市鎮作為駐守要塞或「皇城」
(princely city)，比市場的角色更為重要。市鎮是「理性行政」
的中樞，而非商業中心，居民仍舊認同他們生長的地方和家人，
而不是市鎮本身。他們只是寄居的旅人，短期的訪客。「所有的
城市活動仍然屬於並取決於純粹私人的關係，尤其是親屬關

---

4　我的紀錄來自19世紀Hankow這份精彩的研究。

係。」所以這些聚落儘管幅員廣大(到了19世紀下半葉,漢口已經和13世紀的杭州一樣,晉升全球最大的城市之一),但仍然欠缺市民的觀念,也不知道該如何屬行「契約自治權」。氏族和行會的存在只能服務一小部分的人口,表示沒有一個城邦(polis)或自治市(commune),如果把這個概念加以延伸,也可以說是欠缺政體(polity)或社群(community)。

　　不只歐洲主義者接受韋伯的觀點。舉例來說,漢學家雷威安(Levy)和費維愷(Feuerwerker)就採納韋伯的觀點,認為中國的經濟行為具有單一主義的特色,白樂日(Balazs)和艾博華(Eberhard)也相信中國的都市發展是失敗的。後者認為宋朝工業發展的可能性受到市鎮的結構所抑制,而前者則認為中國的政府是專制體制,市鎮對鄉村則有嚴重的依賴。

　　這一類的結論已經被更後來的中國研究徹底改變,尤其是對中國都市生活的研究。史基納(Skinner 1977)強調商業中心地區的階層組織,這在許多方面都有別於行政地區的階層組織。艾爾文(Elvin 1974)就凸顯像上海這樣的大型都市中心內部的社會及政治權力的非行政結構。羅伊(Rowe)對漢口所做的詳細研究顯示,行政部門提供契約的保證,同時中國的商號在「理性、規則的市場」也採取「理性資本會計的原則」。行會作為「前資本主義法人團體」的重要性,以及其他志願性結社的存在,幫助了漢口逃離「高壓的官僚統治」(Rowe 1984: 10)。換言之,中國城市沒有像過去所以為的那樣單一,留下了發展貿易和商業關係的空間,並提供了一個窗口,來吸收西方的工業化和西方的知識。

　　對東方城市錯誤的看法，在印度方面，至少是亞美達巴德，已經受到了質疑，一位印度史學家吉利安(Gillion, 1968: 5)就寫道：

　　　我們往往是透過貝爾尼埃和其他造訪過莫臥兒宮廷的歐洲旅人的眼光，以及韋伯和馬克思主義者的分析，來看待印度的傳統城市。中世紀歐洲的自治市，有中央授權、團隊精神、團結一致的布爾喬亞階級、以及獨立的軍事力量，相形之下，印度的城市看起來四分五裂、臣民多半時間都是一盤散沙、仰賴宮廷和官方的軍事菁英，因為階級敵對及其他宗教上的限制而無法自由結社。不過亞美達巴德在某種程度上是個例外。這個城市有集體的傳統和精神、世襲的布爾喬亞菁英，以及財政、商業和工業活動的歷史……

　　亞美達巴德的財富來自貿易、工業和手工業，這些都是沒有受到任何宮廷庇護；當地的商人和資本家形成一個鮮明的社會階層，透過城市行政長官(Nagarseth)的體制和行會(mahajans)的體制來操作巨大的權力。如果亞美達巴德並未享有歐洲那種城市自治權，「城市的政府也必須回應他們的願望」。亞美達巴德後期的歷史代表了「一個重要的傳統貿易和工業中心，在本地財政和商業菁英的領導下，轉變成為一個現代的工業城市。」

　　對某些東方城市的看法改變了，導致對東西差異的重新評價。近來的論述(例如Wolf 1982)不再認為東方和西方在中世紀

走的是兩條截然不同的軌道，一邊是封建制度，一邊是「亞洲例外主義」，轉而表示雙方其實是同一個輪廓，也就是藩屬。這種取向的優點是可以看出東西雙方在青銅器時代（Childe所謂的）都市革命的共同根源，讓我們更能用政治學來看待史前的發現。

　　就這個觀點而言，我們應該會在歐亞雙方發現類似但不完全相同的政權，所以韋伯、馬克思和其他許多思想家所提出的那種極端的區隔已經不再適用了。認為「他者」永遠在歐洲中心之邊緣的「世界體系理論」也不再適用。這種理論在中世紀初期，製造業、貿易和知識的主要區域集中在中國和印度，到了13世紀，信仰伊斯蘭教的近東在世界商業網絡中取得了主導地位（Abu-lughod 1989），當時歐洲根本不是什麼中心。哈伯瑪斯的「批判理論」也已經過時了，他極力強調歐洲啟蒙運動在知識系統和「公民」（及「文明的」）社會的發展所扮演的角色，以致於忽略了早期的中國和其他地區的重大成就。在這方面，批判理論顯然沒發揮什麼作用，主要是因為不夠宏觀。

　　在接下來的部分，我想說的是，大多數的西方分析者不但誤解了東方（因此必然也看錯了西方，既然兩者被認為是相互對立的），對其他的許多政治體制也有所誤解。因為無論其他這些社會有沒有對西方法律、代議制、「公民」生活方式的模式做出明確的討論，就算是在那些幾乎沒有什麼政府形式可言的非洲社會（「沒有首領的部落」），仍舊可以察覺到些許類似的特徵。同時，具有中央集權體制的「國家」，「專制性」遠低於一般的看法，而「公民性」也高得多。

# 前殖民非洲的公民社會？

我們發現非洲有兩大類政治體制。來看看西非吧。其中一種是以井然有序的酋長階層組織為主，有一個最高的首領，被賦予不同程度的「權力」；另外一種是以大地主人、大地祭司或大地神祠的守護者為主（名稱各有不同）。前者（中央集權）也有他們的祭司，而且他們的酋長還擁有巫術宗教的權力，而後者（非中央集權）有氏族長老、甚至還有一些不成熟或被併吞的酋長來行使非常有限的權威。儘管如此，參與者很清楚這兩種政治體制的區分。佛特斯和伊凡普瑞特查德的重要論文集《非洲政治制度》（*African Political Systems*, 1940），也以兩者的區分作為分析的主題；他們把前者（A型）稱為「國家」（或是Kabery後來的研究中所稱的「原始國家」），後者（B型）則稱為無頭（acephalous）或裂變（segmentary）民族；我個人為了方便起見，常常把後者叫做「部落」（tribe）。國家和部落這兩種政治體制的型態，在非洲是一前一後地存在；不只是互相取代的演化階段（雖然比較長期來看確實如此），而是一起出現在一個區域架構中。在國家與國家之間出現的無頭結構，不只是先前社會形構的殘餘物，往往也和周圍的國家對立及並列存在。在交通極不方便的地區，例如多貢人（Dogon）（早期許多法國人類學家都靠他們起家）居住的馬利邦賈加拉懸崖（Bandiagara），或是像蘇格蘭高地、阿爾巴尼亞山區或印度及中國類似的地方，這些民族往往刻意規避國家權力。有些社群因為企圖接管一個王國失敗

而自我放逐(被併吞的酋長)，逃避國家的箝制，其他有些則是因為中央權力的逐漸衰敗，然而還有一些可能是主動尋求另類的生活方式。不管是哪一種，這些民族往往很重視我們所謂的「自由」，保障這種自由的不是正式的法律，而是習俗的約束力；法院的法律只是統治一個社群的幾個可能手段之一，而且一定和國家連結在一起。

除了非洲以外，其他地方也有些民族似乎是刻意選擇以非國家的方式存在。住在廣西、廣東和中國西南部其他省份的傜族就被描寫成這樣一個少數民族。漢人統稱這幾個民族為傜族，他們都住在山上，所以很難控制、吸收或教育(費孝通1991)。他們沒有統一的語言，而是講好幾種屬於藏漢語系的語言，同時有好幾個不同的族名。他們像是山上的原住民，以務農為生，其中有些民族也確實是如此。不過近來的研究顯示，有些人的祖先曾經定居在長江中游盆地，洞庭湖附近的平原。到山上去是為了避免被迫為「反動的統治者服勞役，寧願走進深山的原始森林，用雙手建立家園，保障他們自由的生活。」(費孝通1991: 17-18)換句話說，他們是選擇捨「文明」社會而就公民社會。

這種無頭政體以蘇丹南部靠畜牧維生的努爾族(Nuer)為代表，他們一直跟無領袖、無法律、世仇爭鬥等說法連在一起：簡言之就是無政府狀態。欠缺西方歷代的政治哲學家所瞭解的那種統治權。不只是西方，世界其他地方的國家和國民——中國、印度、中東——也認為這些民族代表了無秩序狀態。

佛特斯和伊凡普瑞特查德主要的貢獻就是促使這種看法受

到重新評估。幾位早期的人類學家一直很在乎「法律」的問題，最廣義的法律，就是這些社會中維持秩序或主要秩序的方式。在許多衝突的情況中，居民確實要訴諸自力救濟。不過世仇並不是純粹的暴力；這是一種重要的管理機制，儘管對國家來說並非如此，因為國家首先就要壟斷武力的使用，至少是壟斷家庭以外的武力使用。伊凡普瑞特查德等人一向堅持，這樣的無頭政體結構嚴明、講求規範。自力救濟也不是他們唯一約束行為的形式；還有其他一系列監督脫軌行為的管道。事實上，回想史賓塞，還有涂爾幹的《社會分工論》（*Division of Labor in Society*），顯然每個人類社會都必須面對帕森斯所謂的「秩序的問題」。沒有君主、國王、統治者或酋長等外部手段，也可能維持秩序。伊凡普瑞特查德再次說明，在某些情境中一致行動，在某些情境中又對立的家庭、村落和氏族——或是其他類型的社會團體——的裂變（而非中央集權或階層組織），是一個非常重要的機制。

裂變的過程中有衝突也有合作，這就是世仇的重要之處。非洲的國家定期把爭議提到酋長面前，酋長對外代表社群（以模範的身分），對內給予審判（以國王的身分）。他們的存在直接滲透到家庭的層次，原因是既然很難靠固定的徵稅來提高歲入，臣民就有義務為統治者耕作，而統治者也向法庭上的每一位訴訟當事人和旅經該國的旅客課稅。在許多方面都能清楚感受到統治者的存在，只不過每個王國所謂「國家權力滲透」的程度各有不同，這有一部分是取決於外圍和中心的距離，一部分是因為統御武力之能力的差異，還有一部分是基於其他的因素。

　　公民社會首先要有法律、尤其是「正義」、人權的統治，其次是多元權力來源的存在，這樣的公民社會是如何彰顯在這些不同的體制當中？無頭政體必然是多元性的，決策往往是討論而非命令的結果。許多不同的機構、幫會、年齡層、地方團體，各自擁有有限的權威。而且宗族或氏族往往在地方上擁有支配權。所以人們很難逃避某些決定或約定俗成的慣例，因為這些決定和慣例不只得到了少數長者的認可，也得到社群全心的支持。法律最籠統的意義，也就是「合法的行為」，便受到了普遍的服從和尊重。

　　這樣的社會不只沒有正式的法律，更沒有原始、狹義的那種正式的政治體制。這裡缺少的不是統治，而是政府，也就是一個中央集權的統治實體。換句話說，和「公民社會」幾乎沒有任何對立。

　　無論如何，非洲的國家確實擁有一個以最高首領及其部屬、諮詢者及顧問為中心所組織而成的中央政府。雖然人們普遍都認為有一個專制的酋長迫使人民對他無條件地服從，其實這種奧斯汀式(譯按：指John Austin，強調法律是上級強權，是君主給人民[下級]的命令)的情況是少之又少。在西非的阿桑特王國，領袖被描述成「最後說話的人」。在北邊的貢加，領袖甚至更為疏離；我依照古愛爾蘭的模式，把這種政體稱為超王國(overkingdom)，因為領袖是在位(reign)而非統治(rule)。即使是在社群的層級上，重要的權力不只掌握在下屬的酋長手裡(向他們的臣民負責)，也屬於「年輕人」(也就是非酋長)的組織，以及大批神職人員(他們訴諸於政體以外的力量)的手裡，統治者

反而是虛位的。不過有一個非常重要的穆斯林「階級」，遵循另外一套由先知和聖書所認可的規則，從事廣泛的商業活動。這些活動包括與王國以外的商人進行交易，所以他們的社會及宗教、空間和時間關係，都和統治的王朝及階級不一樣。沒錯，他們的確經常和統治階級的成員通婚，從許多觀點來看，有文化的同質性。不過這些和阿拉及其他伊斯蘭團體的外在聯繫，使他們擁有某種程度的「獨立性」，有了干預王國事務的外在力量，他們可能藉由這些外在的關係來發揮他們的影響力。

總之，不管是非洲的無頭民族或中國山上的民族，都有證據顯示當地的人寧願盡可能遠離國家的權力。有些民族可以說是選擇了某種程度的政治自由，外人往往說他們是無政府狀態或是失序，但從他們的存在中幾乎看不出這樣的跡象。就算是涂爾幹口中的「機械連帶」社會裡，也是有秩序的。不過現有的約束力並沒有他說的這麼具有壓迫性，即使是在非洲的簡單國家和無頭社會，還是有私領域和公領域之間的操作空間。群眾抗議比在亞洲困難，所以常常和歐洲一樣，是採取「退場」而非「發聲」的形式。儘管如此，「平民抵抗」確實存在，而且對壓迫有抑制的作用。

非洲的情況和歐亞大陸的主要社會南轅北轍。後者都受惠於青銅器時代農業的發展，同時複雜的都市社群出現，以進步的農業為基礎，有了高度的專業化和書寫文字的使用。「文明」是在這些條件下開始發展的。儘管希臘人清楚而詳細地說明了「公民社會」這個概念最實在的意思，公民社會的獨特性和歐洲自治市特殊的優點（尤其是為經濟的進步鋪路）仍然被嚴重誇

大了。西方人認為是啟蒙運動建立了西方諸多成就背後的某種特殊的理性或公民性，其實也是基於相同的盲點。西方確實有不少成就，不過必須從全球的角度來看待，不能倚賴西方學者的想法。

# 參考書目

Abrahams, R. G. 1986 In-marrying sons-in-law in Finland. MS

Abu-Lughod, J. L. 1989 *Before European Hegemony: the world systems AD 1250–1350.* New York

Alessi, G. 1994 *Alla Pentola dell'Oro: cucina, cucinare, mangiare a Firenze oggi.* Florence

Ambrosogli, M. 1996 *The Wild and the Sown: botany and agriculture in Western Europe, 1350–1850.* Cambridge

Amin, S. 1980 *Class and Nation: historically and in the current crisis.* London

Anderson, M. 1976 Marriage partners in Victorian Britain: an analysis based on Registration District data for England and Wales 1861. *Journal of Family History* 1: 55–78

Anderson, P. 1974 *Passages from Antiquity to Feudalism.* London

Aran, J.-P. 1974 *Le Mangeur du XIXe siècle.* Lausanne

Arensberg, C. and Kimball, S. T. 1940 *Family and Community in Ireland.* Cambridge, MA

Ariès, P. 1960 *L'Enfant et la vie familiale sous l'Ancien Régime.* Paris

Armstrong, A. H. 1957 *Introduction to Ancient Philosophy.* London

Armstrong, K. 1993 *A History of God: from Abraham to the present: the 4000-year quest for God.* London

Atran, S. 1990 *Cognitive Foundations of Natural History; towards an anthropology of science.* Cambridge

Augustins, G. 1989 *Comment se perpétuer?: devenir des lignées et destins des patrimoines dans les paysanneries européennes.* Nanterre

Balazs, E. 1964 The birth of capitalism in China. In E. Balazs (ed.) *Chinese Civilization and Bureaucracy: variations on a theme.* New Haven

Bartlett, F. 1932 *Remembering.* Cambridge

Basham, A. L. 1954 *The Wonder that was India.* London

Bec, P. 1995 *Chants d'amour des femmes troubadours: troubairitz et 'chansons des femmes'*. Paris

Beier, A. I., Cannadine, D. and Rosenheim, J. M. (eds) 1989 *The First Modern Society: essays in English history in honour of Lawrence Stone*. Cambridge

Berlivet, L. 1966 Les responses aux accusations de moralisme. Paper given at Entretiens Franklin, Paris, June

Besançon, A. 1994 *L'Image interdite: une histoire intellectuelle de l'iconoclasme*. Paris

Beteille, R. 1987 *La Chemise fendue: vie oubliée des femmes de Rouergue*. Rodez

Biegel, H. R. 1951 Romantic love. *American Sociological Review* 16: 326–34

Birrell, A. (transl.) 1995 [1982] *Chinese Love Poetry: new songs from a jade terrace – a medieval anthology*. London

Bloch, M. 1924 *Les Rois thaumaturges*. Paris

Boase, R. 1977 *The Origin and Meaning of Courtly Love: a critical study of European scholarship*. Manchester

Bottéro, J. 1977 Les noms du Marduk, l'écriture et la 'logique' en Mésopotamie ancienne. In M. de Jong Ellis (ed.) *Essays on the Ancient Near East: in memory of Jacob Joel Finkelstein*. Hamden, CT

Boucher, J. 1982 L'alimentation en milieu de cour sous les derniers Valois. In J.-C. Margolin and R. Sauzet (eds) *Practiques et discours alimentaires à la Renaissance*. Paris

Bourdieu, P. 1977 *Outline of a Theory of Practice*. Cambridge

Bowra, C. M. 1962 *Primitive Song*. London

Boyer, P. 1994a Cognitive constraints on cultural representations: natural ontologies and religious ideas. In L. A. Hirschfeld and S. A. Gelman (eds) *Mapping the Mind: domain and specificity in cognition and culture*. New York

Boyer, P. 1994b *The Naturalness of Religious Ideas; a cognitive theory of religion*. Berkeley, CA

Boyle, M. O'Rourke 1997 *Divine Domesticity: Augustine of Thagaste to Teresa of Avila*. London

Bray, F. 1986 *The Rice Economies: technology and development in Asian societies*. Oxford

Brenner, R. 1989 Bourgeois revolution and transition to capitalism. In A. I. Beier, D. Cannadine and J. M. Rosenheim (eds) *The First Modern Society: essays in English history in honour of Lawrence Stone*. Cambridge

Brewer, J. 1997 *The Pleasures of the Imagination: English culture in the 18th century*. London

Brown, P. 1971 *The World of Late Antiquity: from Marcus Aurelius to Muhammed*. London

Cain, M. and McNicoll, G. 1988 Population growth and agrarian outcomes. In R. D. Lee *et al.* (eds) *Population, Food, and Rural Development*. Oxford

Caldwell, J. C. and P. 1987 The cultural context of high fertility in sub-Saharan Africa. *Population and Development Review* 13: 409–37

Carrasco, P. 1959 *Land and Polity in Tibet*. Seattle, WA

Carruthers, M. J. 1990 *The Book of Memory: a story of memory in medieval culture*. Cambridge

Cart, G. 1960 *Le Paysage en Orient et en Occident*. Paris

Catelot, A. 1972 *L'Histoire à table*. Paris

Chaperon, S. 1996 *Le Creux de la vague: movements féminins et féministes 1945–1970*, 2 vols. Ph.D. thesis, European University Institute

Chattopadhyaya, D. 1959 *Lokāyāta: a study in ancient Indian materialism*. New Delhi

Cockshut, A. O. J. 1964 *The Unbelievers: English agnostic thought, 1840–1890*. London

Cohen, M. L. 1976 *House United, House Divided: the Chinese family tradition in Taiwan*. New York

Coles, J. M. and Harding, A. F. 1979 *The Bronze Age in Europe*. London

Collomp, A. 1983 *La Maison du père: famille et village en Haute-Provence aux XVIIe et XVIIIe siècles*. Paris

Colt, J. C. 1844 *The Science of Double Entry Book-keeping*. New York

Coulbourn, R. (ed.) 1956 *Feudalism in History*. Princeton

Cowell, E. B. and Gough, A. E. (transls) 1904 *Sarvadom-śanasamgraha*. London

Crawley, E. A. 1902 *The Mystic Rose: study of primitive marriage and of primitive thought in its bearing on marriage.* Revised and greatly edited by Theodore Besterman. London

Czap, P. 1982a A large family: the peasant's greatest wealth. In R. Wall, J. Robin and P. Laslett (eds) *Family Forms in Historic Europe.* Cambridge

Czap, P. 1982b The perennial multiple family household, Mishino, Russia, 1782–1858. *Journal of Family History* 7: 5–26

Dausse, L. 1993 Epoque Gallo-Romaine: l'essor des échanges. In Anon (ed.) *Echanges: circulation d'objets et commerce en Rouergue de la Préhistoire au Moyen Age.* Montrozier

Davies, N. Zemon 1985 Review of *The Development of Family and Marriage in Europe. American Ethnologist* 12

Davis, J. 1973 *Land and Family in Pisticci.* London

Delille, G. and Rizzi, F. (eds) 1986 *Le Modèle familiale européen: normes, déviance, contrôle du pouvoir.* Rome

Diakonoff, I. M. 1969 The rise of the despotic state in ancient Mesopotamia. In I. M. Diakonoff (ed.) *Ancient Mesopotamia,* pp. 173–203. Moscow

Diamond, J. 1997 *Guns, Germs, and Steel: a short history of everybody for the last 13,000 years.* London

Dietler, M. 1990 Driven by drink: the role of drinking in the political economy and the case of Early Iron Age France. *Journal of Anthropological Archaeology* 9: 352–406

Dillon, E. J. 1895 *The Sceptics of the Old Testament: Job, Koheleth, Agur.* London

Douglas, M. 1971 Deciphering a meal. In C. Geertz (ed.) *Myth, Symbol and Culture.* New York

Dronke, P. 1965 *Medieval Latin and the Rise of the European Love-Lyric,* 2 vols. Oxford

Duby, G. 1997 *Women of the Twelfth Century.* Cambridge (French edn 1995)

Dumont, L. 1970 *Homo Hierarchicus: the caste system and its implications.* Chicago (French edn 1966)

Dumont, L. 1976 *Homo Aequalis.* Paris

Dumont, L. 1983 *Essais sur l'individualisme: une perspective anthropologique sur l'idéologie moderne.* Paris (English transl. 1986)

Durkheim, E. 1893 *La Division du travail* (English transl. 1947). Paris

Durkheim, E. and Mauss, M. 1963 *Primitive Classification*. London

Elias, N. 1994 [1939] *The Civilizing Process*. Oxford

Eliot, T. S. 1963 *Collected Poems 1909–1962*. London

Elvin, M. forthcoming. Introduction to Liu Ts'ui-jung and M. Elvin, *Sediments of Time: environment and society in Chinese history*

Elvin, M. and Skinner, G. W. (eds) 1974 *The Chinese City between Two Worlds*. Stanford, CA

Engels, F. 1887 *The Condition of the Working Class in England*. London (1st German edn 1845)

Englebert, O. 1984 [1946] *La Fleur des saints*. Paris

Enjalbert, H. 1975 *Histoire de la vigne et du vin: l'avènement de la qualité*. Paris

Epstein, S. 1962 *Economic Development and Social Change in South India*. Ox-ford

Erasmus, D. 1549 *The Praise of Folie*. London

Evans-Pritchard, E. E. 1937 *Witchcraft, Oracles and Magic among the Azande*. Oxford

Evans-Pritchard, E. E. 1940 *The Nuer*. Oxford

Faure, D. 1989 The lineage as business company: patronage versus law in the development of Chinese business. *The Second Conference of Modern Chinese Economic History*, January 5–7, The Institute of Economics, Academia Sinica, Taipei

Febvre, L. 1947 *Le Problème de l'incroyance au 16e siècle; la religion de Rabelais*. Paris

Fei Xiaotong, 1991 Fifty years investigation in the Yao mountains. In Fei Xiaotong, *The Yao of South China: recent international studies* (eds J. Lemoire and Chiao Chien). Paris

Finnegan, R. 1970 *Oral Literature in Africa*. Oxford

Flandrin, J.-L. 1979 *Families in Former Times*. Cambridge

Flandrin, J.-L. and Montanari, M. (eds) 1996 *Histoire de l'alimentation*. Paris

Flew, A. G. N. 1974 Agnosticism. Entry in *Encyclopaedia Britannica*, 15th edn. Chicago

Fortes, M. 1955 Radcliffe-Brown's contribution to the study of social organization. *British Journal of Sociology* 6: 16–31

Fortes, M. 1958 Introduction. In J. Goody (ed.) *The Developmental Cycle in Domestic Groups*. Cambridge

Fortes, M. 1959 *Oedipus and Job*. Cambridge

Fortes, M. and Evans-Pritchard, E. E. (eds) 1940 *African Political Systems*. Oxford

Frank, A. G. 1993. Bronze Age World System cycles. *Current Anthropology* 34: 383–429

Frazer, J. 1911–15 [1890] *The Golden Bough: a study in comparative religion*, 3rd edn. London

Frazer, J. 1918 *Folklore in the Old Testament*, 3 vols. London

Freedman, M. 1962 The family in China: past and present. *Pacific Affairs* 34: 323–36

Freedman, M. 1963 Chinese domestic family models. *VIe Congrès internationale des sciences anthropologiques et ethnologiques*, vol. 2, part 1. Paris

Freeman, D. 1996 'The debate, at heart, is about evolution'. In M. Fairburn and W. H. Oliver (eds) *The Certainty of Doubt: tributes to Peter Munz*. Wellington

Freeman, M. 1977 Sung. In K. C. Chang (ed.) *Food in Chinese Culture*. New Haven, CT

Friedl, E. 1986 The position of women: appearance and reality. In J. Dubisch (ed.) *Gender and Power in Rural Greece*. Princeton, NJ

Furnivall, F. J. 1882 *The Fifty Earliest English Wills in the Court of Probate, London*. London

Galsworthy, J. 1922 *The Man of Property*. London

Gandah, S. W. D. K. 1998 *The Silent Rebel*. Accra

Gaunt, D. 1983 The property and kin relationships of retired farmers in Northern and Central Europe. In R. Wall *et al.* (eds) *Family Forms in Historic Europe*. Cambridge

Gellner, E. 1992 *Reason and Culture*. Oxford

Geras, N. 1997 Marxists before the Holocaust. *New Left Review* 224: 19–38

Ghosh, A. 1992 *In an Antique Land*. London

Giddens, A. 1991 *Modernity and Self-identity: self and society in the late modern age*. Cambridge

Giddens, A. 1992 *The Transformation of Intimacy: sexuality, love and eroticism in modern societies*. Oxford

Gillet, P. 1985 *Par Mets et par vins: voyages et gastronomie en Europe (XVIIe–XVIIIe siècles)*. Paris

Gillion, K. L. 1968 *Ahmedabad: a study in Indian urban history*. Berkeley, CA

Gilman, A. 1981 The development of social stratification in Bronze Age Europe. *Current Anthropology* 22: 1–23

Goitein, S. D. 1967 *A Mediterranean Society: economic foundations*, vol. 1. Berkeley, CA

Goitein, S. D. 1973 *Letters of Medieval Jewish Traders*. Princeton, NJ

Goitein, S. D. 1978 *A Mediterranean Society: the Jewish communities of the Arab World as portrayed in the documents of the Cairo Geniza*, vol. 3. Berkeley, CA

Goode, W. J. 1959 The theoretical importance of love. *American Sociological Review* 24: 34–47

Goody, E. 1982 *Parenthood and Social Reproduction: fostering and occupational roles in West Africa*. Cambridge

Goody, E. (ed.) 1994 *Anticipatory Interactive Planning*. Cambridge

Goody, J. 1956 *The Social Organisation of the LoWiili*. London

Goody, J. 1957 Anomie in Ashanti? *Africa* 27: 75–104

Goody, J. 1958 The fission of domestic groups among the LoDagaba. In J. Goody (ed.) *The Developmental Cycle in Domestic Groups*. Cambridge

Goody, J. 1962a *Death, Property and the Ancestors*. Stanford, CA

Goody, J. 1962b On nannas and nannies. *Man* 62: 179–84. Reprinted in J. Goody 1969 *Comparative Studies in Kinship*. London

Goody, J. 1971 *Technology, Tradition and the State in Africa*. London

Goody, J. 1972a *The Myth of the Bagre*. Oxford

Goody, J. 1972b The evolution of the family. In P. Laslett and R. Wall (eds) *Household and Family in Past Time*. Cambridge

Goody, J. 1972c *Domestic Groups* (Addison Wesley Modules in Anthropology, No. 28). Reading, MA

Goody, J. 1975 Religion, social change and the sociology of conversion. In

J. Goody (ed.) *Changing Social Structure in Ghana: essays in the comparative sociology of a new state and old tradition.* London

Goody, J. 1976 *Production and Reproduction: a comparative study of the domestic domain.* Cambridge

Goody, J. 1979 Slavery in time and space. In J. L. Watson (ed.) *Asian and African Systems of Slavery.* Oxford

Goody, J. 1980 Rice-burning and the Green Revolution in northern Ghana. *J. Development Studies* 16: 136–55

Goody, J. 1982 *Cooking, Cuisine and Class: a study in comparative sociology.* Cambridge

Goody, J. 1983 *The Development of the Family and Marriage in Europe.* Cambridge

Goody, J. 1990 *The Oriental, the Ancient and the Primitive.* Cambridge

Goody, J. 1991 Icones et iconoclasme en Afrique. *Annales ESC:* 1235–51

Goody, J. 1993a *The Culture of Flowers.* Cambridge

Goody, J. 1993b East and West: rationality in review. *Ethnos* 58: 6–36

Goody, J. 1996a *The East in the West.* Cambridge

Goody, J. 1996b Cognitive contradictions and universals: creation and evolution in oral cultures (the Frazer lecture 1994). *European Journal of Social Anthropology* 4: 1–16

Goody, J. 1997 *Representations and Contradictions: ambivalance towards images, theatre, fiction, relics and sexuality.* Oxford

Goody, J. forthcoming. The demographic transition in Africa.

Goody, J. and Gandah, S. W. D. K. 1981 *Une Récitation du Bagré.* Paris

Goody, J. and Watt, I. P. 1963 The consequences of literacy. *Comparative Studies in Society and History* 5: 304–45

Gordon, W. 1765 *The Universal Accountant.* Edinburgh

Greenhalgh, S. M. 1987 Families and networks in Taiwan's economic development. In S. M. Greenhalgh and E. A. Winckler (eds) *Contending Approaches to the Political Economy of Taiwan.* Armonk, NY

Greenhalgh, S. M. and E. A. Winckler (eds) 1987 *Contending Approaches to the Political Economy of Taiwan.* Armonk, New York

Greenhalgh, S. M. and E. A. Winckler 1990 Land reform and family entrepreneurialism in East Asia. In G. McNicoll and M. Cain (eds) *Population and Rural Development: institutions and policy*. A supplement to *Population and Development Review*

Griffith, R. T. H. 1889 *The Hymns of the Rig Veda*. 4 vols. Benares

Grove, R. 1995 *Green Imperialism: colonial expansion, tropical island Edens, and the origins of environmentalism 1600–1860*. Cambridge

Guthrie, W. K. C. 1962 *History of Greek Philosophy*, 4 vols. Vol. 1: *The Earlier Pre-Socratics and Pythagoreans*. Cambridge

Guy, C. 1961 *Almanach historique de la gastronomie française*. Paris

Habermas, J. 1971 *Towards a Rational Society*. London

Habermas, J. 1984 *The Theory of Communicative Action*. 2 vols. London

Hajnal, J. 1965 European marriage patterns in perspective. In D. V. Glass and D. E. C. Eversley (eds) *Population in History: essays in historical demography*. London

Hajnal, J. 1982 Two kinds of pre-industrial household formation systems. *Population and Development Review* 8: 449–94

Halbwachs, M. 1925 *Les Cadres sociaux de la mémoire*. Paris

Halverson, J. 1976 Animal categories and terms of abuse. *Man* [new series] 11: 505–16

Harris, M. 1975 *Cows, Pigs, Wars and Witches*. London

Harris, M. 1983 [1968] *The Rise of Anthropological Theory: a history of theories of culture*. London

Hasluck, M. 1954 *The Unwritten Law in Albania*. Cambridge

Hawkes, D. 1989 *Classical, Modern and Humane: essays in Chinese literature*. Hong Kong

Hill, B. 1989 The marriage age of women and the demographers. *History Workshop Journal* 28: 129–47

Homans, G. C. 1941 *English Villagers of the Thirteenth Century*. Cambridge, MA

Honneth, A., McCarthy, T., Offe, C. and Wellmer, A. 1992 *Cultural-Political Interventions in the Unfinished Project of Enlightenment*. Cambridge, MA

Hopkins, K. 1980 Brother–sister marriage in Roman Egypt. *Comparative Studies in Society and History* 22: 303–54

Horton, R. 1973 Lévy-Bruhl, Durkheim and the Scientific Revolution. In R. Horton and R. Finnegan (eds) *Modes of Thought*. London

Hsieh, Jih-chang 1985 Meal rotation. In Hsieh Jih-chang and Chuang Ying-chang (eds) *The Chinese Family and its Ritual Behavior*. Taiwan

Hsu, V. N. Y. and F. L. K. Hsu 1977 Modern China. In K. C. Chang (ed.) *Food in Chinese Culture*. New Haven, CT

Huegel, Baron F. von 1931 *The 'Reality of God' and 'Religion and Agnosticism', being the literary remains of Baron F. von Huegel*, edited by E. G. Gardner. London

Hufton, O. 1974 *The Poor of Eighteenth-Century France, 1750–1789*. Oxford

Hufton, O. 1995 *The Prospect before Her: a history of women in Western Europe*, vol. 1, *1500–1800*. London

Jones, G. I. 1949 Ibo land tenure. *Africa* 19: 309–23

Kerr, M. 1958 *The People of Ship Street*. London

Khare, R. S. 1976 *The Hindu Hearth and Home*. Delhi

Klassen, N. 1995 *Chaucer on Love, Knowledge and Sight*. Cambridge

Knab, L. 1885–1902 Cheval: alimentation. *La Grande Encyclopédie*, vol. 10. Paris

Kocher, P. H. 1946 *Christopher Marlowe: a study of his thought, learning and character*. Chapel Hill, NC

Lach, D. F. 1970 *Asia in the Making of Europe*, vol. 2. Chicago

Lall Nigam, B. M. 1986 Bahi-Khata: the pre-Pacioli Indian double-entry system of bookkeeping. *Abacus* September: 148–61

Lancaster, C. S. 1979 The influence of extensive agriculture on the study of sociopolitical organisation and the interpretation of history. *Amer. Ethnol.* 6: 329–48

Lantz, H. R. 1981 Romantic love in the pre-modern period: a sociological commentary. *Journal of Social History* 15: 349–70

Laslett, P. 1965 *The World We Have Lost*. London

Laslett, P. 1969 Size and structure of the household in England over three centuries. *Population Studies* 23: 199–223

Laslett, P. 1972 Mean household size in England since the sixteenth century. In P. Laslett and R. Wall (eds) *Household and Family in Past Time*. Cambridge

Laslett, P. 1982 Family and household as work group and kin group: areas of traditional Europe compared. In R. Wall, J. Robin and P. Laslett (eds) *Family Forms in Historic Europe*. Cambridge

Laslett, P. and Wall, R. (eds) 1972 *Household and Family in Past Time*. Cambridge

Laurence, M. 1954 *A Tree for Poverty: Somali poetry and prose*. Nairobi

Leach, E. R. 1961 *Pul Eliya, a Village in Ceylon: a study in land tenure and kinship*. Cambridge

Leach, E. R. 1964 Anthropological aspects of language: animal categories and verbal abuse. In E. H. Lenneberg (ed.) *New Directions in the Study of Language*. Cambridge, MA

Legge, J. 1872 *The Chinese Classics*. Vol. 5, pts 1 and 2. The Ch'un Ts'ew, with the Tso Chuen. London

Lehrer, A. 1974 *Semantic Fields and Lexical Structure*. Amsterdam

Levine, N. E. 1987 Differential childcare in three Tibetan communities: beyond son preferences. *Population and Development Review* 13: 281–304

Lévi-Strauss, C. 1949 *Les Structures élémentaires de la parenté*. Paris

Lévi-Strauss, C. 1963 *Structural Anthropology*. London (French edn 1958)

Lévi-Strauss, C. 1964–71 *Mythologiques*, 4 vols. Paris

Lévi-Strauss, C. 1965 Le triangle culinaire. *L'Arc* 26: 19–29 (English transl. P. Brooks 1966, *Partisan Review* 33: 586–95)

Lévi-Strauss, C. 1970 *The Raw and the Cooked*. London (French edn 1964)

Lévy-Bruhl, L. 1923 *Primitive Mentality*. London

Lewis, I. M. 1986 *Religion in Context: cults and charisma*. Cambridge

Lewis, O. 1962 *The Children of Sanchez: autobiography of a Mexican family*. London

Libéra, A. de 1991 *Penser au Moyen Age*. Paris

Lightman, B. V. 1987 *The Origins of Agnosticism: Victorian unbelief and the limits of knowledge*. Baltimore, MD

Lindemann, M. 1981 The regulation of wet-nursing in eighteenth-century Hamburg. *Journal of Family History* 6: 379–95

Lloyd, G. E. R. 1979 *Magic, Reason and Experience: studies in the origin and development of Greek science*. Cambridge

Lloyd, G. E. R. 1990 *Demystifying Mentalities*. Cambridge

Lu Wenfu 1988 *Vie et passions d'un gastronome chinois*. Arles

McCosh, J. 1884 *Agnosticism of Hume and Huxley; with a notice of the Scottish School*. New York

McDermott, J. n.d. Of gods and gangsters: the political economy of Suzhou in the sixteenth century (paper given at the Hong Kong University of Science and Technology conference on Chinese Management, October 1995)

Macdonell, A. A. 1922 *Hymns from the Rigveda*. London

Macfarlane, A. 1978 *The Origins of English Individualism: the family, property and social transition*. Oxford

McNicoll, G. and Cain, M. 1990 Institutional effects on rural economic and demographic change. In G. McNicoll and M. Cain (eds) *Rural Development and Population: institutions and policy*. New York

Malinowski, B. 1914 *The Family among Australian Aborigines*. London

Manuel, F. and Manuel, F. 1979 *Utopian Thought in the Western World*. Oxford

Margolin, J.-C. and Sauzet, R. (eds) 1982 *Practiques et discours alimentaires à la Renaissance*. Paris

Marx, K. 1958 Preface to *The Critique of Political Economy*. In Karl Marx and Frederick Engels, *Selected Works*, vol. 1. Moscow

Marx, K. [1867] 1970 *Capital* (transl. S. Moore and E. Aveling). New York

Mayer, A. C. 1966 *Caste and Kinship in Central India*. London

Mennell, S. 1985 *All Manners of Food: eating and taste in England and France from the Middle Ages to the present*. Oxford

Mintz, S. W. 1985 *Sweetness and Power: the place of sugar in modern history*. New York

Mitchell, J. and Goody, J. 1997 Feminism, fatherhood and family in late twentieth-century Britain. In A. Oakley and J. Mitchell (eds) *Who's Afraid of Feminism?* London

Mo, T. 1982 *Sour Sweet*. London

Montanari, M. 1994 *The Culture of Food*. Oxford

Mordacq, P. 1989 *Le Menu: histoire illustrée*. Paris

Morgan, L. H. 1877 *Ancient Society*. Chicago

Morris, B. 1987 Are there any individuals in India? A critique of Dumont's theory of the individual. *Eastern Anthropologist* 365–77

Morris, B. 1990 Indian materialism. *The Secularist* 123: 63–72

Morris, C. 1972 *The Discovery of the Individual, 1050–1200*. London

Needham, J. 1954 *Science and Civilization in China*, vol. I: *Introductory Orientations*. Cambridge

Needham, J. 1956 *Science and Civilization in China*, vol. II: *History of Scientific Thought*. Cambridge

Needham, J. 1959 *Science and Civilization in China*, vol. III: *Mathematics and the Sciences of the Heavens and the Earth*. Cambridge

Needham, J. 1985 *Science and Civilization in China*, vol. V: *Chemistry and Chemical Technology*. Cambridge

Newman, F. X. (ed.) 1967 *The Meaning of Courtly Love – papers of the first annual conference of the Center of Medieval and Early Renaissance Studies*. Binghampton

Ng, Chin-Keong 1983 *Trade and Society: the Amoy network on the China Coast 1683–1735*. Singapore

Nygran, A. 1953 *Agape and Eros*. London

Ogburn, W. F. and Nimkoff, M. F. 1955 *Technology and the Changing Society*. New York

Orme, R. 1805 [1792] *Historical Fragments of the Mogul Empire, of the Mosrattoes, and of the English concerns in Indostan, from the year M.DC.LIX*. London

Ousmane, S. 1974 *Tribal Scars*. London (French edn originally published as *Voltaique*, Paris 1962)

Ozouf, M. 1995 *Les Mots des femmes*. Paris

Parker, L. M. 1989 Medieval traders as international change agents: a comparison with twentieth-century international accounting firms. *The Accounting Historians Journal* 16: 107–18

Parrinder, G. 1961 *West African Religions*, 2nd edn. London

Parsons, T. and Bales, R. F. 1955 *Family, Socialization and Interaction Process*. Glencoe, IL

Pateman, C. 1988 *The Sexual Contract*. Stanford, CA

Patlagean, E. 1977 *Pauvreté economique et pauvreté sociale à Byzance 4e–7e siècles*. Paris

Paulucci di Calboli, R. 1996 [1909] *Lacrimi e Sorrisi dell'Emigrazione Italiana*. Milan

Person, E. S. 1991 Romantic love: at the intersection of the psyche and the cultural unconscious. *Journal of the American Psychoanalytic Association* 39 (supplement): 383–411

Peterson, T. S. 1994 *Acquired Taste: the French origins of modern cooking.* Cornell, NY

Pinchbeck, I. 1930 *Women Workers and the Industrial Revolution, 1750–1850.* London

Pirenne, H. 1925 *Medieval Cities.* London

Pitte, J.-R. 1991 *Gastronomie française: histoire et géographie d'une passion.* Paris

Popkin, R. H. 1964 *The History of Scepticism from Erasmus to Descartes.* New York

Postan, M. M. 1952 The trade of medieval Europe: the North. In M. M. Postan and E. E. Rich (eds) *Trade and Industry in the Middle Ages*, vol. II of the *The Cambridge Economic History of Europe.* Cambridge

Postan, M. M. 1987 The trade of medieval Europe: the North. In M. Postan and E. Miller (eds) *Trade and Industry in the Middle Ages*, 2nd edn, *The Cambridge Economic History of Europe.* Cambridge

Radcliffe-Brown, A. R. 1922 *The Andaman Islanders: a study in social anthropology.* Cambridge

Radhakrishnan, S. (ed.) 1952–3 *History of Philosophy, Eastern and Western.* London

Radhakrishnan, S. and Moore, C. A. (eds) 1957 *A Source Book in Indian Philosophy.* Princeton, NJ

Rattray, R. S. 1932 *Tribes of the Ashanti Hinterland.* Oxford

Redding, S. G. 1990 *The Spirit of Chinese Capitalism.* Berlin

Reik, T. 1949 *Of Love and Lust: on the psychoanalysis of romantic and sexual emotions.* New York

Revel, J. 1984 Forms of expertise: intellectuals and 'popular' culture in France (1650–1800). In S. L. Kaplan (ed.) *Understanding Popular Culture: Europe from the Middle Ages to the nineteenth century.* Berlin

Ribeiro, A. 1995 *The Art of Dress: fashion in England and France 1750–1820.* New Haven, CT

Richards, A. I. 1939 *Land, Labour and Diet in Northern Rhodesia.* London

Robertson, D. W., Jr 1966 *The Concept of Courtly Love as an Impediment to the Understanding of Medieval Texts in the Meaning of Courtly Love*. Albany, NY

Rodinson, M. 1949 Recherches sur les documents arabes relatifs à la cuisine. *Revue Etudes Islamiques* 95–106

Roover, R. de 1956 The development of accounting prior to Luca Pacioli according to the account books of medieval merchants. In A. C. Littleton and B. S. Yamey (eds) *Studies in the History of Accounting*. London

Ross, E. 1983 Survival networks: women's neighbourhood sharing in London before World War One. *History Workshop Journal* 15: 4–27

Rougement, D. de 1949 The crisis of the modern couple. In R. N. Anshen (ed.) *Family, Function and Destiny*. New York

Rougement, D. de 1956 *Love in the Western World*. New York

Rowe, W. T. 1984 *Hankow: commerce and society in a Chinese city, 1796–1889*. Stanford, CA

Rudner, D. 1992 *Caste and Capitalism in Colonial India*. Berkeley, CA

Rutherford, R. B. 1989 *The Meditations of Marcus Aurelius*. Oxford

Ruzin, P. and Nemeroff, C. 1990 The laws of sympathetic magic: a psychological analysis of similarity and contagion. In J. W. Stigler, R. A. Shweder and G. Herdt (eds) *Cultural Psychology: essays on comparative human development*. Cambridge

Sabean, D. W. 1990 *Property, Production, and Family in Neckarhausen 1700–1870*. Cambridge

Sahlins, M. 1976 *Culture and Practical Reason*. Chicago

Samuel, R. (ed.) 1981 *East End Underworld: chapters in the life of Arthur Harding*. London

Sangren, P. 1989 Comment on J. Goody, Cooking and the polarization of social theory. *Foodways* 3: 207

Sarris, M. 1995 Death, gender and social change in Greek society. *Journal of Mediterranean Studies* 5: 14–32

Saussure, F. de 1966 [1916] *Course in General Linguistics*. New York

Scafolgio, D. 1997 *Il Carnevale Napoletano: storia, maschere e rituali del XVI al XIX secolo*. Rome

Scafolgio, D. and Lombardi-Satriani, L. M. 1990 *Pulcinella: il mito e la storia*. Milan: Leonardo

Schmandt-Besserat, D. 1992 *Before Writing*. Austin, TX

Schneider, J. 1997. Was there a precapitalist world system? *Peasant Studies* 6: 20–9

Schofield, M. 1986 Cicero for and against divination. *Journal of Roman Studies* 76: 47–65

Scorgie, M. 1994a Accounting fragments stored in the Old Cairo Geniza. *Accounting, Business and Financial History* 1: 29–41

Scorgie, M. 1994b Medieval traders as international change agents: a comment. *The Accounting Historians Journal* 21: 137–43

Scott, J. 1985 *Weapons of the Weak*. New Haven, CT

Seccombe, W. 1992 *A Millennium of Family Change: feudalism to capitalism in northwestern Europe*. London

Seccombe, W. 1993 *Weathering the Storm: working class families from the Industrial Revolution to the fertility decline*. London

Sen, A. 1996 Family fortunes of Bronze Age mint, review of J. Goody, *The East in the West* in *Times Higher Educational Supplement* 31 May: 20–1

Shah, A. M. 1973 *The Household Dimension of the Family in India*. New Delhi

Shorter, E. 1975 *The Making of the Modern Family*. New York

Skinner, W. (ed.) 1977. *The City in Late Imperial China*. Stanford, CA

Smith, R. M. 1979 Some reflections on the evidence for the origin of the 'European marriage pattern' in England. In C. Harris (ed.) *The Sociology of the Family*. Keele

Smith, R. T. 1956 *The Negro Family in British Guiana: family structure and social status in the villages*. London

Southall, A. W. 1956 *Alur Society: a study in processes and types of domination*. Cambridge

Spearing, A. C. (ed.) 1993 *The Medieval Poet as Voyeur: looking and listening in medieval love-narratives*. Cambridge

Speiser, J.-M. 1985 La christianisation de la ville dans l'Antiquité tardive. *Ktema: civilisations de l'orient, de la Grèce et Rome antiques* 10: 49–55

Sperber, D. 1985 Anthropology and psychology: towards an epidemiology of representations. *Man* 20: 73–89

Srinivas, M. N. 1952 *Religion and Society among the Coorgs of South India*. Oxford

Stendhal 1830 [1938] *Scarlet and Black* (transl. C. K. Scott Moncrieff). London (Everyman edn)

Stenning, D. J. 1958 Household viability among the Pastoral Fulani. In J. Goody (ed.) *The Developmental Cycle in Domestic Groups*. Cambridge

Sterling, C. 1931 *L'Amour de l'art*. Paris

Stock, B. 1983 *The Implications of Literacy: written languages and models of interpretation in the eleventh and twelfth centuries*. Princeton, NJ

Stone, L. 1977 *The Family, Sex and Marriage in England, 1500–1800*. London

Stone, L. 1986 'Illusions of a changeless family', review of Alan Macfarlane, *Marriage and Love in England*. *Times Literary Supplement* 16 May 1986: 525

Stone, L. 1987 *The Past and Present Revisited*. London

Stone, L. 1988 Passionate attachments in the west in historical perspective. In W. Gaylin and E. S. Person (eds) *Passionate Attachments*. New York

Stone, L. 1989 Epilogue: Lawrence Stone – as seen by himself. In A. L. Beier, D. Cannadine and J. M. Rosenheim (eds) *The First Modern Society: essays in English history in honour of Lawrence Stone*. Cambridge

Stouff, L. 1970 *Alimentation et ravitaillement en Provence aux XIVe et XVe siècles*. Paris

Szreter, S. 1995 *Fertility, Class and Gender in Britain, 1860–1940*. Cambridge

Taylor, J. (ed.) 1911 *Kishamira: Prabod'h Chandro'daya, or The Moon of Intellect*. London

Tenbruck, F. H. 1975 Das Werk Max Webers. *Kölner Zeitschrift für Soziologie und Sozialpsychologie* 27

Thapar, R. 1966 *A History of India*. Harmondsworth

Thomas, K. 1983 *Man and the Natural World*. London

Thompson, E. P. 1977 *William Morris: romantic to revolutionary*. London

Thrower, J. 1971 *A Short History of Western Atheism*. London

Thrower, J. 1980 *The Alternative Tradition: religion and the rejection of religion in the Ancient World*. The Hague

Tocqueville, A. de [1945] *On Democracy in America*, edited P. Bradley. New York

Tosh, J. 1994 What should historians do with masculinity? *History Work-shop Journal* 38: 179–202

Troelsch, E. 1931 *Social Teaching of the Christian Churches* (transl. Wyon). London

Trumbach, R. 1978 *The Rise of the Egalitarian Family: aristocratic kinship and domestic relations in eighteenth century England.* New York

Tucci, G. 1926 Linee di una storia de materialismo indiano. *Atti della Reale Accademia Nazionale dei Lincei*, serie 6, vol. II. Rome

Tylor, E. B. 1871 *Primitive Culture.* London

Vincent, D. 1981 *Bread, Knowledge and Freedom: a study of nineteenth-century working class autobiography.* London

Viviani, V. 1969 *Storia del teatro napoletano.* Naples

Wack, M. F. 1990 *Lovesickness in the Middle Ages: the Viaticum and its commentaries.* Pennsylvania, PA

Wallerstein, I. 1997 Eurocentrism and its avatars: the dilemmas of social science. *New Left Review* 226: 93–107

Ward, J. 1899 *Naturalism and Agnosticism: the Gifford lectures: delivered before the University of Aberdeen in the years 1896–1898,* 2 vols. London

Watson, J. L. 1975 *Emigration and the Chinese Lineage: the Mans in Hong Kong and London.* Berkeley, CA

Watson, J. L. (ed.) 1977 *Between Two Cultures.* Oxford

Watt, I. 1996 *Myths of Modern Individualism: Faust, Don Quixote, Don Juan, Robinson Crusoe.* Cambridge

Weber, M. 1951 [1916] *The Religion of China* (transl. H. Gerth and D. Martindale). New York

Weber, M. 1957 The social psychology of the world religions. In H. H. Gerth and C. Wright Mills (eds) *From Max Weber: essays in sociology.* London

Weber, M. 1958 *The Protestant Ethic and the Spirit of Capitalism.* New York

Weber, M. 1968 *The City.* New York

Weinsinck, A. J. 1953 Entry on *Khamr*. In H. A. R. Gibb and J. H. Kramers, *Shorter Encyclopaedia of Islam.* Leiden

Westermarck, E. 1926 (repr. 1968) *A Short History of Marriage*. New York

Whitelock, D. (ed.) 1979 *English Historical Documents*. Vol. 1: c. *500–1042*, 2nd edn. London

Whittaker, C. R. and Goody, J. forthcoming. Proto-industrialisation in the Rouergue from antiquity to the present

Wickham, C. 1981 *Early Medieval Italy: central power and local society, 400–1000*. London

Wittvogel, K. A. 1957 *Oriental Despotism: a comparative study of total power*. New Haven, CT

Wolf, A. P. 1995 *Sexual Attraction and Childhood Association: a Chinese brief for Edward Westermarck*. Stanford, CA

Wolf, A. P. and Hanley, S. B. 1985 Introduction. In S. B. Hanley and A. P. Wolf (eds) *Family and Population in East Asian History*. Stanford, CA

Wolf, E. R. 1982 *Europe and the Peoples without History*. Berkeley, CA

Wootton, D. 1985 Unbelief in early modern Europe. *History Workshop Journal* 20: 82–100

Young, M. and Wilmott, P. 1957 *Family and Kinship in East London*. London

Yu, Chang-jiang 1998 The 5th Symposium on Chinese Dietary Culture, The Foundation for Dietary Culture, Taiwan

Yver, J. 1966 *Egalité entre héritiers et exclusion des enfants dotés: essai de géographie coutumière*. Paris

Zarcone, T. 1993 *Mystiques, philosophes et Francs-maçons en Islam: Riza Tevfik, penseur ottomane (1868–1949), du soufisme à la confrérie*. Paris

# 譯名對照表

absolutism 專制政治

acephalous polities 無頭政體

adevism 無天神主義

adoption 收養

adultery 通姦（和gender）

'affective individualism' 感情的個人
   主義

aggregate data, 總量資料

agnosticism 不可知論

Ahmadabad 亞美達巴德

alternative traditions 另類傳統

Althusser, L. 阿圖塞

Ambivalence, 矛盾情結
   about love poetry 對情詩

ancient society 古代社會

Anderson, P. 安德森・佩瑞

Anglo-Saxons盎格魯撒克遜人

animism 泛靈論

Arab society 阿拉伯社會

Ariès, 艾里斯 P.

Aristotle 亞里斯多德

articulation 連結

asceticism 禁慾主義

atheism 無神論

Aubin, Saint 奧賓，聖徒

Averroës 艾法歐伊斯

Bagre myth 巴格雷神話

Bankers 銀行家
   Chettiar 契提亞斯

banquets 宴席

beer 啤酒

beings of the wild 野生物

belief systems 信仰體系

black-is-beautiful problem 黑即是美
   的問題

book-keeping 簿記

booty production 生產戰利品

Brenner, R 布瑞納，勞勃

Bronze Age 青銅器時代

bureaucracy 官僚體制

Cambridge Group 劍橋人口與社會結

現代名著譯叢

# 飲食與愛情：東方與西方的文化史

2004年6月初版　　　　　　　　　　　　　　　定價：新臺幣350元
有著作權・翻印必究
Printed in Taiwan.

|  |  |
|---|---|
| 著　　者 | Jack Goody |
| 譯　　者 | 楊　惠　君 |
| 發 行 人 | 林　載　爵 |

| | | | | |
|---|---|---|---|---|
| 出 版 者 | 聯經出版事業股份有限公司 | 責任編輯 | 邱　靖　絨 |
| 台 北 市 忠 孝 東 路 四 段 5 5 5 號 | | 校　　對 | 李　國　維 |
| 台 北 發 行 所 地 址 ：台北縣汐止市大同路一段367號 | | | 陳　貞　慈 |
| 電話：（02）26418661 | | | 潘　建　宏 |
| 台 北 忠 孝 門 市 地 址 ：台北市忠孝東路四段561號1-2樓 | | 封面設計 | 李　東　記 |
| 電話：（02）27683708 | | | |
| 台 北 新 生 門 市 地 址 ：台北市新生南路三段94號 | | | |
| 電話：（02）23620308 | | | |
| 台 中 門 市 地 址 ： 台中市健行路321號 | | | |
| 台 中 分 公 司 電 話 ：（04）22312023 | | | |
| 高 雄 辦 事 處 地 址 ： 高雄市成功一路363號B1 | | | |
| 電話：（07）2412802 | | | |
| 郵 政 劃 撥 帳 戶 第 0 1 0 0 5 5 9 - 3 號 | | | |
| 郵 撥 電 話 ： 2 6 4 1 8 6 6 2 | | | |
| 印 刷 者 世 和 印 製 企 業 有 限 公 司 | | | |

行政院新聞局出版事業登記證局版臺業字第0130號

本書如有缺頁，破損，倒裝請寄回發行所更換。　　　ISBN　957-08-2719-X（平裝）
聯經網址 http://www.linkingbooks.com.tw
　　信箱 e-mail:linking@udngroup.com

國家圖書館出版品預行編目資料

飲食與愛情：東方與西方的文化史/
Jack Goody 著．楊惠君譯．--初版．
--臺北市：聯經，2004 年（民 93）
408 面；14.8×21 公分．（現代名著譯叢）
參考書目：19 面
ISBN　957-08-2719-X(平裝)
譯自：Food and Love：a Cultural History of
　　　East and West
1.飲食-文化-比較研究
2.飲食（風俗）-比較研究

538.7　　　　　　　　　　　　　　　　93009618

路易・杜蒙（Louis Dumont）◎著
黃柏棋◎譯

# 個人主義論集

*Essais sur l'individualisme*

路易・杜蒙試圖藉本書以人類學的視野關照近代個人主義。這是一項相當具有企圖心的工作。本書累積了他二十年的研究成果，在書中，他不但探討了個人主義當為西方哲學的主流思潮，及其源起和成長；也分析了此一近代思想系統和其他非近代的文化不同之所在。這本文集對於西方社會本身在作自我了解以及在世界之定位上作了相當重要的論述。

此一文集的第一部分登錄了個人主義觀念興起的歷史——這包括了從早期的基督教一直到二十世紀的集權主義。杜蒙對於此一思想在從宗教價值轉為政治價值的過程所展現出種種轉折以及吊詭之處，有著相當敏銳的觀察與深刻的反思。第二部分則從比較人類學的觀點來研究近代意識形態。

作者認為比較人類學是西方在研究方法上面唯一用「社會」而非「個人主義」取向的學門。在界定了歐洲文化與社會特異點之後，他歸結出西方對於個體而非社群的關注，在歷史發展上是有跡可循的。杜蒙在書中並不想作一種連續性的歷史敘述，也並非要建立社會學上的系統論述。他想藉著比較人類學方法之援用，闡明某些在觀念史上具重大意義然但卻被忽視的層面。總結來說，書中所收錄的文章實現人類學的終極目標：透過我們來了解別人，也透過別人來了解自己。

## 路易・杜蒙

以《階序人》（Homo Hierarchicus）一書享譽士林的路易・杜蒙（Louis Dumont, 1911-1998）為法國人類學家、印度學家。印度宗教文明對於杜蒙有著無限的啟示，在完成《階序人》之後，他轉而從印度社會的整體論來看西方近代社會的一些特異之處，寫成了一系列有關平等人（Homo Aequalis）的著作，本書即為這系列論著當中最為人所熟知的一部。

## 譯者

黃柏棋，生於台南佳里塭仔內，東海大學外文系畢業，哈佛大學神學研究碩士，梵文與印度研究博士，現為政大宗教所助理教授。

現代名著譯叢

出版日期：2003年8月
價格：480元
ISBN：957-08-2618-5
規格：25開橫排472頁　21x14.8cm

# 聯經出版公司信用卡訂購單

信用卡別：　　　　□VISA CARD　□MASTER CARD　□聯合信用卡
訂購人姓名：　　　_____
訂購日期：　　　　_____年_____月_____日
信用卡號：　　　　_____ _____ _____ _____
信用卡簽名：　　　_____(與信用卡上簽名同)
信用卡有效期限：　_____年_____月止
聯絡電話：　　　　日(O)_____夜(H)_____
聯絡地址：　　　　□ □□_____
訂購金額：　　　　新台幣_____元整
　　　　　　　　　（訂購金額 500 元以下，請加付掛號郵資 50 元）

發票：　　　　　　□二聯式　　　　□三聯式
發票抬頭：　　　　_____
統一編號：　　　　_____
發票地址：　　　　_____
　　　　　　　　　如收件人或收件地址不同時，請填：
收件人姓名：　　　　　　　　　　　□先生
_____□小姐
聯絡電話：　　　　日(O)_____夜(H)_____
收貨地址：　　　　_____

#### ‧ 茲訂購下列書種‧帳款由本人信用卡帳戶支付 ‧

| 書名 | 數量 | 單價 | 合計 |
|---|---|---|---|
|  |  |  |  |
|  |  |  |  |
|  |  |  |  |
|  |  |  |  |
|  |  |  |  |
|  |  |  |  |
|  |  | 總計 |  |

訂購辦法填妥後
直接傳眞 FAX：(02)8692-1268 或(02)2648-7859
洽詢專線：(02)26418662 或(02)26422629 轉 241

網上訂購，請上聯經網站：http://www.linkingbooks.com.tw